JN439993

서리꽃 피고 꽃 지고

서리꽃 피고
꽃 지고

초판 1쇄 인쇄 • 2018년 7월 16일

지은이 • 변경섭

펴낸이 • 이승훈

펴낸곳 • 해드림출판사

주 소 • 서울 영등포구 경인로82길 3-4(문래동1가 39)
센터플러스빌딩 1004호(우편07371)

전 화 • 02-2612-5552

팩 스 • 02-2688-5568

E-mail • jlee5059@hanmail.net

등록번호 • 제2013-000076

등록일자 • 2008년 9월 29일

* 책값은 표지에 있습니다

* 잘못된 책은 바꿔드립니다

* 본문에 인용한 복효근 시인의 [검은등뻐꾸기의 전언]은
저작권자의 승인필 하였습니다

ISBN 979-11-5634-293-9

서리꽃 피고
꽃 지고

변경섭 에세이

해드림출판사

여는 글

하얀 피부의 자작나무에 홀려서 들어선 숲

평창군 방림면 대미 자작나무골로 이사 온 지 벌써 4년째이다.

은퇴하고 시골로 내려가 건강을 지키고 글을 쓰며 살려고 결심했다. 처음에는 고향 근처를 알아보다 마음에 차지 않아 강원도 일대를 찾아다니길 6개월여 끝에 이곳을 발견했다. 아마도 하얀 피부의 자작나무에 홀려서였을 것이다. 바로 그날 계약하고 들어왔으니.

처음에는 사방이 산이요 밤에는 칠흑 같은 막막함이 무척이나 겁나고 적적하고 외로웠다. 그러나 꽃과 나무를 심고, 새싹이 트거나 잎이 돋아날 때마다 놀라고, 텃밭에 조그만 채소라도 심어 기쁨을 맛보고, 자연의 변화를 몸으로 체득하며 살다 보니 어느새 마음이 편안해졌다. 자연은 내게 위안과 깨달음을 주었다

내가 시골에 내려와 살고자 했던 중요한 이유 중의 하나가 건강 문제였다. 서울에서 오래 살다 보니 체력이 쇠약해진 것은 물론이고 마음 씀씀이도 좁아져 이제는 자연 속에 살면서 건강을 회복하고 편안한 마음으로 살아야겠다 결심했다. 1년이 지나고 해가 갈수록 몸이 점차 건강해짐을 느꼈다. 자연과 벗 삼아 지내다 보니 내 마음도 자연을 닮아가고 있었다.

여기 이웃에도 사람들이 살고 있다. 새로운 사람들을 만나는 것은

걱정거리를 쌓는 것인 동시에 기쁨을 나누는 것이기도 하다. 때로는 서로 조그만 반목에 눈을 붉히기도 하지만 사람들과 사귀며 사는 것은 행복해지기 위한 필요조건이다. 이웃의 도움을 주고받고 또는 막걸리라도 주고받으며 사는 생활이 행복했다.

이곳에 자연과 작은 노동과 사람들과 지내며 느꼈던 것들을 틈틈이 적었다. 자연 속에 지내며 마음 수양을 하고, 자연을 통해서 깨달음을 얻고, 산속 생활의 기쁨을 느끼고, 이웃 사람들과의 교유와 생활상을 경험했다. 이글들은 바로 자연의 경이 그리고 내면에의 관찰과 교유의 행복을 보여준다.

이 글들을 남기는데 같이 생활하며 많은 도움을 주었던 이웃 사람들에게 우선 감사의 인사를 드리고, 특히 경험하지 않은 자연생활과 작은 노동경험에서 많이 생각났던 돌아가신 아버지, 산속에서 혼자 생활하는 것을 무척이나 걱정하셨던 어머니와 우리 가족들에게 감사한다. 그리고 이 책을 만드는데 사진을 기꺼이 제공해주신 내 이웃의 어재선 작가님에게도 이 자리를 빌려 감사를 표한다.

자연은 삶의 깨달음을 주는 나의 스승이요, 사계절 변화하는 모습을 지켜보며 심심할 새가 없는 시간을 부여해주는 자연은 또한 나의 동반자이다. 매일 아침 자작나무 숲을 보며 자연이 훼손되지 않고 언제나 함께했으면 하는 바람이다.

계촌 대미 자작나무골에서

2018년 6월

변경섭

차례

제1부

산촌에 살며 마음공부 하다

제2부

자연은 나의 스승이다

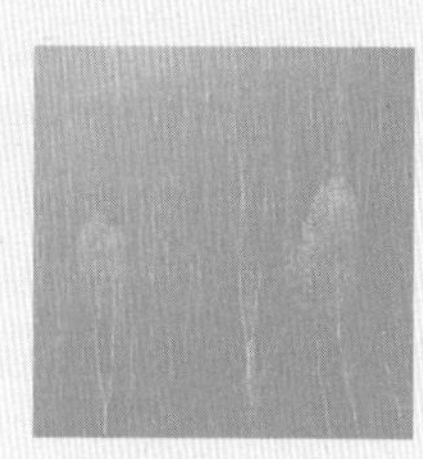

제3부 별빛 속에 눕다

제4부

홀딱벗고새를 아시나요?

제1부

산촌에 살며 마음공부 하다

서리꽃 피고 꽃 지고

서리가 내렸다.

어제, 밤 뉴스에 내일부터 날씨가 추워질 거란다. 그리고 내일 아침 옷깃을 단단히 여미라고 기상캐스터가 주의 아닌 주의를 준다. 그 말마따나 오늘 아침에 일어나보니 내 귀밑머리에 백발이 오듯 서리가 드문드문 쥐 파먹은 것처럼 허옇게 덮였다. 환절기 추위라 그런지 더 추운 느낌이다.

그런데 추워진 건 그렇다손 치고 갑작스러운 영하의 날씨에 가을 늦게까지 피이있던 가을꽃들이 시르죽은 처녀의 새파래진 얼굴처럼 한순간에 고개를 꺾어 시들어버렸다. 가을 늦게까지 피는 꽃, 예컨대 우리 꽃밭에 피어있던 멜람포디움, 백일홍이나 미니백일홍, 천일홍, 천인국, 풀솜꽃 같은 꽃들이 추위를 이기지 못하고 스러져 버린 것이다. 작년에도 갑작스러운 추위가 닥쳐 올해와 똑같은 재난(?)을 겪었다. 천지의 거역할 수 없는 법칙에 역시 올해도 꽃들이 씨 하나 맺지 못하고 시들어버린 것이다.

물론 저 산 아래 마을에 사는 사람들은 나 같은 아픔을 겪지는 않을지 모른다. 봄부터 여름 지나 가을이 올 때까지 노고를 투여하고 겨우 가을 늦게까지 꽃을 보다가 그것도 잠시, 결실인 꽃씨 하나 얻어 들이지 못한 채 떠나보내는 아픔 말이다. 내가 사는 곳이 해발 700여 미터가 넘는 고지대다 보니 내내 꽃들이 제 모습을 뽐내면서 피어있다가도 이렇듯 추위가 한순간 몰아치면 속절없이 목숨을 내놓고 마는 것이다. 서리꽃에 자리를 양보하고 어쩔 수 없이 자기 몸을 내놓아 살아있는 생명 진짜 꽃이 지고 만다. 아침 찬이슬 내린 한순간만 피고 마는 서리꽃에 밀려 정말 추레하게 조문하는 사람은 나 하나뿐인 채 가을꽃의 장례식을 치렀다.

요즘 내 나이도 나이이니만큼 의외의 죽음 소식들을 자주 접한다. 교통사고로 죽는 죽음이야 문명의 혼란함에 들이받혀 이승을 달리하는 것이니 논외로 치더라도 건강하다고 생각했던 사람들이 어느 날 유명을 달리했다는 부고를 보내니 깜짝깜짝 놀라고 안타까운 심정 누를 길이 없다. 일면식이 있는 소설가가 갑자기 젊은 나이에 심장마비로 유명을 달리했다는 소식을 듣고 잠시 먹먹한 심정 억누를 길이 없었다. 내 아버지도 어느 날 갑자기 심장마비로 하늘의 문을 닫았던 기억이 새삼 떠올랐기 때문이다.

사람의 운명이 거기까지라면 어쩔 수 없지만 아무것도 준비되지 않은 황망지간에 목숨을 내놓고 떠나는 사람은 그 순간 얼마나 공포스러울 것이며, 또 남아 있는 사람은 얼마나 허망할 것인가!

그러나 갑작스러운 죽음이든 본인이나 가족에게 온갖 괴로움과 고통을 스스로 겪거나 안겨주고 떠나는 죽음이든 죽음은 누구나 한번은 통과해야만 하는 반갑지 않은 문이다. 그러니 죽음을 골똘히 생각해보지 않을 수 없었다.

내가 이곳에 이사 오고 첫 겨울을 맞은 때였다. 아침에 일어나보니 두꺼운 이불솜 두 개는 덮은 것만큼 눈이 쌓여있었다. 이웃 주민들은 눈을 치우느라 법석을 떨었다. 그러고 나서 점심 무렵 점심을 먹기 위하여 식탁에서 쭈그리고 앉아 무엇을 챙기는 찰나, 가슴이 뜨끔, 아프고 식은땀이 솟았다. 정말 순간이었다. 퍼뜩 머리에 죽음이라는 공포의 단어가 떠올랐다. 아버지가 심장마비로 돌아가셨기 때문에 혹시 나도 그런 증상은 아닌지? 여기 산골에서는 위급상황이 벌어지더라도 원주 큰 병원까지 가려면 족히 1시간 이상은 허비해야 한다. 더군다나 이렇게 눈이 종아리까지 쌓여있을 때는 산 아래로 내려가지 못하니 꼼짝없이 기다려야만 한다. 나는 공포에 휩싸여 나로부터 그나마 가장 가까이 이천에 사는 친구에게 전화를 걸었다. 지푸라기라도 잡는 심정이랄까? 그러나 그는 전화를 받지 않았다. 다행히 순간의 고통이 지나고 나서는 언제 그런 증상이 나타났냐 싶게 멀쩡했다. 그래도 심적 충격은 가시지 않았다. 심장에 이상이 있으면 어쩌지? 하는 공포감 말이다.

어둑해지는 저녁 무렵 전화를 받지 않았던 친구에게 전화가 왔다. 전화 온 것을 이제야 발견했다는 것이다. 나는 그간의 자초지종을 말했다. 친구는 그 소리를 듣자마자 한달음에 달려왔다. 눈이 쌓여 차가 올라오지 못하니 근 1킬로미터나 되는 산길, 눈길을 구두를 신고 걸어 올라왔다. 미끄러지고 미끄러지면서 겨우 올라왔다고 했다. 정말 고마웠다. 그 친구는 그 이후로 내가 사는 곳은 사람 살 곳이 못

된다는 말을 입에 달고 있지만, 어쨌든 그 친구의 성화에 병원에 가서 심장검사를 해봤다. 아무 이상이 없다고 했다. 내가 평창에 이사온 이야기며 사는 환경을 이야기하니 의사가 과민한 신경성에서 비롯된 증상이 아닌가? 라며 고개를 갸우뚱했다. 신경안정제를 지어줬다. 그 후로 이상이 없었다.

그렇지만 죽음에 대해서 생각이 떠나지는 않았다. 이상이 없다니 가슴에 맺혔던 의심은 사라졌지만 개운치 않았다. 그때부터 골똘히 생각했다. 별의별 생각을 다 했다. 특히나 어느 날 갑자기 서리가 내려 꽃 지듯이 갑작스럽게 아무런 준비 없이 맞는 죽음은 얼마나 허망하기 그지없을까 생각했다. 또한 산속에 혼자 살다 보니 갑작스러운 위급상황이 벌어지는 경우 남의 도움도 없이 쓸쓸하게 죽을 수도 있겠다는 생각을 했다. 나는 아직 수행이 부족하여 누구나 다 맞는 죽음이라 해도 죽음은 공포요, 머리 복잡하게 헝클어놓는 깊은 심중의 번뇌라 아니할 수 없다. 아직도 해야 할 일이 남아있다고 생각하는 나에게 죽음이란 그 자체가 공포인 것이다.

그렇다면 어디까지 가고서야 죽음을 편안히 받아들일 수 있겠는가? 몇 살까지 살겠다는 세속의 욕심이야 누구나 다 갖고 있지만 그러한 물리적 시간을 한정해두고 말하는 것이 아니다. 내가 이 세상에 나와서 그래도 하고 싶은 일을 여한 없이 하고 죽는다면 그것이 비록 짧은 시간이라 하더라도 진정 후회하지 않고 죽음을 맞이할 수 있지 않을까 생각했다. 갑작스러운 죽음으로 닥쳐와도 말이다. 이렇게 막연하게만 생각했다.

그러다가 우연히 붓다의 말씀을 들었다. 부처님은 열반에 들기 직

전에 마지막 유훈으로 다음과 같은 말을 하였다고 한다.

"모든 형성된 것들은
부서지고 마는 것이니,
방일하지 말고 정진하라."

방일(放逸)하지 말고 정진하라. 수행자에게 한 말이다. 그러나 수행자 아닌 나 같은 범부도 게으름 피우지 말고 부지런히 정진하는 길만이 죽지 않고 사는 길이라는 것을 깨우쳐 준다. 삼라만상 모두가 죽는 것이니 사람은 말해 무엇 하겠는가! 그러니 한순간도 불방일하고 정진하면 영원히 사는 것이니 죽음을 생각하기보다 오늘 바로 여기서 한순간도 방일하지 말고 정진하면 불사의 길로 들어간다고 한다. 죽음을 맞는 나의 자세를 막연하게만 생각했던 것들이 또렷해졌다.

법구경 제2장 放逸品에는 부지런히 정진하라는 게송이 있다. 이는 앞서 부처님의 유훈을 더 친절하게 해석한 측면이 있다. 내용은 아래와 같다.

戒爲甘露道 放逸爲死徑 不貪則不死 失道爲自喪

계율은 감로의 길이고,
방일은 죽음의 길이니
탐내지 않으면 죽지 않고,

도를 잃으면 스스로 죽게 된다.

계율을 지켜 부지런히 정진하여 깨달음을 얻는 것은 영원히 사는 길이요, 방탕하고 게으름 피우는 것은 죽음으로 이르는 길이니, 욕심이나 탐하지 않으면 죽지 않고, 도리를 잃으면 저절로 죽게 된다고 내 나름대로 해석하여 받아들였다.

그렇다. 오지도 않은 죽음, 또는 금방 올지도 모르는 죽음을 걱정하여 번뇌에 사로잡혀 헛되이 시간을 소비하는 것이야말로 죽음에 이르는 길이니, 오늘 여기서 내가 해야 할 일을 게으름 피지 말고 열심히 하는 것이야말로 죽음의 공포를 잊는 것이 될 수도 있고, 그러한 정진이 하루하루 쌓이다 보면 공포는 온데간데없고 어느새 마음의 평화와 깨달음의 경지에 오를 수 있으니 그 길이야말로 영원히 사는 길이다. 그리하면 어느 날 갑자기 육신에 병이 들어 죽는다고 해도 하나도 슬프지 않을지 모른다. 열심히 살았으니 후회할 것을 남기지 않은 것이 죽음을 두려워하지 않게 하는 이유일 것이다.

어느 날 갑자기 서리꽃이 피어 꽃이 졌다. 추레해진 죽은 꽃을 보고 죽음을 생각했다. 그러나 삼라만상의 생멸은 어찌할 수 없는 것, 다만 저 꽃이 세 개의 계절 정진의 결과물인 꽃씨를 남기지 못하고 스러짐을 슬퍼할 뿐이다. 저 꽃의 운명은 아마도 내 인생의 운명과 같을지도 모른다. 그러나 나는 이제 죽음을 걱정하지 않는다. 방일하지 말고 부지런히 정진할 뿐이다.

겨우 밭 세 고랑 일궈놓고

남이 지어 놓은 주택으로 이사 와서 제일 먼저 본 게 텃밭이었다.

산골로 이사 오려는 제일 큰 목적은 텃밭 농사라도 지으면서 몸을 움직이는 일거리를 만들려는 것이었다. 처음에는 한 500여 평 사서 200여 평에 집 짓고 나머지는 텃밭으로 활용해야겠다고 마음먹고 봄도 오지 않은 눈 쌓인 겨울부터 땅을 찾아 돌아다니기 시작해서 여름이 다가와서야 지금 사는 이 집을 발견했다.

그런데 이상한 점을 발견했다.

전원주택이라고 내려와서 사는 집들을 돌아보았는데 집을 둘러보고 텃밭을 가보면 하나같이 텃밭을 풀이 무성하게 내버려 둔 것이었다. 물론 팔려고 내어놓은 집이라 농사를 짓지 않는 점도 있지만, 대개는 그게 아니었다. 내가 이상해서(나도 시골 출신이라 한 뼘 땅이라도 놀리는 것은 죄악이라고 아버지의 평생 삶을 통해 체득해온 바였다. 아버지는 논두렁 가 한 뼘이라도 비어있는 땅이 있으면 콩이든 뭐든 심어서 수확했다)

"아저씨, 왜 저기 텃밭에 농사를 짓지 않아요?"

이렇게 물으면 겸연쩍은 듯이 뒷머리를 긁으며,

"처음에 이사 와서 한 1, 2년은 나도 농사 재미있게 지었죠. 근데 그게 보통 일이 아녀요. 뒤돌아서면 풀이 자라 있다고 말하면 거짓말이라고 하겠죠? 사실이에요. 잡풀 때문에 정말 농사짓기 힘들어서 못 하겠더라고요."

나는 그 말을 들으며 속으로,

얼마나 게으르면 저렇게 자그만 한 땅도 놀리나? 하고 비웃곤 했다.

그러나 다음 말이 더 마음 아팠다.

"그깟 농사 지어봐야 품만 엄청 들어요. 채소, 그거 마트에서 사다 먹는 게 훨, 편하고 싸요."

그리고 이런 얘기도 들었다.

내가 땅을 사려고 돌아다닌다는 걸 안 후배가 어느 날 내 계획을 듣고는,

"형, 욕심부리지마. 그거 마음만 앞서지 농사짓기 힘들어요. 2,300평 농사지으려면 형 사정에 너무 힘들어. 내가 한 20평 주말농장으로 해봐서 아는데 그것도 너무 힘든데…… 아무리 욕심부려도 최대한 50평 이내로 농사짓는다고 생각해. 형 자신을 몰라서 그래."

무시하는 듯한 말투에 내심 기분이 상했지만, 다시 생각해보니 냉정해져야겠다는 생각을 했다.

몸도 불편한 상태에서 어찌 그 넓은 땅을 건사하겠는가? 아버지 말마따나 넓은 땅 마련해놓고 놀리게 되면 그것도 죄를 짓는 것이리라 생각했다. 현실을 인정해야 했다. 그것만이라도 우선 나의 목적을 달

성할 것이라 생각했다. 우선 그것만이라도 농사지으면서 몸을 움직이다 보면 몸도 차츰 더 건강해지리라 생각했다.

내가 이사 온 집은 건축주가 이미 왼편으로 한 30여 평 텃밭을 마련해 놓았다. 내 욕심 같아선 그것은 너무 작은 텃밭이지만 그래도 텃밭을 보면서 마음 한구석 뿌듯함이 있었다. 여름에 이사 왔으니 볼 때마다 내년 봄이 빨리 왔으면 좋겠다고 생각했다.

아무것도 없는 빈 텃밭, 그냥 고랑과 두둑만 올려놓은 말 그대로 흉내만 낸 자갈밭이다. 여름내 비가 와서 흙이 쓸려 내려간 위에 자갈돌들이 삐죽삐죽 솟아 나와 있었다. 집 지으면서 텃밭 하라고 한쪽 구석에 대충 일구어 놓은 것이라 자갈돌들 천지였다. 강원도 밭을 돌아다녀 본 사람은 알 것이다. 수십 년 일군 밭에도 자갈돌이 숭숭, 드러나 보이던 것을. 그러니 올해 처음 밭으로 쓰라고 대충 중장비로 뒤집어놓은 것이니 오죽 돌들이 많겠는가!

나는 언제 저 밭고랑을 파헤쳐 밭 꼴을 만드나? 하고 중얼거리고만 있었다.

내년 봄부터 농사를 지을 것이니 서둘 것은 없으나 그래도 조바심이 나는 것은 어쩔 수 없었다. 어제 처음으로 호미를 들고 밭으로 나섰다. 밭고랑을 호미로 뒤집어 자갈돌들을 골라내기 시작했다. 이런 일을 너무도 오랜만에 하는 일이라 힘든 것은 말할 것도 없었다. 쪼그려 앉아 호미질로 돌을 골라 밭 가로 돌을 던져 놓고 돌이 쌓이는 것을 바라보았다. 그럴수록 밭은 새로 태어나며 내게 웃고 있다는 느낌을 받았다. 아이가 태어나서 아버지를 처음보곤 하품하는 모습을 상상하는 것은 너무 지나친 상상일까?

그러나 내겐 이것마저도 육체적으로 너무 힘든 일이었다. 그동안 내 몸은 약해질 대로 약해져 있음을 절실히 깨달았다. 무릎은 시큰거리고, 허릿심마저 빠져 가끔 일어나서 심호흡하려 해도 일어나기 힘들다. 호미를 쥔 손가락에는 벌써 물집이 생기려고 한다.

정말 창피하다. 안 되겠다. 하루에 한 고랑, 아니 두 고랑씩만 하자, 고 뒤로 물러났다. 그러다 한 고랑만 더 하자, 하고 한 고랑을 더 했다. 벌써 이러니 농사, 그거 아무나 하는 게 아니라 생각했다. 후배가 핀잔처럼 내뱉던 말을 이제야 깨닫고 있다. 그래도 조금씩 해보리라. 조금씩, 밭 세 고랑을 일궈놓고 하늘을 바라봤다.

나는 갑자기 평생 농사만 짓다 돌아가신 아버지가 생각났다. 평생 논밭에 굵은 땀방울만 남겨놓고 가셨다. 이번 추석에는 아버지 묘소에 가서 눈물방울 찔끔 떨어질지 모르겠다.

밭 한 고랑을 더 일구고 바위만 한 돌 두 개를 캐냈다

고향에 가서 추석을 쇠고 서둘러 강원도 집으로 돌아왔다.

여기 강원도에 처음 이사 왔을 때는 가족, 친구들 모두를 떠나와 무척 외롭고 고적했는데, 어느 정도 적응이 되는 때에 이번에 추석을 쇠러 충남 아산 고향 집에 갔다 왔다. 고향 집에 머무는 동안 너무 번잡스러움을 느꼈다. 그래서 그랬는지 조용하고 고적한 강원도 집이 그리워졌다.

추석을 쇠자마자 강원도 집으로 줄행랑을 놓았다. 어머니는 조금 섭섭해 하셨을 것이다. 집에 도착하니 어머니가 두 번이나 잘 도착했느냐고 전화를 하신다. 걱정하지 마시라고 했지만 50줄도 훨씬 넘긴 아들이 걱정이 되시나 보다.

도시에 있는 친구에게 강원도에 돌아왔다고 문자했더니, 바쁜 일도 없는데 무엇 하려고 일찍 돌아갔느냐 물었다. 그래서 조용하고, 고적한 강원도가 그리워지더라 했다.

그랬더니

"이런 젠장, 천생 혼자 처박혀 살 팔자네, 팔자야!" 한다.

웃고 말았다.

"혼자 살 팔자라니, 악담을 해라, 악담을!"

"지금까지 혼자 산 것도 억울한데……."

나는 속으로 쓴웃음을 지었다.

어쨌든 날 걱정하는 친구의 말투가 참, 재밌다.

텃밭에 나가 밭고랑을 일궜다. 지난번에 하던 일을 이어서 자갈돌 고르는 작업을 했다. 겨우 한 고랑을 일구고는 팔꿈치며 허리가 끊어질 듯 아프다. 돌이 생각보다 너무 많이 나왔다. 자갈돌뿐만이 아니라 파헤치다 보니 바위만 한 큰놈이 세 개나 나왔다. 두 개는 안간힘을 다 보태 겨우 캐냈으나 한 개는 파보아도 그 뿌리를 가늠할 수 없어 포기했다. 팔에 힘이 다 빠져나가 근육이 욱신거렸다.

그만해야지!

이러다 잘못하면 약값이 더 나가겠다, 생각했다.

사실 먹고 살기 위해 하는 일들은 어느 것 하나 만만한 것은 없으리라.

나는 여태껏 육체노동은 거의 해보지도 않았고, 사무실에서 펜대를 굴리거나 스트레스 받는 업무를 해오면서, 이놈의 정신 쓰는 일을 그만하고 아무 생각 없이 몸을 굴려 땀 흘리는 일을 하면 좋겠다고 생각한 적이 한두 번이 아니었다.

어려서부터 아버지가 평생 논밭에서 일하는 모습을 지켜봐 온 나인데도 그런 생각을 했다니 지금 와서 참으로 한심스러운 생각을 했다고 느낀다. 노동이 가장 힘들다고 생각된다. 그래도 해야 한다. 나의 몸과 정신의 건강 회복을 위해서.

다만 너무 욕심내지 말고 천천히 하자. 욕심부리다간 내 몸이 견뎌내지 못할지 모르니.

자작나무의 육탈

우리 집이 있는 숲속을 들어오다 보면 왼편에 작은 규모의 자작나무숲이 있다.

나는 아마도 지금 살고 있는 집보다 자작나무숲에 이끌려 이 숲속에 들어와 살기로 결심했는지 모른다. 나는 어느 시에도 썼지만, 눈을 부시게 하는 하얀 수피와 북구의 원시림 자작나무를 동경하여 만약 전원에 내려가 집을 짓고 살게 되면 집 주위에 울타리 같은 나무로 자작나무를 심겠다고 말버릇처럼 얘기했다.

그런 자작나무숲에서 매일 아침 일어나 제일 먼저 쳐다보는 것이 자작나무요, 카메라에 앵글을 맞춰 입맞춤하는 것도 자작나무요, 이슥한 밤 밖에 나가 서로 어깨를 부딪칠 듯 서서 밤바람에 흔들리는 것이 마치 자작나무가 서로 이야기하는 듯 수런거리는 것을 가만히 엿듣다 들어오는 것도 다 자작나무가 있어서이다.

비가 오는 여름날에는 이파리가 파릇하게 생기발랄 어린아이 춤추듯 하고, 햇볕이 쨍쨍거리는 날엔 따갑다고 이파리를 살랑거려 마치 빛을 반사하듯이 반짝거린다.

자작나무의 다리는 어떤가?

자작나무만큼 멋지고 미끈하게 뻗은 다리 보았는가!

어느 도시 키 큰 여자의 미니스커트 입은 다리보다도 더 훤칠하다.

나는 매일 아침, 또는 해지는 오후, 심지어 밤중에도 몰래 관음증 환자처럼 그녀의 다리를 훔쳐보곤 한다.

자작나무숲은 빽빽하다.

키가 훤칠하게 큰, 빼빼 마른 도시 여자처럼 배게 서서 나를 그 관능의 굴속으로 유혹한다. 하늘을 가려 그 속에서 벌어지는 부끄러운 일쯤은 모두 아무것도 아닌 듯이 가면을 벗어던지고 욕망의 사다리를 마구 타고 올라도 아무도 나무랄 이 없을 듯이 여름날 자작나무숲은 음흉하다. 그런 자작나무 숲속에서 여름이 갔다.

관능의 숲속에서 놀다 어느 날 정신 차려보니 노란 잎이 흩날리고 있었다.

나의 마당에 떨어진 육신이 마치 껍데기만 남은 살점처럼 흩어져 뒹굴고 있었다. 어떤 때는 파란 하늘에 흘러가는 돛단배처럼 출렁이며 바람에 이별의 연서를 띄우듯 멀리 날아가고 있었다. 잎을 떨구고 난 뒤 자작나무는 하얀 뼈만 앙상하게 드러냈다. 자작나무가 육탈하고 내게 안아달라고 떨고 있었다. 여름내 관능의 굴속에서 헤매던 내게 육신의 욕망을 모두 털어버리고 나신으로 모든 것을 드러내어 사랑하자고 달려드는 것 같았다.

나 이제 너무 추워, 더 이상 견딜 수가 없어.

당신이 나 꼬옥, 안아주면 안 돼. 라고 속삭이는 것 같았다.

나는 무서웠다. 막상 진실만을 두고 사랑하자 하면 뒷걸음질을 쳤던 지난날을 책망하듯 자작나무는 모든 것을 벗어던졌다.

나는 진정 자작나무를 사랑하는가?

자작나무는 육탈을 하고 하얀 피부를 드러낸 채 내게 어서 다가오라 손짓을 하고 있다. 어떤 때는 가지 흔들 힘도 없다는 듯이 침묵시위를 하고, 또 어떤 때는 들까마귀를 불러들여 샛서방이 들었음을 알려준다.

내 보름달이 뜨면 너를 만나러 기어이 가마.

하얀 달빛이 부서지면 너는 내 눈을 멀게 하지.

너의 아름답고 하얀 피부를 쓰다듬으러 몰래 가마.

그러니 그따위 샛서방을 들이지 마라.

겨울이 오면 하얀 이불 덮고 함께 행복한 꿈을 꾸자.

자작나무여!

오오, 나의 사랑하는 자작나무여!

게으름 피다

오늘 아침은 말 그대로 해가 중천에 떴을 때 깼다.

새벽 두 시쯤인가?

머리맡에 있던 휴대폰에서 띠링~ 메시지가 왔다는 알림음이 울렸다. 나는 잠결에도 본능적으로 깨어 휴대폰을 들여다봤다. 존경하는 블로그 지인께서 보내신 장문의 댓글이다. 당신께서 쓰시는 개념어에 대한 해설 같은 것이었다. 나는 읽으려다가 휴대폰 불빛에 눈이 부셔 읽어지지가 않았다. 짜증이 나기도 했다. 아침에 일어나 읽자 하고 휴대폰 불빛을 끄고 잤다. 그런데 너무 늦잠을 잔 것이다.

새벽에 휴대폰 소리에 잠이 깨 이리 뒤척 저리 뒤척 하다가 언제 다시 잠들었는지 모른다. 요즘 그것 때문이 아니라도 늦잠을 자는 일이 많아졌다. 일찍 눈을 떠도 이불 속에서 나오기가 싫어질 때도 많다. 주로 아침에 일어나 세수하고 공복 상태에서 잠깐이라도 오전에 글을 쓰는 것이 나의 일과인데 쌀쌀한 기운이 느껴지는 가을이 오면서 눈에 띄게 게을러졌다.

처음 여기 이사 올 때는 여름이었다.

여름에는 오히려 그렇게 덥지도 않고 살갗에 닿는 기온이 상쾌해서 이른 아침에 저절로 눈이 떠졌다. 또한 새로운 환경이고 접하는 것들이 다 신기하고 놀라운 것들이 많아서 일찍 일어나 마당에 나가는 것이 기쁜 하루의 시작이었다.

그러나 여기는 가을이 일찍 왔다.

해발고도가 750m이니 그럴 만했다. 새벽 그리고 밤과 낮과의 일교차가 크다 보니 몸이 움츠러들 수밖에 없다. 그러니 처음 맞는 이 환경에 몸이 적응할 새도 없어 게으름 피는 것도 이해할만하다.

사실 마음껏 이런 게으름 피는 것도 오래간만이다.

직장생활을 할 때는 새벽 6시면 깨어서 고양이 세수 겨우 하고 출근하기 바쁜 고달픈 생활이었다. 그 직장생활 끝낸 지가 1년여가 되었다. 물론 미래가 불안하긴 하지만 마음만은 편안하다.

기온의 변화에 적응하지 못하고 게으름 피는 나를 보면서 나 자신에 대해 짜증을 내보기도 하지만 한편으로는 어떠랴 싶기도 하다.

허균 선생의 시문집 성소부부고의 부록인 한정록(閑情錄)을 대본으로 소설가 김원우가 엮은 [숨어 사는 즐거움]이란 책에 閑適이라는 말이 나온다. 혼자 숨어 살며 한가롭게 산다는 뜻이다. 이 책을 읽으며 이런 삶을 꿈꿔 왔지 않은가!

그렇다고 너무 게으르진 말자.

너무 게으르면 너는 죽은 거나 마찬가지니까!

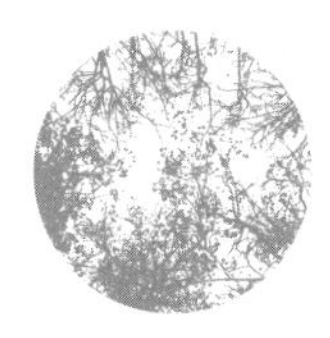

성취감

얼마 전부터 텃밭 고랑 만드는 작업을 했다.

이런 일은 처음으로 해보는 일이라 손에 물집이 생기고, 팔꿈치가 욱신욱신 쑤시고, 허리가 끊어질 듯 아파서 하루에, 또는 2~3일에 한 번 한 개, 또는 두 개씩 고랑을 일구었다. 밭고랑을 만들지만, 돌을 골라내는 일이 주였다. 새로 일구는 밭이라 캐 나오는 돌로 울타리를 쌓아도 될 정도로 많이 나왔다. 바위 같은 큰 돌도 나오고, 자갈돌, 주먹돌 등 많은 돌들이 흙을 파헤치는 족족 쏟아진다. 처음에는 여기가 밭인지, 돌밭인지 분간이 안 갈 정도였다.

몸 건강한 남이 보면 하루 일거리도 안 되는 것을 그리도 엄살을 필까 말할지도 모르지만 내게는 무척 힘든 일이었다. 목발을 짚고 다니지 않을 때는 그래도 걸어 다니기가 덜 힘들었지만, 목발을 짚고 다닌 지 5년여가 지나면서 몸은 더욱 약해졌던가 보다. 애초 목발을 짚지 않았지만, 무릎을 다쳐 깁스를 하고 나서 푸니 다리는 더 이상 맨다리로는 버티지 못했다. 설상가상 소아마비로 부실한 다리 쪽을 다쳐 그렇지 않아도 제대로 걸을 수 없었는데 그나마 있던 근육마저 더 없어졌기 때문이다. 그래서 이 산골로 이사 온 목적도 이렇게 텃밭 일이나 또는 다른 일거리라도 만들어서 몸을 움직여 건강을 회복하고자 한 목적이 컸다.

처음에는 힘드니 한두 고랑씩만 하자 마음먹었지만 어떤 때는 욕심이 생겨 한 고랑만 더하자, 또는 팔뚝이 탈날까 싶어 하루 쉬어도 좋으련만 기어이 무리할 때도 있었다. 하루하루 고랑과 두둑이 만들어지는 것을 보니 완성된 텃밭을 빨리 보고 싶은 욕심이 생겨서다. 골라낸 돌은 텃밭 언저리 울타리도 되고, 비온 뒤 흙이 쓸려 내려가는 걸 방지하기 위해서 빗물이 흘러가는 곳에 돌을 깔아놓기도 했다.

만들어 놓고 보니 다 늦게 아쉬운 마음이 들었다. 이사 오자마자 서둘러 텃밭을 만들었으면 가을 무, 배추라도 심었을 텐데…… 심어서 조금이라도 수확을 했으면 수확의 기쁨도 누려보고, 김장김치 재료 거리는 안 되더라도 배추로 겉절이 정도는 만들어 먹을 수 있지 않았을까 하는 욕심 말이다. 욕심의 꼬리도 가을 햇발처럼 한층 더 길게 자라나 보다.

어쨌든 텃밭을 만들어놓고 내려다보니 성취감은 말할 수 없다. 손수 땀 흘려 가꾼 노동의 대가라고 생각하니 내가 시 한 편 짓고, 소설 한 편 썼을 때의 성취감보다도 더 진한 여운이 남겨졌다. 그만큼 감격스러웠다는 얘기다. 내년 봄에 이 밭에서 새로운 생명들이 움트고 자라는 것을 본다면 또 다른 감동을 내게 안겨줄 것이다.

아래 텃밭을 일궈놓고 보니 바로 위에 더 넓은 공터가 눈에 보인다. 욕심이 생긴다. 저곳은 어떻게 활용하면 좋을까? 꽃나무를 심어야 하나? 아니면 유실수를 심을까? 한참 고민하고 망설인다.

자작나무골 선배 이웃들은 말했다.

"텃밭 농사 욕심부리지 마라. 그거 농사지어 놓고 다 먹지도 못한다. 첫해는 열심히 하다 너무 힘들어 다음부터는 풀밭 되더라. 그러니 처음부터 욕심부리지 마라."

먼저 정착한 선배로서 진정 어린 충고인 줄은 알지만, 너무 기를 죽이는 통에 반발심이 일면서 동시에 오기도 생겼다. 그런 오기로 나는 텃밭에 이것저것 작물을 심고 보살피는 재미를 꼭 맛보리라 다짐했다. 아울러 자연과 교감하고 자연의 법칙에 순응하며 그것의 소중함을 스스로 느껴보고자 한다.

그리고 이 조그만 텃밭을 일구다 든 생각이 있다. 나는 어려서 소아마비를 앓아 왼쪽 팔다리가 너무 부실하다. 당연히 그나마 건강한 오른쪽 팔다리만 많이 쓴다. 왼 팔다리는 거의 쓰지 않는다. 아니 쓰지 못한다.

고랑과 밭두둑을 만들면서 오른팔이 혹사당하니 손가락에 물집도 생기고 팔뚝의 근육이 힘을 다하다 보니 호미를 쥔 손에 힘이 가해지지가 않았다. 그래서 왼팔의 힘을 보탰다. 의식적으로 생각한 것이 아니라 자연스러운 움직임이었다. 그랬더니 그 부실한 힘이나마 큰 힘이 되는 것을 느꼈다. 훨씬 호미질하는 힘이 덜어져 수월했고, 굳은 흙을 더 쉽게 파헤칠 수 있었다. 부실한 왼팔의 힘이라도 보탰더니 도움이 되는 것이다.

세상을 살다 하찮은 풀이라도 아니면 세상 사람 누구라도 함부로 무시하지 말아야겠다는 생각을 한다. 발에 채는 이름 없는 풀이든 또는 세상 살다 만나는 누구든 그만큼의 쓰임이 있을 것이다. 그리고 또 도움이 될 수 있을 것이다. 나의 왼팔도 부실하지만, 그만큼의 쓰임이 있었다.

텃밭을 일구며 깨닫는다.

저마다 존재의 가치를 가지고 하늘 높이 팔을 뻗쳐 살든, 나무 그늘에 고개 숙이고 살든 조화롭게 사는 숲을 바라본다. 나의 왼팔도 저 숲 속 그늘에 사는 풀과 같으리라.

무녀리 배추

'무녀리 배추'라는 말을 들어본 적이 있는가?

배추에 '무녀리'라는 말은 쓰지 않는다. 나는 고랭지 배추밭을 지나다 무녀리 배추를 두어 포기 뽑아왔다. 그 배추로 된장국이나 배춧잎전을 부쳐 먹으려는 욕심이 생겨 주인이 있는 배추밭에서 배추를 뽑아왔다.

'무녀리'라는 말을 국어사전에서 찾아보면,

1. 한 태에 낳은 여러 마리 새끼 가운데 가장 먼저 나온 새끼.

2. 말이나 행동이 좀 모자란 듯이 보이는 사람을 비유적으로 이르는 말.

이렇게 서술되어 있다.

사전에는 여러 마리 새끼를 낳는 개, 고양이 등이 한 태에 낳는 새끼 중에 제일 먼저 태어나는 새끼를 이르는 말이라고 했지만 보통 우리는 다른 형제들에 치여 젖을 제대로 빨지 못한 놈이 영양이 부실해서 잘 크지 못하는 놈을 무녀리라 했다. 개를 키워본 사람은 이 무녀리라는 말을 많이 들어봤을 것이다.

나는 어려서 소위 똥개라고 하대해서 부르는 황구를 키웠다. 그때 어미개가 동네 개와 제멋대로 흘레붙어서 새끼 여러 마리를 낳게 되면 그 여러 마리 중에 꼭 어미젖을 제대로 못 빨거나 해서 부실한 놈이 생기게 마련이었다. 원래부터 부실한 놈인지, 아니면 한 배 낳은 새끼들 중에 힘에 밀려 젖꼭지를 제대로 빨지 못하고 그리되는지 잘은 모르지만, 관찰한 바에 의하면 어미도 새끼 중에 젖을 제대로 못 빠는 놈이 있더라도 그 놈을 배려하여 젖을 빨게 하지는 않는다. 그러니 날이 갈수록 무녀리는 다른 놈들보다 몸집도 작아지고 심지어는(드물긴 하지만) 피골이 상접해져서 죽기도 했다.

나는 가끔 그런 놈을 게걸스레 젖을 빠는 다른 놈들을 어미에게서 떼어내고 젖을 빨도록 어미개의 젖꼭지에 물려주곤 했던 기억이 있다. 그런 무녀리 개는 볼품이 없어서 누가 사가지도 않았다. 그래서 강아지가 필요한 이웃 사람에게 공짜로 넘겨주거나 그냥 별수 없이 어미개의 품에서 계속 크도록 내버려 두었다.

고랭지 배추밭을 지나치다가 가끔 이상한 광경을 목격했다. 배추밭에 수확을 끝내게 되면 길옆에 차를 세워두고 사람들이 배추밭에 들어가 드문드문 수확하지 않고 버려진 배추를 거두어 가고 있는 풍경을 보게 되었다.

이상하다?

필경 주인 있는 배추밭일 텐데 저리 들어가 남의 배추를 마구 뽑아가도 되는가 하고 고개를 갸우뚱, 이해가 가지 않는다는 투로 말한 적이 있다. 인심 험악한 도시 주변에서는 볼 수 없는 풍경이었기 때문이다. 오히려 도둑으로 몰리지 않으면 다행이다.

그런데 강원도 거주를 먼저 하여 사정을 아는 이웃 남자가 하는 말이, 수집업자들은 상품성이 떨어지는 배추를 저렇게 거두지 않고 그냥 버려두고 간다고 했다. 여기 고랭지 배추밭 대부분은 도매업자들과 계약 재배하여 소위 밭뙈기 농사를 지어 전량 넘기기 때문에 상품성이 떨어지는 배추는 수확을 하지 않고 버려둔다고 한다. 그래서 사람들이 나머지 저런 배추를 거두어 가지 않으면 버려진 시래기들과 함께 썩어 냄새를 풍기다가 다음 농사의 거름으로 된다고 한다.

그런 배추가 수확을 끝내고 허옇게 배때기를 드러낸 밭에 드문드문 입을 벌리고 외롭게 앉아 파란 잎이 손짓을 하고 있다. 물론 그 배추는 싱싱하고 충분히 먹을 수 있을 만큼 컸다. 상품성이 떨어진다 해서 버림받았을 뿐이다. 따라서 수집업자와 계약재배하지 않은 다른 농가의 배추밭은 수확을 하게 되면 배추밭에 이런 배추라고 남겨두지 않는다. 대부분 수확하여 버리지 않고 먹는다. 업자들과 계약한 고랭지 배추밭에만 이렇게 상품 취급도 받지 못한 배추가 나뒹구는 것이다.

배추뿐만이 아니다. 도시 사람들은 보기 좋은 채소, 벌레 먹지 않은 채소만을 찾기 때문에 농약을 하게 되고, 또 볼품없는 채소는 배추처럼 버리고 간다. 그러니 덜 익었거나 볼품없는 버려진 배추를 발육 부진한 강아지처럼 무녀리 배추라고 부르는 것도 잘못된 말은 아닐 것이다.

나도 몇 번을 배추밭을 지나치다가 배추 두어 포기를 뽑아왔다. 보아하니 속이 좀 덜 찼거나 덜 커서 버려진 줄 이내 짐작할 수 있을 것 같다. 그렇다고 여름내 지은 농사의 결과물을 상품성이 없다 하여 들판에 버리고 간다는 것이 너무 야속하다는 생각이 들었다. 이렇게 나라도 한두 포기 뽑아다 먹으면 좋겠다 싶었다.

그 무녀리 배추를 뽑다가 혹, 내 인생도 무녀리 같지 않나 생각했다. 부모님이나 형제들에게 뭐 하나 제대로 도움이 되지 못하고, 이 사회에서도 뭐 하나 제대로 이바지하며 살아온 것이 없다는 생각이 문득 들면서 무녀리 배추를 뽑아 든 손에 갑자기 힘이 빠져 버렸다. 내 살아온 인생이 들판에 버려진 무녀리 배추와 무엇이 다를까 하는 서글픈 생각이 스쳐 갔다.

상품성이 떨어져 버려진 배추나 인생 은퇴하고 강원도에 와서 숨어 사는 내 인생이나 세상에서 버려진 것은 매 한 가지 아닌가? 아, 무녀리 배추 뽑아다 무녀리 같은 인생이 된장국이나 맛있게 끓여서 배불리 먹어 잠시나마 행복감에 젖어 보기나 해야지! 그것이 무녀리 배추에 대한 마지막 예의인 것을, 그리고 내 인생에도 메아리 없는 찬가를 바치고 싶다.

달리아 알뿌리를 캐다가

요즘 겨울나기 준비로 바쁘다.

형편도 안 되는데 거금을 들여 화목난로를 놓고 주변 숲에서 쓰러진 나무, 간벌해 놓은 나무 주워 놓았다가 어제는 톱질에, 도끼질을 했다. 여태껏 겨울나기는 김장이 전부인 줄 알았던 나는 여기 강원도에 와서 처음으로 나 스스로 겨울나기 준비를 한다.

고등학교를 진학하고부터 지금껏 30년 몇 년을 외지로 돌아 도시에서 살았으니 고향 집에서 부모님이 모두 겨울나기 준비를 하여, 내가 겨울을 걱정한 것은 겨울에 입을 옷을 그때그때 챙기는 것뿐이었다.

그런데 무슨 바람이 불어 이 추운 강원도에 와서 겨울을 나려다 보니 할 일이 너무 많았다. 오늘은 우리 집 상수리나무 밑에 달리아가 서리 맞아 모두 시들었다. 여기 강원도는 11월 초입인데도 벌써 서리가 내리고 영하로 떨어져 땅이 얼었다. 해발 고도가 높은 이곳은 추위가 빨리 오기 때문이다.

이 달리아 알뿌리를 봄에 가져다주어 심으라고 주었던 이웃집 박

선생이 얼마 전 탐스럽게 핀 꽃을 보다가 생각난 듯

"이 달리아 꽃 지고 시들면 알뿌리 캐서 안에 들여다 놔야 해요. 그러지 않으면 죽어요." 한다.

나는 그 말이 얼른 생각나서 호미를 가져와 풀뿌리를 헤집고 달리아 알뿌리를 캤다. 벌써 서리가 내리고 영하로 떨어져 땅이 얼었는데 괜찮을까 조바심을 냈다. 너무 늦게 캐서 알뿌리가 얼어버렸으면 헛수고가 아닌가? 헛수고는 둘째 치고 생명에 대한 예의가 아니라서 더 걱정스러운 마음으로 흙을 파헤쳤다.

그러나 기우였다. 땅속은 아직 따뜻했다. 실하게 앉은 알뿌리가 탐스럽게 익었다. 나는 조심조심 알뿌리를 갈무리해서 종이상자에 넣고 따뜻한 집 안에 들였다. 이놈은 나와 함께 겨울 동안 집 안에서 숨을 쉬다가 내년 봄에 다시 노지로 옮겨져 생명을 이어갈 것이다.

나는 겨울나기 준비하기 위하여 달리아 알뿌리를 캐 집 안에 고이 모셔두다가 어머니를 생각했다. 어머니는 50줄이 넘은 자식한테도 무엇이 마음이 안 놓이는지 수시로 전화를 걸어서는 걱정을 하신다. 전화를 받을 때는 짜증 섞인 목소리로 잘 먹고 있어요, 하고 말하지만 끊고 나서는 곧바로 후회한다.

달리아 꽃 그까짓 거 안 보면 그만이다. 캐다 따뜻한 실내에 잘 갈무리하지 않으면 내년에 꽃을 보지 못한다. 하지만 무언지 모를 걱정과 그 생명을 보존하지 않으면 안 될 것 같은 걱정들이 뒤섞여 알뿌리를 캐다가 집 안에 보관한다.

생명을 이어간다는 어머니의 맹목적 사랑.

그것이 무엇인지 아직도 나는 충분히 이해할 수 없지만, 끊임없이 이어지는 사랑의 끈이 아닐까 생각한다. 사랑이 없이는 그 달리아 알뿌리를 캐 보관했다가 봄에 다시 생명을 이어주는 일을 할 수 없듯이 어머니가 나에게 베푸는 사랑 역시 면면히 이어지는 보이지 않는 사랑의 끈이 아닐까 생각한다.

어머니의 사랑, 그 원초적인 끈끈함!

장작을 패다가 든 생각

내가 강원도 평창 계촌리로 이사 온 후 처음 맞는 겨울을 준비하기 위하여 몸이 몹시 고달프다. 겨울 준비는 소소한 것이 많으나 그중 가장 크고 부담되는 것이 겨울 식량, 김장김치 담그는 것과 겨울 추위에 대비하여 장작을 준비하는 것이다. 나는 수십 년간 자취를 해오면서 김치며 반찬 등은 어머니나 여동생을 통해서 조달해왔다. 그러니 김장김치를 직접 담글 수 없는 것은 당연지사, 그리하여 어머니 사시는 본가에 가서 김장을 할 때 조금 돕고 얻어왔다. 그래서 중요한 한 가지는 해결했고 이제 장작을 준비하는 일만 남았다.

내가 충남 아산 농촌에 살 때도 장작이란 것은 없었다. 평야 지대이다 보니 겨울에 군불을 때거나 밥을 지을 때도 땔감은 볏짚이었고, 매일 저녁 쇠죽을 끓일 때도 모두 볏짚이 연료 역할을 했다. 그래서 마당 한구석에는 지붕 높이보다 더 높은 볏단을 쌓아놓은 노적가리가 항상 있었다.

그런데 서울살이를 하다 이곳 평창에 와서 미처 생각 못 했던 것이

겨울 추위였다. 겨울이 다가올수록 걱정되는 것이 강원도 생활 첫 번째 겨울을 어떻게 무사히 넘길까 싶은 거였다. 이웃들의 말을 들으면서 그냥 아껴 쓰면서 전기난로로 해결할까? 아님, 가스난로를 들일까? 여러 가지로 궁리를 해보았지만 나무 장작 난로가 제일 좋을 거 같아 화목난로를 사들이고 설치했다.

민간에서 파는 것보다 산림조합이 화목 값이 쌀 것으로 생각하고 참나무 화목을 평창군 산림조합에 가서 샀다. 통나무를 마당에 부려놓고는 이제 겨울준비 다 한 것처럼 마음 뿌듯했었다. 그러나 저 나무를 어떻게 자를 것이며 또 어떻게 쪼개 장작으로 만들 것인지 난감했다. 나의 몸 상태와 힘으로는 도저히 불가능한 일을 벌여놨기 때문이다.

그래도 어찌하랴!

궁하면 통한다고 친구들이 가끔 놀러 오면 힘든 일은 부탁하고, 내가 할 수 있는 일은 최대한 할 수밖에. 그런데 친구들 보고 장작을 패러 오라 하면 꼭 하는 말이 있다.

"마님이 있어야 장작을 패러 가지. 마님이 있어야 웃통 벗고 김이 무럭무럭 나는 등짝을 보여주러 가지. 마님이나 준비해 놓으면 내 부리나케 달려간다. 오지 마라 해도, 하하하."

내게 마님이 있을 리 없다. 사극 영화의 한 장면이 사람들의 뇌리에 꽉, 박혀 있나 보다. 장작하면 마님을 떠올리게.

마님이 없어도 가끔 친구들이 찾아와서 통나무를 자르고, 장작도 조금씩 패주고 돌아들 갔다. 고마운 일이다. 몸이 부실하여 도움을 받을 수밖에 없는 처지임에도 나는 그렇게 도움을 주고 마음을 나눌 수 있는 친구들이 있어 행복하고 감사하는 마음을 지니며 산다.

하지만 장작을 마련하는 것은 온전히 내 몫이다.

자른 통나무 원목을 틈틈이 뒷마당에 나가 도끼로 쪼갠다. 그런데 올겨울은 눈이며, 비가 너무 잦다. 슈퍼엘니뇨의 영향이라는데 나는 죽을 맛이다. 일주일이면 두 번 이상은 눈이 오거나 비가 오니 장작을 쪼갤 일도, 쪼갠 장작을 비 맞지 않게 추스르는 일도 고역이다.

"에이, 하필 내가 강원도로 이사 온 첫해 겨울에 이럴 거람."

쪼갠 장작을 나뭇간에 가지런히 쌓으며 투덜대도 소용없다.

생전 안 하던 일 하려니 팔뚝이 아프고, 등 근육이 뭉쳐 쑤시고 아프지 않은 데가 없다. 그래서 하루에 두어 시간씩만 일하고 무리하지 않으려 한다. 후배가 무리하지 말라며 그러다 파스 값이 더 나갈 거라고 농담을 하지만 내 몸으로는 무리일 수밖에 없는 일이다.

장작을 쪼개다 보면 어떤 놈은 도끼질 한 번에 쩍 나가떨어지고, 어떤 놈은 아무리 힘을 주어 패도 쪼개지지 않는다. 한 번에 쩌-억-하고 쪼개질 때는 기분도 상쾌해지고 팔도 덜 아프다. 그런데 안 쪼개지는 놈이 있다. 아무리 힘껏 내리쳐도 소용없다. 심지어 도끼를 나무에 박아 망치질을 십여 번은 해야 겨우 쪼개진다. 그러면 망치와 도끼가 부딪치는 쇳소리에 기분도 더럽고 힘은 열 배, 스무 배 더 든다. 팔꿈치가 얼얼하고 무리가 간 관절이 욱신거린다.

옹이가 있는 통나무가 그렇다. 억지로 쪼개보면 거기에는 가지가 벋어 있다. 그 가지를 지탱하기 위하여 원줄기에 커다란 옹이로 가지의 뿌리를 튼튼히 감싸 안았다. 그리고 가지가 비바람에도 버틸 수 있도록 옹이 조직이 조밀하게 발달해 있음을 알 수 있다.

마치 커다란 흉터가 자리 잡고 있는 것처럼 흉측하다. 새로운 가지를 벋기 위해서는 저토록 많은 에너지를 쏟고 그곳에 커다란 흉터가 자리 잡을지언정 모든 희생을 마다하지 않는다는 생각을 했다. 그러니 옹이가 있는 통나무는 그만큼 쪼개기가 힘들다.

우리 위, 아래 이웃집은 공교롭게도 이곳에 이사 오게 된 연유가 모두 자식 때문이었다.

윗집의 박 모 씨는 아들이 어려서 심한 아토피를 앓아 산속 생활을 시작한 지가 10여 년이 훨씬 넘었다고 했다. 아토피가 심해서 아이가 피부에 고름이 생길 때는 아비인 박 모 씨가 그 고름을 입으로 빨아서 치료해줬다고 한다. 그만큼 절박했다고 한다.

아랫집 이 모 씨는 나이가 아직 젊은 나이에 이곳에 들어왔다. 아이가 대인기피증이 심해 모든 것을 정리하고 아이를 데리고 내려왔다고 한다. 어찌 보면 아이를 위해 일찍 자기 인생을 포기하고 다른 인생을 살기로 한 것이다.

나는 두 살 때 소아마비에 걸렸다.

옹이진 장작을 쪼개며 나의 부모님을 생각했다. 나를 바라보며 얼마나 가슴이 문드러지고 안타까워하셨을까? 팔순을 넘긴 지금도 멀리 혼자 사는 자식 걱정에 하루가 멀다고 전화를 하시는 어머니의 옹이진 마음, 그 옹이진 마음을 언제 풀어드릴지 모르겠다. 아마도 평생 자식 걱정에 잠 못 이루실 것 같다.

여기 위, 아랫집 박 모 씨, 이 모 씨 아버지들도 나무 원줄기에 생긴 커다란 옹이 같은 것을 키워가고 있는 것이다. 자식을 길러보진 못했지만, 그 마음 충분히 이해한다. 장작을 쪼개며 돌아가신 아버지, 시골집에서 내 걱정하는 늙은 어머니 생각한다.

난로 피우기와 외로움 달래기

이곳 평창 계촌에 내려와 처음 맞는 겨울, 도시 아파트에서 살다 산속에 왔으니 낯설기도 하거니와 겨울을 온전히 보내기 위해서는 할 일이 너무 많았다. 여기 와서 겨울이 다가오며 들은 얘기는 두 가지다.

난방을 무엇으로 할 거냐며? 묻고는 기름보일러로 그 비용 어떻게 감당하느냐고 하는 우려 섞인 말이 하나요, 나는 LPG 자동차를 운행하고 있었는데 LPG는 여기 강원도에서는 얼어버리기 쉽다고, 그래서 강원도에서는 디젤 사륜구동이 있어야 한다는 것, 더군다나 우리 집이 산중턱이다 보니 올라오는 경사길이 눈 오는 겨울에는 미끄러워 반드시 사륜구동이 필요하다는 것이 또 하나였다.

사륜구동 차는 어차피 강원도 여기저기, 또는 임도 같은 비포장 길을 다니며 여행하고 싶은 욕구가 있어서 잘됐다 싶었다. 그래서 이참에 사륜구동 RV 차로 바꾸는데 큰 고민을 하지 않았다. 그런데 기름보일러 난방을 하면서 화목난로를 설치해야 기름값을 아낄 수 있다는 말에 난로를 여기저기 검색해보았지만, 난로 값이며 설치비가 여간 부담되지 않았다.

여기저기 물어보고 인터넷을 뒤져 검색해보다가 우연히 나무 연료를 기성 난로보다 5분의 1밖에 안 들이고 난로를 땔 수 있다는 제품이 있어서 고민 끝에 사들였다. 이 난로는 베르누이 원리를 이용하였다고 했다. 또한 옛날 구들장의 원리를 적용하였으며 더군다나 나무를 특이하게 거꾸로 태우는 방식이라 연료가 적게 든다고 했다.

친구며 후배를 불러서 난로와 연통을 설치하고 시험을 했다. 처음에는 주변 숲의 쓰러진 나무의 잔가지며 건축 폐자재 등을 거둬다 태우는데 잘 탔다. 집안이 금방 훈훈해지고 성능도 만족스러운 것 같았다. 너무 훌라당 잘 타는 걸 보고 이웃집 남자가 참나무 장작을 태우면 시간도 오래가고 괜찮을 것 같다 해서 평창산림조합에서 참나무 통나무를 사다 자르고 장작을 팼다. 문제는 여기서부터 생겼다.

마르고 잔 나무는 활활, 잘 타지만 참나무처럼 단단하고 굵은 나무는 밑동 부분에서 조금 타다가 참나무가 단단하다 보니 불이 붙는 부분이 타고나서 숯으로 버텨 더 이상 타올라 오지 않아 불이 꺼지는 것이다. 나무 연료를 거꾸로 세워서 태우는 것이다 보니 탄 부분이 저절로 무너져 내려 계속 불이 붙어있어야 하지만 숯이 버티고 서서 그 이상 불이 타올라 오지 않아 계속해서 나무를 일일이 밀어 넣어 주어야 했다. 그래야만 숯 부분이 무너져 내려 아랫부분에서 다시 불이 붙기 때문이다.

나는 연료를 적게 들일 수 있다는 말에만 혹해서 이 난로를 샀는데 이러한 결점으로 인해 매번 퉁명스러운 말투로

"정말, 난로를 잘못 샀어! 난로를 무슨 아이 다루듯 옆에서 지키고 앉아 있어야 하니, 내가 시간을 마음대로 쓸 수 있나? 그렇다고 한번 나무를 집어넣어 놓으면 연료 타는 시간이 오래나 가나? 에이, 왜 그때 그것에 정신 팔렸지!"

그러면서 부지깽이로 애꿎은 난로 귀퉁이를 때리며 불평을 늘어놓았다.

그러나 그것도 본격적인 겨울이 와 난로를 옆에다 끼고 살다 보니 서서히 마음이 풀어졌다. 처음에는 난로 만든 사람까지 욕하며 난로의 기본이 되어있지 않았다는 둥 불평을 했지만, 이왕에 사들여 놓은 이상 물릴 수도 없고, 체념하면서 추위를 피하려 난로를 피웠다.

수시로 나무가 탈 때마다 때맞춰 밀어 넣고, 꺼지려고 하면 불쏘시개를 집어넣어 살리고, 불이 잘 붙고 있나 들여다보고, 또 나무 연료를 수시로 투입하고, 정말 아기 다루듯 잠시도 눈을 뗄 수 없이 난로를 살폈다. 때로는 불이 타들어 가는 불꽃을 멍, 때리며 쳐다보고 있으면서 내가 무엇을 하고 있는지조차 잊고 난로에 집중하고 있었다.

산속의 겨울밤은 무척이나 외롭다. 애초부터도 주변에 사람들이 같이 살고는 있지만, 불만 끄면 사방이 칠흑 같은 밤 풍경이니 나 혼자 이곳에 격리되어 있다는 막막함으로 불안한 감정이 밀려오는 곳이었다. 그러니 추운 겨울밤은 더 외롭고 가슴도 휑했다.

그래서 마음을 고쳐먹기로 했다. 이 산속 긴긴 겨울밤에 누구와 있어 마음을 위로받고 시간을 죽여 가며 버틸 수 있을 것인가? 그런데 아기 다루듯 보살펴야 하는 난로가 있고, 그 불을 꺼치지 않기 위하여 수시로 불을 살펴야 하고, 때로는 불이 잘 타나 들여다보며 불꽃을 멍, 때리고 쳐다보는 무아지경의 여유를 만끽하고 있으니, 나의 산속 외로움을 달래기로는 제격이 아닌가!

그렇게 마음을 고쳐먹으니 이 애물단지 같은 난로가 달리 보였다. 이제 이 긴긴 겨울밤을 함께 할 친구가 이 난로이다.

외로움이야 평생 달고 산 것이니 그 외로움을 견디면서 너, 애물단지 난로와 더불어 겨울 산속 외로움을 잊어보리라, 이렇게 마음먹었다. 문화심리학자 김정운은 그러지 않던가? 외로움을 속이기 위하여 사람들은 분노하고 적(敵)을 만든다. 내 편이 있어야 덜 불안하니 어디에 소속되어 편을 만들고, 페이스북서 '좋아요' 마구 누르며 서로 자위하는 거라고.

나도 그렇다.

멀리 저 세속에 떨어져 있는 조금의 끈이라도 있는 사람들에게 위로받기 위하여 매일 매 순간 SNS를 들여다보고, '좋아요' 누르고 하지 않던가! 나는 이 난로를 끌어안고 더 외로워져야 하겠다. 일부러라도 혼자 있는 시간을 갖고 나의 정체성을 좀 더 들여다보고 그 시간을 통해 외로움을 글로 생산하면서 견디는 것만이 외로움을 극복하는 길이라고 생각한다.

나는 이 난로와 더불어 겨울을 나면서 온전히 외로움을 받아들일 것이다. 그러면서 나 자신과 더 대화하고 소통하며 분노도 외로움도, 그리고 추운 겨울도 이겨낼 것이다.

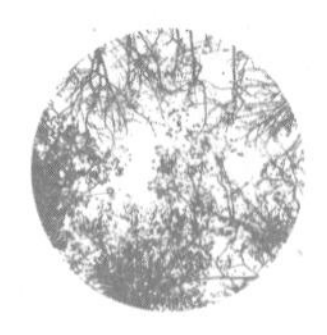

도끼

그동안 겨울 추위가 살갗을 스칠 때 면도칼로 살짝 긋는 것처럼 매서워 장작 패는 것을 근 두어 달 쉬고 있었다. 이제 날씨가 푹해져 비닐 포장으로 덮어두었던 통나무를 장작으로 쪼개러 마당으로 나섰다. 겨울 오기 전 열심히 장작을 해놓아서 굳이 장작을 패지 않아도 되지만 날씨가 풀렸으니 운동 삼아서 장작을 패러 나갔다.

포장을 젖히니 거기 도끼가 그대로 놓여있다. 두어 달 새에 녹이 슬어 있다. 강원도로 이사 와서 필요한 생활도구나 농기구를 고향 집에서 많이 가져왔다. 호미, 괭이, 모종삽, 삽, 낫, 톱과 도끼 등이다. 이것들은 모두 아버지께서 평생에 쓰시던 도구들인데 돌아가신 이후로 농기구 창고에 버려져 빨갛게 녹슬고 있던 것들이다. 아버지가 쓰시던 것들을 내가 다시 가져다 쓰리라고는 전혀 예상 못 했는데 강원도에 와서 텃밭 농사도 짓고, 집안일도 해야 하니 이런 농기구며 생활 도구들이 필요했다.

녹슨 도끼를 가져다 장작을 패고 또 팼더니 녹이 다 벗겨지고 깨끗한 새 도끼로 벼려졌었는데 다시 녹이 슬어 있다. 오늘 다시 도끼를 들여다보니 새삼 아버지의 손때 묻은 온기와 숨결이 느껴진다. 하늘나라에 가신 지 5년이 지났지만, 아버지가 만지시던 도끼를 내가 다시 들어 사용할 줄은 아버지도 예상 못 하셨을 것이다.

도끼를 통해서 생전 아버지의 무뚝뚝하신 사랑을 다시 느껴본다. 도끼질을 하며 건강도 되찾고 계촌의 겨울 추위도 이겨내고 있는 것은 모두 아버지가 지켜봐 주고 계신 때문이라 생각한다.

날씨가 흐려 하늘은 희뿌연 하니 온통 재색인데 햇무리가 계속해서 계촌의 하늘을 맴돈다. 아버지의 온기를 느끼며 도끼를 힘차게 내려치니 통나무가 쩌-억- 소리를 내며 쪼개진다. 처음에는 도끼질이 무척 힘이 들었지만, 그전보다 훨씬 쉬워졌으니 건강해진 것만은 사실이다. 도끼가 나와 아버지, 부자간의 정을 연결해주고 있다.

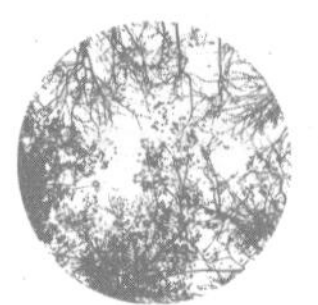

과일나무를 심으면서

오늘은 20대 총선 사전투표일이어서 투표하러 갔다. 투표소인 방림면 소재지 복지회관으로 가려면 자동차로 2~30분은 가야하는 먼 거리이다. 투표해봤자 내가 지지하는 후보는(정당을 보고 찍지만) 이 지역 정황상 떨어질 게 뻔하다. 그래서 투표하러 가야 하나 망설였다. 그래도 투표를 하지 않으면 우리 사회, 그리고 선열들에게 죄를 짓는 것 같아서 단호히 나섰다. 투표를 하고 나니 마음이 후련했다.

투표를 하고 나서 이왕 나온 김에 대화면 대화장에 들르기로 했다. 방림면 소재지에서 가까운 곳이고 마침 장날이라 혹시 나무시장이 서있으면 유실수 몇 그루 사다 심을까 생각했다. 그동안 철쭉이며 고광나무, 회양목, 라일락, 해당화, 황매화, 산당화 등 조경수 위주로 심고 나니 뭔가 미진한 것 같은 생각이 자꾸 들어서다. 유실수를 심어 열매라도 따먹으면 좋겠지만 그 과실을 따먹으려면 몇 년을 기다려야 할지 부지하세월이라 내심 무슨 유실수를 심어? 하고 포기하고 있었다.

사실 연고 없는 자작나무골에 이사 와서 내가 여기서 3년을 살지, 5년을 살지, 10년을 살지 모르지만, 혹여 내가 심어 놓은 나무 열매도 하나 따먹지 못하고 막연하게 이곳을 떠나야 하는 상황이 일찍 올지도 모른다는 생각이 내심 떠나지 않고 있어서 마음의 결심을 못 하고 있었다는 편이 맞을지도 모르겠다. 사람 일이란 건 모르는 일이기 때문이다. 그러니 유실수는 심어 무엇 하겠나 싶었다. 그러나 똥 누다 나온 것처럼 뭔가 미완성인 것 같고 머릿속을 떠나지 않는 무언가가 자꾸 붙잡고 있었다.

발길이 저절로 대화장으로 향했다. 봄을 맞는 시골장이라 무척 북적였다. 자연산 약재를 파는 곳도 있고, 과일 노점, 아웃도어 의류 노점, 생선가게, 올챙이국수며 메밀전병을 파는 곳도 지나쳤다. 볼일 보고 먹고 가야지 생각했다. 점심때가 가까워 시장기가 느껴지기도 했지만 먹음직스러웠기 때문이다.

장마당 제일 안쪽 구석 너른 마당 옆에 나무장수가 보였다. 반가웠다. 이것저것 뒤적거리며 구경하니 수더분해 보이는 주인아저씨가 다가와 말을 건다.

"뭐, 찾는 거 있슈?"

"살구나무 있어요? 자두는요?"

상대의 대답도 들을 거 없다는 듯이 속사포같이 내 필요한 품목만 지껄였다.

"별의별 게 다 있네요."

매화도 있고, 벌나무도 있고, 마가목도 있고, 복숭아나무, 사과나무, 포도나무 등, 심지어 다래나무도 다 있었다. 다래나무는 우리 집 옆 숲에 야생으로 많이 자라고 있다. 그런 나무를 장에서 팔다니.

"그럼요, 있고말고요."

싱글싱글 다정다감하다.

"매실나무도 있네요? 그런데 우리 집은 해발 700m 고지대라 매실나무가 되지 않는다고 하던데요?"

"아, 그래요. 그런 곳은 청매실은 안 되고 홍매실은 되요."

"아, 그래요! 아저씨 보증하는 거죠? 열매 열리지 않으면……."

"어떻게 보증해요. 하하하……."

나무장수 아저씨와 나는 오랜만에 만난 지기처럼 어느새 스스럼없이 말을 주고받았다. 타향살이 감정도 잠시 느껴지지 않았다.

"살구하고 자두, 사과나무 그리고 그럼 홍매실도 하나 주세요."

"매실 열리지 않으면 나중에 뽑아오세요. 내 다른 나무로 바꿔줄게, 하하……."

나는 살구와 자두, 사과, 홍매실 나무를 사 들고 돌아왔다.

밭 언저리 또는 앞마당 구석 잘 어울릴만한 이곳저곳에 심었다. 유실수지만 이놈들의 꽃도 볼만한 것들이어서 잘 보이는 곳에 정성껏 심었다. 나무를 심다가 어쩌면 이 나무에서 열리는 열매를 한 개도 먹지 못할 수도 있다는 생각은 완전히 사라졌다.

흔히 하는 말로 스피노자가, 내일 지구가 망해도 한 그루 사과나무를 심겠다, 는 말이 아니더라도 나는 살구나무를 심겠다. 혹여 내가 열매를 따먹지 못하고 이 집을 떠난다고 해도 내 뒤를 이어 들어오는 사람이 나의 정성을 생각하며 다디단 열매를 따먹는다면 그 또한 기쁜 일이고 감사한 일 아닌가!

나는 투표를 한 날 나무를 심었다.

내가 찍은 사람이 되지 않더라도 나무를 심는 마음으로 한 표가 거름이 된다면 내가 원하는 세상이 올지도 모르고, 누군지 모를 사람들이 좋은 과실을 따먹듯 앞으로 누군가는 좋은 사회에서 복되게 사는 날이 오지 않겠는가! 나무를 심으며 기분 좋은 하루를 보냈다.

기다림

요즘 내 하는 꼴을 보면 우습다.

아침에 일어나면 어김없이 나가서 싹이 나질 않나 확인해보고, 꽃나무를 심었는데 꽃이 피질 않나 확인해보고, 트레이에 꽃씨 종자를 파종했는데 매일같이 물을 주면서 싹이 올라오지 않나 유심히 들여다보고, 밭에 상추며 쑥갓, 치커리 씨를 뿌리고 이제나저제나 싹이 올라오지는 않나 들여다보고, 나무에 잎눈이 언제 피어오르나 수시로 들여다보고 하는 일이 이웃집 남자에게는 이상하게 비쳤나 보다.

그러는 모습을 지켜보다가 하는 말이

"그렇게 매일같이 들여다보면 애들이 겁먹고 안 나와요!" 한다.

내 하는 양이 지나치긴 했다.

나도 유년 시절까지는 시골집에서 부모님이 농사를 지어 농사일을 곧잘 돕고는 했으나 이렇게 직접 씨를 파종하고, 모종을 심고, 나무 심는 일을 한 것은 처음이라 모든 것이 신기했다. 그래서 노심초사 기다리며 싹이 나오지 않으면 인터넷검색을 해서 발아 기간이 얼마나 되는지 확인해보기를 수차례. 혹시나 뿌리고 심은 생명들이 죽은 것은 아닌지 조바심이 나서이다.

그래도 기다리니 하나둘 싹이 돋아나오고, 줄기가 벋어 꽃눈이 나오고, 더 기다리니 꽃이 피기 시작했다. 새내기의 봄은 자연의 신비 앞에 이렇게 기다림이고, 생명에 대한 외경이고, 나 자신에게 향하는 대견함이다.

기다림은 정말 지루하고 또 지루하다.

아무리 들여다봐도 싹은 나오지 않는데, 그런데도 어제 아침 들여다보고, 물을 주고, 오늘 아침 또 들여다보고, 오후에 또 들여다본다. 당장은 그놈의 싹이 터오는 모습을 볼 수 없어도 내일쯤이면 삐죽이 고개를 내밀고 흙을 밀치고 나오지 않을까 기대를 하기 때문에 지루한 기다림은 계속된다.

기다림은 미래에 내 눈앞에 뭔가 나타나거나 뭔가 이루어질 것이라는 확신이 있을 때 그 지루함을 견디고 기다린다. 내가 뿌린 씨앗이 싹이 트기를 기다리듯 내가 사랑하는 사람이 내 마음을 알아줄 때가 있으리라 생각하며 기다리고 정성을 들인다.

자연의 신비함을 느끼고 보기 위하여 기다리는 것과 마찬가지로 인간사에도 사람을 기다리고 또는 뭔가 성취가 있기를 기다리는 것들은 이루어질 것이라는 희망을 가지고 있을 때 기다린다. 그렇게 자연계나 인간계나 정성을 들이고, 노력을 쏟고 기다릴 때 유의미한 기다림이라는 것이 있다. 그런 기다림만이 가치가 있을 것이다.

그러나 그런 희망조차 가지지 못할 때 무슨 기다림이 있겠는가!

세월호 수장사건이 있었다. 수백 명이 억울하게 죽었다. 그리고 아직도 주검이나마 부모나 사랑하는 사람 곁에 돌아오지 못한 분들이 계신다. 그 유족들은 주검이나마 온전히 내 품에 안아보고자 피눈물 쏟으며 기다린다. 이분들에게 희망은 고통이고, 기다림은 고문일 것이다. 그래도 기다리고 있다. 고통이지만 영혼이라도 돌아올 것이라는 희망이 있어서 기다리고 있을 것이다. 어찌 그 쓰라린 아픔을 만분지일이라도 이해할 수 있으랴!

모든 기다림은 지루함이고, 고통이고, 또한 이루어질지도 모르는 희망이다.

봄날에 싹이 트는 것을 기다리며 기다림과 희망과의 관계를 생각해보았다.

풀과 종족 보존 본능

여름으로 가까워지면서 풀이 무성해진다.

내 집은 지난해 새로 지은 집이라서 부지 내 땅들이 거름기 하나 없는 생땅이라 작물은 물론이고 잡풀들도 그렇게 많이 자라지 못한다. 그래도 다른 것들 모두 제치고 제일 먼저 웃자라는 것이 잡풀이다.

벌써 무성하게 자라 올라와 풀씨들을 매달고 있어서, 안 되겠다 싶어 조경 가위를 들고 며칠에 걸쳐 잘라주었다. 풀씨들이 떨어져 사방팔방 흩어져 풀씨가 다시 풀로 돋아나는 것을 방지하려는 목적이었다. 풀씨가 여물기 전 잘라버리면 풀씨의 번식이 막아지겠지 생각했다.

풀을 깎고 다시 며칠이 지났나 싶었다. 그런데 내가 전혀 예상하지 못한 일이 벌어지고 있었다. 풀의 밑동을 댕강댕강 잘라 가지런한 모습이 여간 나 자신 대견스럽다고 생각하고 있었는데, 살펴보니 며칠새에 거기 잘라진 대궁 위로 다시 대궁이 올라와 풀씨들을 맺고 있지 않은가! 잎이 올라오지 않은 상태에서 단지 풀씨들을 다시 맺기 위해 대궁만이 올라와 풀씨들을 꽃처럼 또 피우고 있었다.

나는 그 모습을 보고 얼핏 깨달았다. 아! 생식 본능, 종족 보존 본능이 이리도 강렬할 줄이야. 저 잡풀들이야말로 황량한 땅이든, 기름진 땅이든 가리지 않고 무성하게 자라고 있구나! 그 본능에 충실하기 위해서! 그래서 주위를 살펴보니 모든 게 그랬다. 잘려진 대궁 위로 다시 대궁을 끌어올려 씨를 맺기 위해 사력을 다하는 모습. 눈물겨웠다.

그러나 나는 자의든 타의든 종족 보존 본능을 포기하고 산 지 오래. 그래서 삶이 좀 무기력한지도 모르겠다. 본능처럼 보존해야 할 그 무엇이 없어졌으니. 그나마 나는 내 이웃들에게 입버릇처럼 내 평생 책 10권만 쓰고 죽겠다고 말한 적이 있다. 그것이 아직 내 열정을 붙들고 있는지 모르겠지만 종족 보존 본능만큼이야 강렬하겠는가?

오늘 갑자기 종족 보존 본능을 불태우고 있는 풀들이 부러워지는 것은 왜일까? 사실 이러한 종족 보존 본능이 풀이든, 사람의 사회이든 영속을 지켜주는 유일한 수단이 아닐까? 부질없는 생각을 해본다.

비바람과 고추, 그리고 아버지

어제, 밤에 비바람이 몰아쳤다.

농작물이나 시설물에 큰 피해를 줄 정도는 아니어서 오래간만에 빗소리를 들으며 잠을 푹 자고 일어났다. 아침에 일어나 습관처럼 꽃밭에 옮겨 심어놓은 꽃모종들을 살폈다. 밤사이 비바람이 어리고 어린 꽃모종들을 이리저리 헤집어 놓고, 어떤 놈들은 시련을 이기지 못하고 땅바닥에 쓰러져 흙을 뒤집어쓰고 빨리 일으켜 달라 애처로운 눈짓을 보낸다.

그리다 얼핏 밭을 쳐다보니 고추가 줄줄이 쓰러져 있는 것이 눈에 들어왔다. 고추를 심어놓고 귀퉁이 곳곳에 나무 지지대를 박아 줄로 고추를 지탱해 놓았었다. 그놈들이 벌써 고추를 제법 달고 있어 기특했다. 나도 텃밭이긴 하지만 농사지어서 고추도 따먹고, 오이, 가지, 토마토도 따먹는다 생각하니 하늘에 기대어 농사를 짓는 내 마음이 여간 뿌듯하지 않았다.

그런데 그 지지대가 쓰러지고 고추도 함께 쓰러졌다. 밤새 내린 비가 땅을 질퍽하고 무르게 하고, 거기에 바람이 불어 그나마 지탱하고 있던 지지대가 버티지 못한 것이다. 순간 짜증이 나기도 하고, 쓰러져 있는 고추를 보니 한쪽 가슴이 무지근하니 무언지 모를 아픔이 느껴졌다. 봄철 내내 땅을 고르고, 거름 주고, 모종을 사다 심고, 나무 막대기 지지대 세워주고, 목마르지 않도록 물을 주고 했던 수고로움이 주마등처럼 스쳐 지나갔다.

나는 얼른 달려가서 쇠 지지대로 교체하여 고추를 다시 일으켜 세웠다. 다시 쇠 지지대를 단단히 박고, 줄을 좀 더 팽팽히 잡아당겨 쓰러진 고추를 일으키고, 이번에는 다시 쓰러지지 않게 골고루 고추를 잡아맸다.

고추를 일일이 잡아매면서 생각이 많아졌다. 이깟 텃밭 농사지어가면서 고추 10여 주 쓰러진 것을 가지고 마음 졸이고, 아파하는 것을 보니 별일이다 싶었다. 이제야 평생 농사꾼이셨던 아버지가 매일같이 논으로 밭으로 발길을 하셨던 마음을 조금은 이해할 것 같았다. 농작물은 아버지의 발소리를 듣고 컸다는 것을, 비바람 부는 날이면 더욱더 조바심치며 들로 밭으로 향하셨던 마음 씀을 통해서 작물이 온전히 자랐다는 것을.

아버지는 비바람이 몰아쳐 고추며 깨, 심지어 논에 벼가 쓰러져도 우리 자식들에게는 일절 아무 말씀도 없으셨다. 쓰러진 작물들을 전부 일으켜 세워야 함에도 그 일은 온전히 아버지의 일이었지 자식들에게 일을 넘겨주지 않으셨다. 다만 어머니만이 시달림을 받으셨다. 그 짜증을 받아내야 했기 때문이다. 그래서 나는 농사짓는 사람이 농작물과 교감하며 느꼈을 기쁨과 아픔, 자식들 키우듯 조마조마했을 마음속 아릿한 감정을 느끼지 못하며 살았다. 더군다나 공부하면서 머리통 굵어 도회지로 나가 살면서 돌아가실 때까지 곁에서 지켜보지 못했으니 중학교 시절까지만 지켜봤던 아버지의 노심초사만 기억하고 있었다.

사람은 자기가 몸소 손발의 수고로움을 겪거나 생각이 특별히 가닿지 않는 이상 그것들의 뜻이나 중요함, 이치들을 깨닫지 못한다. 아버지의 농사를 지켜봤으면서도 깨닫지 못하다가 제 손으로 겨우 고추 몇 포기 심어놓고 그 고추가 쓰러지니 그제야 평생 수고로움을 아끼지 않았던, 그리고 이렇게 마음 아파했을 아버지의 가슴 한구석을 조금이나마 헤아려 볼 수 있다는 것이 죄송스럽다. 아버지는 벌써 하늘에 계셔 그 마음을 나누어 볼 수 없으니.

하물며 자식을 낳아 키우는 부모들이야 농작물 키우는 정성쯤에 비하겠는가! 농작물이야 잘못되면 내년을 기약하고 포기할 수 있지만, 혈육을 나눈 자식들이야 그렇게 할 수 없으니 더욱더 노심초사 생각을 기울이고 잘 되든 못 되든, 옳은 길이듯 그릇된 길이든 그 끈을 놓지 못하는 것 아닌가? 평생 장애를 가지고 살아가는 내 모습을 보며 내 부모님은 얼마나 가슴 아파하며 안타까워했을까! 그 마음씀이 번뇌가 되기도 하고, 때로는 기쁨이요, 또한 고통의 굴레가 되기도 한다.

쓰러진 고추를 일으켜 세우다 너무 깊은 생각을 한다. 어쨌든 사람은 자기 몸과 피부로 느끼고, 손과 발이 수고로울 때 더 강렬하게 깨닫는다.

추석 명절 고향에 다녀온 날 아침

어제는 태풍 '말라카스'의 영향으로 온종일 비가 내렸다. 종일토록 우울하게 있을 수밖에 없었다. 비도 줄기차게 오고 고향 집을 다녀온 뒤끝이라 더욱 그랬다. 그러다가 다음 날 아침에 일어나니 하늘이 맑고 공기는 청량하다.

고향 집에 갔다 오면 항상 마음이 찜찜하다. 고향에 계신 어머니 때문이다. 요즘 부쩍 기운 없어 하시며 세상 푸념을 하신다. 그러면서도 자식 멀리 떠날 때면 뭐라도 하나 더 넣어주려고 종종걸음을 하시는 어머니를 뒤로하고 이곳 산골에 들어와 있으니 그렇다.

죄스러운 마음이다. 내가 어머니 곁에서 모시고 있으면 좋으련만, 오히려 혼자 몸인 내가 어머니의 짐이 되는 것 같아 고향 집 어머니 뵈러 갈 때는 가슴이 부풀지만, 막상 어머니와 지낼 때는 짜증이 나는 것은 왜일까?

내 처지 때문이다. 나도 반백년을 살았으니 어머니는 내가 편안히 모셔야 하는데, 하는 죄책감이 들뿐, 더 이상 해드릴 것이 없다. 내가 몸 건강히 편안하고 걱정 끼치지 않는 것으로 다 되는 것이 아니라는 것을 요즘 많이 느낀다.

부랴부랴 도망치듯 계촌 산골에 다시 와서 어머니께 전화 드리니,

"너그 집에 가니께 좋지? 그래도 집이 제일 편안한기라. 여기는 부산스러워서 너는 조용한 그곳이 좋을 거다."

그 말에 나는 부질없게도,

"여긴 선선하니 좋네요."라고 말을 하곤 곧바로 후회했다. 이번 추석은 유례없이 더웠다. 더운 그곳에 어머니를 두고 온 자식이 할 소리는 아닌 것 같아서였다.

마음의 빚처럼 남아 웅크리고 있는 죄책감, 늙으신 어머니 곁에서 다만 얼마간이라도 돌아가시기 전에 모시고 살아야 하는데, 하는 마음 말이다. 이래저래 명절 뒤끝 산골의 아침은 마음이 무겁다.

김매기의 인간학

내가 지금 하고 들어온 일이 김매기인지 모르겠다. 텃밭은 두둑을 두어 땅을 뒤집을 수 없지만, 마당은 파헤쳐 꽃밭을 만들었으니 돌을 골라낸 밭에 처음 꽃을 심을 때는 흙이 포슬포슬 손에 닿는 촉감이 좋았다. 그동안 돋아나는 풀을 뽑아주기만 했는데 엊그제 돌아보다 꽃밭을 김매기 해야 되겠다 싶었다. 그동안 비를 맞고 땅이 다져져 딱딱하게 굳어져 있었기 때문이다.

김매기를 요즘 하는지 모르겠다. 논에 벼를 심고 벼가 이파리 무성해질 무렵 덩달아 잡초도 무성해지고, 거미들이 쳐놓은 거미줄이며, 온갖 곤충들이 집을 짓기 위해 이파리를 끌어다 엮어놓는다. 원래 김매기는 그럴 때쯤 그것들을 제거하기 위하여 사람들이 논에 들어가 일일이 모 사이사이를 돌아다니며 호미로 논바닥을 뒤집어 잡초도 뽑고, 곤충들이 지은 집도 제거하여 벼 이파리들을 가지런히 하고, 무엇보다도 뿌리 사이를 파헤쳐 공기를 잘 통하게 하기 위함이다.

땅 밑이라도 공기가 잘 통해야 뿌리가 산소를 호흡하고, 그래야 썩지 않고 몸체 전체가 잘 자라기 때문이다. 그렇기 때문에 '김'이 공기 또는 호흡이란 뜻이 담겨있어 김매기란 말을 사용하지 않았을까? 생각한다. 따라서 김매기는 잡초제거는 부수적인 일이고 본래는 뿌리에 공기를 잘 통하게 하여 벼의 온 객체가 잘 자라게 하기 위함이다.

아버지는 이른 여름부터 뙤약볕 내리쬐는 한여름까지 논에 엎드려 김을 매셨다. 그 일은 정말 신체를 골병들게 할 정도의 고된 일이었다. 그런데 언젠가부터 김매기를 하지 않았다. 아마도 그게 제초제 사용이 일반화됐을 때부터였을 것이다. 아버지도 남들 하듯이 제초제를 뿌리면서 그 고된 노동으로부터 해방되었다.

모를 심기 전에 제초제를 먼저 뿌린다. 잡초를 제거하고 자라지 못하게 하기 위해서이다. 그래서 논에 들어가 김매기를 할 필요가 없어졌다. 하지만 잡초를 자라지 못하게 했는지는 몰라도 김매기의 중요한 기능, 즉 공기를 통하게 하여 작물의 뿌리가 건강하게 자라게 하는 기능은 없어졌다.

내가 지금 사는 마을에도 제초제를 수시로 뿌린다. 작물을 수확하고 나서 다음 작물을 심기 전에 제초제부터 뿌린다. 처음에 여기 이사 와서 밭에 배추며 무를 수확하고 나서 잔존물을 많이 남겨 놓아서 옳다구나 뽑아다 맛있게 먹었는데, 어느 날 우리 마을 노인회장님이 경고의 말을 했다. 밭에 들어가서 함부로 뜯어다 먹지 말라고.

나는 처음에는 서리하지 말라는 소리로 알아들었는데 그게 아니었다. 농작물을 수확하고 나서 여기 농부들이 잡풀과 남겨진 작물들을 빨리 제거하기 위하여 제초제며 토양 살충제를 뿌리는 경우가 많으니 조심하라는 소리였다. 그러니 이 산골에서도 김매기라는 말이 사라졌으리라는 것은 짐작할 수 있으리라.

나는 꽃밭에 자라는 꽃들의 사이사이를 호미를 가지고 뿌리가 다치지 않을 정도로 살살 긁거나 파헤쳐 흙을 다시 부드럽게 해주고, 공기를 잘 통하게 해줄 뿐만 아니라 다져진 흙을 뒤집어 놓음으로써 빗물의 배수도 좋아지게 만들었다.

이렇게 꽃밭에 김매기를 하면서 사람살이도 다 똑같다고 생각했다. 땅에 씨 뿌려서 싹이 돋고 모종이 자라기까지 처음에 공들여 놓은 노력이 그대로 유지되지는 않는다는 사실이며, 그 땅을 뒤집어 공기도 다시 공급해주고 숨을 잘 쉬게 만들어주어야 식물이 잘 자라듯이 사람도 자식을 낳아서 영양분을 주고, 바람 불면 날아갈까 조심조심 키우지만 그대로 두어서는 사람 역시 제대로 크지 않을 것이다.

끊임없이 교육도 하고, 자극을 주고, 때로는 품안에서 내보내 스스로 세상 경험을 하게하고, 청장년이 되어 죽을 때까지도 정신을 살찌우게 하는 새로운 자극과 깨달음을 만나지 않으면 썩은 고목과 무엇이 다르겠는가? 김매기 하여 식물에게 신선한 공기를 공급해주는 것이 인간에게는 죽을 때까지 끊임없이 자극하고, 새로운 깨달음을 얻기 위하여 끊임없이 정진하고, 그 깨달음을 이웃에게 베풀려고 노력하는 것이야말로 인간에게 공급해주는 산소와 같은 역할을 하는 것이지 않을까!

필요한 것과 필요하지 않은 것

나는 아침에 일어나면 마당이며 뜰, 그리고 꽃밭, 텃밭 등을 어슬렁어슬렁 돌아다니는 것이 버릇이 되어 있다. 그런데 그냥 돌아다니는 것이 아니다.

어느새 손은 조건반사적으로 땅에 내려가 내가 심어놓지 않은 잡풀들을 뽑아 집어 든다. 여름내 그렇게 잡풀들을 뽑고, 낫으로 베고 했어도 어느 순간 방심하고 있다가 되돌아보면 또 자라고 돋아나 있다.

가을이 오려는지 벌써 살갗이 찬 기운을 느낀다. 그런데 요즘 또 새로운 일거리가 생겼다. 나는 또 버릇처럼 허리를 숙여 뽑고 있다. 버드나무며 오리나무, 자작나무, 가래나무, 그리고 야생 오미자의 싹들이 마당가, 뜰, 밭, 꽃밭, 뒤란 가릴 것 없이 자라나고 있었다. 주변 숲에 이런 나무들이 많으니 씨가 날아와 한여름을 보내고 조그만 묘목처럼 자라고 있었다(오미자는 땅속뿌리를 통해서 번식하지만).

이놈들은 풀들과 달리 그냥 내버려 두면 자라면서 내 집 주변을 숲으로 바꾸어버릴 놈들이다. 그러니 잡풀들보다 내 입장에서는 더 흉측한 놈들인 것이다. 그래서 나는 눈에 띄는 족족 이놈들을 뽑고 다닌다.

그런데 어느 날 아침 라디오 진행자가 뜬금없이 물텀벙이 얘기를 하는 소리를 들었다. 물텀벙이는 물메기다. 물메기는 옛날에는 쓸모가 없어 잡힌 고기를 취하지 않고 그냥 바다에 버렸다고 한다. 버릴 때 바닷물에 떨어지면서 '텀벙~ 텀벙~' 소리가 난다고 해서 별명이 그렇게 붙은 물고기이다. 그런데 요즘은 귀한 대접을 받으니, 물텀벙이 거리도 생겨나고 세상모를 일이라고, 그리고 물텀벙이도 물속 자연에서는 하나의 개체로서 모두 쓸모 있는 존재인데 말이죠, 라며 사족을 단다.

그 말을 듣는 순간 오리나무, 버드나무, 자작나무, 가래나무의 싹을 뽑고 있는 손을 생각했다. 여름내 풀을 뽑고, 낫으로 풀을 베었던 손을 바라다봤다. 나는 내 필요에 의해서 그들을 선택했다. 그리고 죽였다. 오직 내 필요에 의해서.

모든 존재는 자기 위주로 주변의 사물, 환경을 취사선택하고 살아나간다. 자연의 사물은 자기가 필요한 만큼만 선택하고 더 이상은 무심하다. 그러나 나는 그렇지 않다. 인간은 그렇지 않다. 욕심이 많다. 그 이기심도 자연의 사물에 비할 바 아니다. 취할 수 있으면 거의 모든 것을 취하려 덤벼들고, 필요하지 않은 것은 제거하거나 관심을 두지 않는다. 모든 게 내 위주요, 인간 위주다. 생각하는 것까지.

그냥 내버려 둘 순 없을까? 그냥 내버려 두면 아마 인간은 도태돼 버리지 않을까, 잠깐 생각해본다. 도태되는 것을 두려워하여 그렇게 무지막지하게 욕심을 부리나? 사실 인간이 가장 강한 것처럼 굴어도 실은 저 풀들이며 오리나무, 자작나무, 버드나무, 가래나무가 훨씬 강한 존재들이다. 아무리 내가 뽑고 뽑아도 또 싹트고, 자라나기 때문이다. 일시 내가 여기 사는 동안 내가 필요한 것만 남겨두고, 필요치 않다고 생각되는 것을 없애버린다 해도 조금만 한눈팔면 머지않아 이곳은 다시 숲으로 변해버릴 테니까.

앞으로는 좀 자제하면서 살아야겠다. 이놈의 손이 이기심으로, 내 생각 위주로, 내 필요에 의해서만 행동하지 않도록 저 자연의 입장에서 한 번 더 생각해보고, 타인의 입장에서 한 번 더 생각해보고 행동하도록 힘써보아야겠다. 그래야 내 손이 좀 더 선하게 보이지 않을까?

도움을 받아서라도 꿋꿋이 서라

내가 여기 자작나무골에 이사 와서 내가 하기 힘든 어려운 일이 많이 있다.

나는 장애를 가지고 있어서 힘든 일을 하기가 어렵다. 여러 힘든 일 중에 겨울에 견디는 일이다. 지난 첫 번째 겨울을 겪고 이번에 두 번째 겨울을 맞는다. 이곳 산속은 해발 750m 나 되어 겨울이 일찍 찾아오고, 그만큼 또 춥다. 다만 이곳이 분지 형태로 되어있어 햇볕이 쬐는 날에는 햇볕을 온전히 받아들여 온도를 분지 안에 보존하고 있어서 낮에는 생각한 것보다는 따뜻하다. 그러나 어쨌든 춥다.

그래서 나무 난로를 땐다. 나무 난로를 때야 그나마 등유 값을 절약하고, 또한 나무를 실내에서 땔 때 안온함을 더 느낄 수 있다. 나도 나무 난로를 땐다. 작년에는 산림조합에서 통나무를 2톤 사다 겨우내 도끼질을 하여 불을 피웠다. 그 2톤 중에 거지반 반이 남아 올해는 좀 나무 연료가 여유가 있는 편이지만 그래도 모자란다.

10월 말인데도 벌써 찬바람이 몰려오기에 조바심이 났다. 더 추워지기 전에 나무를 좀 거둬다 놓아야하기 때문이다. 작년에는 너무 늦게 나무를 장만하는 바람에 추운 겨울 동안 장작을 패느라 몸이 여간 고생한 것이 아니다. 여기 사정을 잘 몰랐고, 이웃들과도 서먹하여 어떻게 겨울 준비를 해야 하는지 물어보지 못하다 늦어진 것이다.

우리 집 옆 숲속에는 자연적으로 쓰러진 나무나, 건축허가를 받고 부지 내 나무를 베어 놓아 땔감들이 많이 있다. 그것들을 조금 거두어다 불을 때면 될 텐데 나로서는 그게 여간 힘든 일이 아니다.

나는 장애를 가지고 있으면서도 되도록이면 남의 도움을 받지 않고 살아가겠다는 자존심을 가지고 있었다. 그 자존심 하나로 여기까지 버텨왔는지 모른다. 그러나 세상일이 꼭 그렇지만은 않다. 얼마든지 도움을 받아야 될 일이 많다. 언젠가 마르쿠스 아우렐리우스의 『명상록』을 읽다가 이런 구절을 보고 무릎을 쳤다. 바로 이런 말이다.

"도움 받는 것을 부끄러이 여기지 말라. 너는 돌격하는 병사처럼 네 의무를 다해야하기 때문이다. 네가 한쪽 다리를 쓰지 못해 혼자서 성벽을 오르지 못한다고 해도 다른 사람의 도움을 받아 오를 수 있다면 어찌하겠는가? 스스로, 아니면 도움을 받아서라도 꿋꿋이 서라."

바로 내게 하는 말처럼 생생하게 다가왔다. 로마 황제 아우렐리우스는 병사들에게 전쟁을 독려하기 위하여 이런 이야기를 썼는지 모르지만 힘든 일을 겪고 사는 내게 용기를 주는 속삭임처럼 느껴졌다.

그래! 도움을 받을 일이 있으면 받고 살자. 어쩔 수 없을 때는 그렇게라도 해서 살아남자. 그리고 꿋꿋이 서서 버티는 것이 앉아서 절망하는 것보다는 백배 낫다. 그렇게 생각을 바꾸었다.

더군다나 이곳 산골생활은 내가 할 수 없는, 아니 하기 힘든 일들이 많다. 숲속에 통나무를 잘라 날아오는 일은 너무 힘든 일이다. 마침 서울에서 후배가 일을 도와주기 위해 내려오고 했으니 나무를 좀 거두어들이기로 마음먹었다.

그런데 막상 나서니 윗집에서도 선뜻 엔진 톱을 가지고 나와 주고, 아랫집 동생들이 두 손 걷어붙이고 나서주었다. 갑자기 숲속에 엔진 톱 소리 윙윙거리고, 나무를 들어 나르는 사람들의 웅성거리는 소리가 자작나무 숲속의 발랄한 생기를 더욱더 북돋워 주었다. 하얀 자작나무가 더욱더 하얗게 웃으며 사람들을 순결하고 깨끗하게 비춰주는 것 같았다. 고맙다, 사람들아!

자작나무 잎도 떨어지고, 풀잎도 서리 맞아 스러지고, 꽃도 다 져가는데 나는 사람들의 향기로 자작나무골에서의 삶이 더욱 즐겁고 안락해진다. 나만 향기로운 것이 아니라 나로 인하여 나를 둘러싼 이웃 사람, 아니 모든 사람이 다시금 향기로워진다면 나도 그렇게 도와줄 것이 있으면 도와주고, 어울려 살 것이다. 내가 사는 목적이 있고, 그렇게 그 목적을 위해 살아가기 위해서는 "스스로, 아니면 도움을 받아서라도 꿋꿋이 설" 것이다.

공포의 근원

어젯밤에 이상한 경험을 했다.

안방 침대에서 자다 겨울이 다가와 건넌방으로 잠자리를 옮겼다. 여기 산골은 겨울에는 침대 생활이 너무 추워 방바닥에서 자는 것이 오히려 따뜻하므로 겨울 동안 방바닥에서 생활하기 위하여 옮겼다.

오래간만에 자리를 옮겨 잠을 청하니 잠이 쉬이 오지 않았다. 누구나 잠자리를 바꾸면 쉽게 잠들지 못하는 것이 인지상정이다. 나는 밤늦게까지 이리저리 뒤척이다 언제 잠이 들었는지 기억이 없다. 아마도 밤 1시가 훨씬 넘어서 까물까물하니 잠이 들었다고 생각했다. 깊이 잠든 것이 아니라 아마도 설핏 풋잠이 들었을 것이다.

그런데 깊은 밤 잠결에 현관문 열리는 소리와 중문이 열리는 소리가 드르륵, 하고 나는 것이 아닌가! 나는 깜짝 놀라 잠이 깼다. “아니, 이 밤중에 누가 들어오는 거지?” 새벽으로 가는 한밤중에 사람이 들어올 리가 없는데 중문이 열리는 소리가 들렸으니 아연 긴장할 수밖에 없었다. “도둑이 들어오는 건 아닌가?”라는 생각이 머리를 재빨리 스치고 지나갔다. 순간 머리가 쭈뼛 서며, 벌떡 일어나 소리쳐야 하나? 아니면 도와달라고 전화로 이웃사람을 부를까? 별의별 생각이 주마등처럼 머리를 스쳤다. 하지만 아무것도 할 수 없었다. 몸이 꼼짝하지 않고 움직일 수 없었다. 나는 어둠 속에서 쥐 죽은 듯이 이불을 뒤집어쓰고 밖의 동정을 살필 수밖에 없었다. 도둑이라면 이리저리 돌아다니며 살필 것이기에 이놈의 발걸음 소리가 들리는지 최대한 쫑긋 귀를 세우고 안테나를 작동시켰다.

나는 그 순간 문단속을 하지 않고 잔 것을 정말 후회했다.

사실 내가 여기 처음 이사 왔을 때는 낯설기도 하거니와 밤이면 사방이 칠흑 같은 적막강산이라 문단속을 철저히 하고 잤다. 이웃을 알지도 못하는 낯섦과 혹시라도 누가 침입하면 어쩌나 하는 공포심 때문에 저녁이면 문을 꼭 닫고 잠을 청했다. 그러나 그러는 양을 여기 사는 누군가가 보았다면 정말 우스웠을 것이다. 이런 산골에 도둑이 어디 있으며, 또 남자 혼자 사는 곳에 무슨 볼일이 있다고 한밤중에 사람이 찾아올 것인가?

서서히 이곳의 환경에 적응하면서 무서움도 사라지고, 막연한 두려움에서 벗어나 밤에도 편안히 잘 수 있을 때쯤 문단속을 하지 않고도 잠을 잘 잤다. 그리고 낮에도 멀리 출타를 하지 않는 한 문을 잠그고 다니지도 않았다. 여기는 그래도 아무런 사고가 생기지 않을 것이라는 믿음이 어느새 마음 구석에 자리 잡았기 때문이다. 실제로 아무런 불미스러운 일이 일어나지 않았다.

그런데 한밤중에 누군가가 문을 열고 들어온 것이다. 그런 말이 있지 않은가? 산속 외딴길에서 짐승을 만나거나 귀신을 만나도 무섭지 않은데, 오직 사람만이 가장 무섭다고. 사람만이 해코지를 한다는 의미에서 그런 말이 생겼을 것이다. 나도 지금, 이 순간 사람이 가장 무섭고, 공포감을 주는 존재임을 실감하고 있는 것이다. 방문을 열고 들어오면 나는 어떻게 해야 하지? 칼을 들고 있을지도 몰라? 나는 이불 속에서 온갖 상상을 하며 덜덜, 떨었다. 그 짧은 순간 생각이 돌고 돌았다. 덜덜 떨면서 방문 밖에서 무슨 움직이는 소리가 들리는지, 아마도 이 순간만큼은 개의 청각보다도 더 예민하게 귀를 기울였을 것이다.

그러나 1분, 5분, 10분이 지나도 아무런 소리가 들리지 않았다. 발 끌리는 소리라도 날 텐데, 이상하다, 이상하다 생각하며 또 얼마간 시간을 보냈다. 그 10분, 20분이라는 시간이 얼마나 길었는지 모른다. 이상하다? 분명 문 열리는 소리가 들렸는데……. 왜 아무런 인기척이 없지? 그러면서도 한참을 꼼짝하지 못하고 이불 속에서 밖의 동정을 살폈다. 그래도 아무런 인기척이 없었다. 나는 그제야 내 귀를 의심했다. 분명 문 열리는 소리가 들렸는데 내가 잠결에 잘못 들었나? 나는 살며시 일어나 방문을 빼꼼히 열어보았다. 아무도 없었다. 허탈했다.

하긴 그런 경험을 한 적이 여러 번 있었다. 카톡 문자를 기다리다 잠이 들었는데 어느 순간 카톡, 하고 알림음이 울려 휴대전화를 들어 확인해보면 카톡 문자가 오지 않았는데도 카톡, 하고 소리가 난 것처럼 착각한 적이 여러 번 있었다. 이번 경우에도 그런 경우인가? 잠결에 문 열리는 소리에 소스라치게 놀라 도둑이 들어온 줄 지레짐작한 것이다. 아마도 잠자리를 바꾸면서 불안증세가 그런 착각을 일으키는 소리로 들렸는지 모른다.

잠결에 들린 문소리 때문에 한순간 얼마나 공포에 떨어야 했는가! 이 산속 적막한 곳에 사람이 들어올 것이 무에 있다고 그렇게 떨었는지 아연실색하고 말았다. 문 열리는 소리가 들렸을 때(실제 문소리가 들린 건 아니지만) 그냥 얼른 일어나서 방문 열고 확인했으면 이런 공포로 떨지 않았을 텐데, 나 자신 용기 없음을 책망하고 책망했다.

공포는 아마도 아무것도 모르는 상태에서 일으키는 신경증 같은 것이다. 누가 위해를 가해오든가, 아니면 닥쳐올 위험이 아무리 크더라도 그 사실을 알고 있으면 아무런 공포로 느껴지지 않는다. 그러나 아무것도 모르는 상태, 닥쳐올 위험이 무엇인지 전혀 모를 때 그 공포는 극에 달한다. 나도 그 경험을 했다. 어쩌면 공포의 근원은 아무것도 모르는 그 상태일 것이다. 모른다는 거, 모르는 상태에서 일을 만나고, 위험에 닥칠 때 공포는 정신을 극도로 혼미하게 만든다.

나는 어젯밤 생생하게 공포의 체험을 했다. 아침에 일어나 둘러보니 아무것도 없었다. 거실은 흐트러진 것 없이 일상 그대로였다. 잠을 제대로 못 자 몸만 엄청 피곤했다.

거름 뿌리기

이웃사람들과 함께 일찌감치 거름을 준비해두었다. 농사짓는 면적이야 10여 평의 텃밭에 20여 평도 안 되는 꽃밭이지만 작년에 처음 농사지으면서 거름기 없는 황토밭에 거름을 적게 주었더니 모든 작물이 부실했었다.

얼갈이배추는 잘 크지 않아서 먹지도 못했고, 무는 애들 주먹만 하게 커서 겨우 깍두기 조금 담아 먹고, 인디언 감자는 너무 작아 한 해 더 묵혀서 캐 먹으려고 그냥 놓아두었다. 이웃이 심어 먹으라고 가져다준 야콘은 겨우 손가락 굵기의 알뿌리 두어 개만 거뒀다. 그나마 상추며 고추, 오이, 토마토 정도는 수확을 해서 먹은 것이 위안거리다.

경험 많은 이웃에 물어보니 거름기가 부족해서라고 한다. 거름을 충분히 주면서 3년은 가야 제대로 밭 꼴이 된다고 한다. 처음 만들어 놓은 밭에 거름도 조금밖에 주지 않고 바라기는 열매 풍성하기를 바랐다. 그러고서 모종들을 심었으니 거기서 무엇이 그리 잘 자라겠는가? 아무것도 주지 않으면서 내가 받기만을 바라는 것과 무엇이 다를까?

올해는 거름을 충분히 준비해서 묵혀두었다가 부패 가스가 빠진 다음 봄이 되자마자 밭에도 충분히 뿌리고, 꽃나무며 유실수, 그리고 꽃밭에도 거름을 뿌렸다. 집안 곳곳이 거름이 뿌려져 시커먼 색깔로 덮였다. 그래도 작물이며 꽃들이 좋아할 생각 하니 내 기분도 덩달아 뿌듯하고 기뻤다.

내게는 거름을 뿌리는 것도 힘이 들었다. 할 수 없이 이웃의 동생 힘을 빌리고 또 품앗이를 했다. 힘이 들면 도움이라도 받아가며 사는 것이 자존심 내세우는 것보다 낫다는 것을 여기 와 살면서 느꼈다.

만물이 그렇고, 사람살이도 그렇다. 나무는 가을에 잎을 떨구고, 풀은 필요 없는 잎줄기를 말려버리고, 겨우내 수분 한 방울 빨아올리지 않고 숨죽이고 있었다. 그러다 봄이 되자마자 수관을 통해 물을 빨아올린다. 지금 한창 눈이 뜨고, 싹이 올라오며 생동하는 봄을 맞이하기 위하여 에너지를 집중하고 있다.

사람도 마찬가지로 무엇을 이루기 위해서는 반드시 미리 준비해두지 않으면 안 된다. 거름을 주지 않고 열매를 바랄 수 없듯이 사람이 무엇을 성취하기 위해서는 반드시 준비하고 인내하여야 뭐라도 이루지 않겠는가!

거름을 뿌리면서 올여름에는 좀 더 풍성한 열매와 잎들을 거둘 수 있기를 바란다. 나는 농사를 짓는 것도 그렇고, 사람살이의 보람을 위해서도 그렇고, 오늘 최선을 다하며 살면 다만 무언가 이루고 싶은 희망을 꿈꾸며 살 수 있고, 또한 큰 것이 아니더라도 성취의 보람을 느끼며 살 수 있어 그것으로 족함을 알고 살고자 한다.

풀매기와 인간 문제

텃밭에 풀이 무성하다.

이번 장마가 끝나면 풀을 매줘야지 하며 차일피일 미루다가 밭에 나가보니 풀밭인지 농작물 키우는 밭인지 분간을 못 할 정도다. 이웃의 아무개는 웃으며, 그냥 놔둬요. 그깟 텃밭 풀 좀 있어도 먹을 건 충분히 나오던데, 하며 대수롭지 않게 말한다. 그러나 풀을 놔두면 그놈이 씨를 맺어 떨어지고 이듬해는 더욱 기승을 부릴 것이니 지금 내가 좀 신간을 놀려 고생하면 그래도 밭이 밭 같아지지는 않을까 하고 나서는 길이다.

밭에 쪼그리고 앉아 풀을 잡아 뽑다가 생각이 들었다. 사실 이렇게 풀이 무성하도록 내버려 두는 것은 우리 아버지의 말로는 죄악을 짓는 것이라고 했다. 농사짓는 사람이 논밭에 작물 이외에 잡풀이 무성하도록 두는 것은 아버지 생각에 게으른 것도 게으른 것이려니와 자기가 기르는 작물과 경쟁하도록 놓아두어서는 안 되며 잡풀은 하등 우리 인간에게 이로움을 줄 수 없어 제거 대상일 뿐이라고 생각했을 것이다.

그래서 아버지는 밭에 쇠뜨기며 바랭이, 쇠비름, 명아주 등속이 싹이라도 터서 올라치면 올라오는 족족 뽑아버리고, 논두렁의 풀은 자라는 족족 베어다 꼴을 주거나 퇴비 더미에 쌓아 거름을 만들었다. 우리 아버지는 그렇게 동네에서 자자한 부지런한 사람이며 농사를 잘 짓는다고 칭찬을 받곤 하면서도, 또 어떤 사람들은 "형님, 나같이 저렇게 논에 피가 가득해도 형님 논이나 내 논이나 소출은 별반 차이 없잖아유!"라고 비꼼 아닌 비꼼의 말을 듣는 사람도 우리 아버지였다.

손을 재게 놀려 풀을 뽑다가 가만히 생각하니 아버지의 생각이 우리 인간이 생각하고 누려온 보편적 문명관이 아닐까? 우리 인간들은 언젠가부터(아마도 서양 근대철학을 받아들이면서 본격화되었을 것이다. 동양철학은 근본적으로 인간과 자연을 대립 관계로 보지 않았다) 인간을 위주로 생각하고 인간에게 이로운 것이 무엇인가만 생각하며 이로운 것이 아닌 것은 파괴와 제거의 대상이 되어온 것이 인류문명의 발달과정이었다. 그렇게 철저히 자연도 이용의 대상이지 인간과 더불어 존재하는 대상은 아니었지 싶다.

풀도 인간이 기르는 작물이 아닌 이상 그것은 하찮은 미물이요, 그래서 인간에게 전혀 도움이 되지 않는 풀은 아버지의 손아귀에서 벗어날 수 없는 귀찮은 존재였다. 아무런 도움이 되지 않는 풀은 제거해야 하는 것이 당연하다고 여기는 것이 단지 인간과 자연간의 대립관계로 보는 것을 넘어서서 인간들 사회 내에서도 울타리 경계를 인위적으로 만들어놓고 그 경계를 벗어나는 인간존재와 문명마저도 말살의 대상으로 여기는 문화가 바로 우리가 경험해온 배제의 법칙이었다.

인종이 그렇고, 민족이 그렇고, 종교가 그렇고, 국가가 그렇고, 계급이 그렇고, 이념의 잣대로 갈래짓는 것도 그렇고, 남과 북이 그렇고, 동성애자와 이성애자를 구분 짓는 것도 그렇고, 하물며 아랫마을과 윗마을 사람, 원주민과 이주민이 대립하는 것도 모두 그렇다. 모두가 배제의 문화다.

그렇다고 텃밭의 풀을 그냥 놓아둘 수는 없고 풀도 키우고 작물도 키워 열매를 따먹을 수는 있겠지만 나도 어쩔 수 없는 배제의 문화에 찌들어 나도 모르게 손을 놀리고 있다. 풀을 뽑고, 뽑으며 한 생명을 위하여 다른 생명을 죽이고 있다. 나도 아버지의 전철을 벗어날 수 없는 숙명 같은 존재인가! 다만 오늘 풀을 뽑을지언정 깨닫고 있는 것은 있다. 배제가 아닌 통합, 더불어 사는 존재의 철학을 가슴 깊이 새기면서 살고자 한다.

발자국

올겨울은 자작나무골에 눈이 많이 내린다. 예년에 비해 너무 자주 눈이 내려 몸이 고달프다. 눈이 내리면 몸이 불편해 걸어 다니기도 어렵고, 눈길을 다니며 난로에 땔 나무를 거둬다 놓는 일도 만만치 않아서이다. 눈 내린 모습은 보기는 아름답고 풍요로워 보여도 일상 생활에서는 불편한 게 이만저만이 아니다.

아침에 일어나 밖에 나와 눈 쌓인 모습을 본다. 멀리 산도 밭도 그리고 우리 집 근처 숲도 모두 눈에 덮였다. 그런데 숲으로 난 길섶에 발자국이 나 있다. 토끼인지, 너구리인지? 아니면 고라니 발자국인지 나는 모른다. 나는 그런 것에 대한 문외한이라 무슨 발자국인지 모른다. 하지만 그게 무슨 발자국인지 몰라도 반가웠다. 밤새 어느 짐승이 인간 세상에 마실 왔다가 나를 만나보지도 못하고 돌아갔지만, 이 산중에 같이 사는 일원으로서 반가워하지 않을 수가 없었다.

날씨가 추워서인지 눈은 녹지 않고 그대로 있어 짐승의 발자국도 하얀 눈 위에 프린트되어 산중의 시간이 지루함을 알려주고 있다. 한

나절이 지나서였을까? 짐승의 발자국 사이로 누군지는 모르지만, 사람의 발자국이 찍혔다. 시간의 간격을 두고 서로는 아무것도 모르는 사이이지만 짐승과 사람이 발자국을 통해 교감을 나누고 있다는 생각이 퍼뜩 스치고 지나갔다.

엊그제 나는 이 마을에 이사 와서 처음으로 마을 대동회를 참석했다. 우리 마을도 다른 곳과 마찬가지로 토착민과 이주민 사이에 갈등이 있는 것을 익히 보고 들어왔다. 그런데 최근 우리 대미산에 풍력발전이 들어온다는 소식이 있고부터 그 갈등이 더욱 심화되는 것 같다. 물론 마을 사람 모두는 우리 마을에 풍력발전이 들어온다는 것에 대하여 반대하지만, 그 심각성을 느끼는 정도에 있어서는 이주민들이 더 예민하게 반응한다.

토착민을 중심으로 하는 현 마을 지도부가 현안에 대하여 소극적으로 대응한다고 이주민들은 불만을 품고 있는 것 같았다. 그러지 않아도 서로 보이지 않는 알력이 있는 터에 이번 풍력발전 건으로 이장을 새로 세우려는 움직임이 밑바닥에서 있었다.

이번 대동회에서 이장의 중임과 새로 추천하는 사람을 이장으로 뽑자는 세력 간에 격론이 벌어졌다. 그러나 마을 토착민들을 중심으로 하는 사람들의 억누름 속에 현 이장이 유임되었다. 절차가 민주적이지 못하게 흐지부지 두루뭉술하게 회의를 끝내버렸다. 다른 사람을 이장 후보로 추천하는 것조차 막아버린 것이다. 그 과정에서 감정 섞인 말들이 오가고 사람들 간에 갈등의 골은 더 깊어진 것 같다. 서로 간에 해서는 안 될 말들까지 난무했다. 걱정이다. 이래서는 풍력발전을 설치하려는 더 큰 적과 어떻게 싸워나갈지 우려가 커졌다. 대동회를 끝내고 오는 내 마음속은 심히 착잡하기만 했다.

사실 나의 솔직한 심정으로는 사람들과 잘 어울려 살기만 하면 되고, 조용히 살며 내 할 일 하다가 다른 사정이 있으면 들어올 때도 조용히 들어왔듯이 나갈 때도 조용히 나가면 그만이라는 생각이다. 이쪽저쪽에 끼어들어 이러쿵저러쿵하고 싶은 생각은 없다. 이기적인 생각이지만 어쩔 수 없다. 나의 처지가 그러니.

토착민이든 이주민이든 개별적으로 만나서 이야기해 보면 다 선하다. 그런데 이렇게 세력화 되어 나누어져 싸우게 되면 사람들이 달라지는지 모르겠다. 진영논리가 대의보다 항상 앞선다. 이러한 행태는 여기 마을만이 아니다. 사람이 사는 곳은 크건 작건, 농촌이건 도시건, 나아가서는 국가를 운영하겠다는 정치세력 간에도 진영논리는 대의보다 항상 앞선다.

나는 여기 산촌으로 낙향하기 전에도 한 진영에 몸담아 정치 운동을 해온 사람으로서 오로지 우리 편이 옳다는 논리에 젖어있다 온 것이 엊그제인 거 같은데 또 이렇게 조그만 마을에 와서도 똑같이 겪게 될 줄은 전혀 기대하지 않았다. 마음이 착잡할 뿐이다.

짐승의 발자국이 지나가고 시간을 두어 사람의 발자국도 지나갔다. 서로는 전혀 교차하지 않고 눈밭을 공유했다. 아마도 같은 시간에 만났으면 서로 놀라서 움찔하다가 서로 반대 방향으로 발길을 돌려 도망갔을지 모르지만, 어쨌든 서로는 발자국을 같은 공간에 찍고 조화롭고 평온하게 이 숲과 사람이 사는 공간을 공유하며 살아간다. 거기에 갈등은 없다.

물론 우리 사람이 짐승의 터전을 훼손하여 살고 있다. 그 점 항상 미안한 마음 가지고 살면서 내가 저 발자국 짐승에게 조금만 배려하고 그들의 생활을 방해하지 않으려고 신경 쓴다면 같은 공간에서도 조화롭고 평화롭게 살아갈 수 있을 것이다.

지금 우리는 역지사지가 필요할 때다. 나도 이주민이지만 이주민의 논리에 매몰되지 않고 토착민들을 이해하려 노력할 것이고, 또 토착민들은 이주민들을 더 넓은 아량으로 감싸야 할 것이다. 나는 생각해보았다. 물론 절대 악에 대해서는 이기는 것이 선일지 모르지만 어떤 때는 지는 것이 이기는 것일지 모른다. 수를 앞세워 윽박질러 이겨본들 상대의 마음을 얻지 못하면 이겨도 소용없다.

조화롭게 찍힌 짐승과 사람의 발자국을 보며 사람 사는 섭리를 생각해본다.

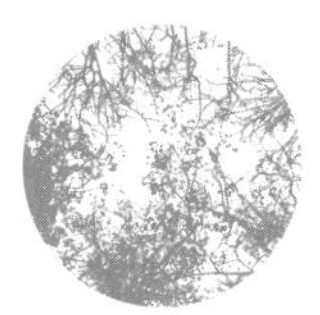

폐가와 담배건조실

겨울 하늘이 파랗다.
돌멩이 하나 하늘 높이 던지면
쨍그렁, 하고 깨질 것 같은 아슬아슬함이 있어
살을 에는 겨울의 맛을 보지 않으면 안 될 것 같아
무작정 차를 몰고 나갔다.

매양 지나치던 길을 가다 우연히 샛길로 찾아들었다.
그 길 막다른 곳에 황토빛 흙집,
담배건조실이 우두커니 앉아있었다.
세찬 겨울바람을 맞으며 시퍼런 하늘은 등에 지고
묵묵히 겨울을 바라보고 있었다.
아무런 인기척이 없었다.
건조실 옆에 집이 있으니 사람이 살겠거니 짐작했는데
바람만 휭, 하니 드나들고 있었다.

문짝은 뜯기고 흙벽이 떨어져 나가
담배건조실을 지키던 사람은 오래전에 여길 뜬 모양이다.
을씨년스런 담배건조실과 폐가

그래도 나는 반가웠다.
옛날의 추억이 생각나서다.
나 어릴 적 고향에도 담배건조실이 있었다.
순전히 흙벽돌로만 지은 성채 같은 집,
담뱃잎을 쪄서 말리는 일을 하던 흙집
아버지와 삼촌들은 여름 내내
담뱃잎을 따다 건조실에 매달아 쟁여놓고
그 더운 여름날에도 갈탄을 때며
이글이글 타는 갈탄의 열기를 견디며
굵은 땀방울로 무더운 계절을 보내고
또 청춘을 보냈던 담배건조실의 기억
그것이 나도 모르는 사이 흔적도 없이 사라진 것이 오래전이었다.
오랫동안 담배건조실은 내 기억에서 지워졌었다.

우연히 찾아 들어간 계촌의 샛길에서 담배건조실을 맞닥뜨리니
할아버지와 아버지와 삼촌들,
그리고 그 시절 붉고 선 굵은 동네 아저씨들 얼굴이 생각난다.
날이면 날마다 술 취해 싸우고,
사람 살아가는 훈훈한 체취들과

골짜기 안의 왁자지껄했던 사람들의 소음과 함께했던
내 먼 옛날의 담배건조실.

이제는 모두 이 세상에 없는 그 사람들이
무너져 가는 담배건조실 등 너머 파란 하늘에 나타났다 사라진다.
방림면 계촌의 담배건조실은 겨울바람에 마른기침 쿨럭이며
간신히 바튼 숨 쉬고 있다.
인생도 그런 것인가?
그들 모두 사라져 가듯
나도 언젠가 누군가의 추억 속에서만 살아있겠지.
폐가와 담배건조실이 옛 추억 속에 잠시 머물게 한다.
사람이 사라져버린 폐가와 담배건조실이 무척이나 애처롭다.

제2부
자연은 나의 스승이다

나방

나방

어떻게 보면 나방은 나비와 다르게 징그럽고, 털(사실은 많은 비늘이지만)이 많아 가까이하기 꺼려지는 곤충이다. 어려서부터 많이 봐왔던 그저 그런 나방이다. 그래서 더욱 관심을 끌지 못했다. 그런데 내가 30여 년을 서울에 살다가 이곳 평창 계촌 산골에 이사 온 후로 요즘 밤마다 찾아오는 친구가 있었다. 예전에는 거들떠보지도 않던 바로 그 나방이다. 저녁을 먹고 밖이 어느새 어두컴컴해질 때만 나타나는 놈이다. 불빛을 찾아서.

여기 산골에 오니 저녁 시간이 많이 일러졌다. 저녁 6시만 조금 넘으면 느긋하게 저녁 식사를 해결하고 TV를 잠깐 보든가, 책을 보고 있는데 어김없이 유리 창문을 두드리며 노크하는 놈이 있었다. 어떤 놈은 손톱만큼 작은놈이 이리저리 나르며 춤을 추는 것 같기도 하고, 또 어떤 놈은 화려한 무늬(예컨대 태극무늬, 시커멓고 동그란 원, 나선무늬 등)를 뽐내기라도 하려는 듯 날개를 펴고 창문에 딱 달라붙어서 떨어질 줄 모른다. 그리고 덩치 큰 놈들도 많다. 이런 놈들은 덩치 값을 하려는지 창문에 자기 몸을 날려 부딪친다.

나는 처음에는(나방의 존재를 인식하지 못하고 있을 때) 누가 문을 두드리는 줄 알고 현관문 쪽으로 몇 번을 가본 적이 있었다. 사실 이곳 산골에 와서 처음에 가장 견디기 힘들다고 느꼈던 것이 외로움이다. 이웃 사람들도 서먹하지, 밤이면 사방은 캄캄하고 나 혼자 이 대자연 속에 홀로 남겨진 절대고독에 묻혀버린 존재처럼 느껴졌다. 사실 보이는 것이라고는 다만 저 아랫마을 인가 불빛(처음에는 인가 불빛인 줄 알았다. 그러나 알고 보니 가로등이었다. 마치 북두칠성처럼 띄엄띄엄 떨어져 빛난다)이 전부였다. 가끔 맑은 날에는 하늘에 별빛, 그것들만이 유일한 희망이요, 안식처였다. 서울이나 여기 산골이나 집에 혼자 있는 것은 마찬가지인데, 이곳에서의 심리적 고립감은 너무 심했다.

그럴 때에 찾아든 것이 나방이다. 나는 밝은 빛의 형광등 아래에서 그들을 유혹하고 있었다. 내가 그들을 유혹하는 페로몬을 발산하고 있지는 않으리라. 그런데도 늦은 밤마다 툭, 툭, 창문을 두드리며 마지 창문을 열어달라는 듯이 온몸을 부딪쳐 몸짓을 한다. 그러나 나는 끝까지 그네들을 외면한다. 겉으로는 찾아오는 그네들이 무척이나 반가우면서도 그렇지 않은 척 창문을 열어주지 않는다. 정말 처음에는 나를 찾아온 손님이 문을 두드리는 줄 알았다. 나는 그녀(나는 그들이 모두 암컷이라고 치부한다)들을 도도하게 밤새껏 밖에 서성거리게 내버려 두었다. 그러다가 그녀들의 존재를 까맣게 잊어버리고 잠이 들어 버렸다.

어제 밤새 문밖에서 서성거렸을 그녀들의 존재는 잊은 채 아침에 어김없이 문을 열고 나섰다. 그런데 이게 무슨 일인가? 그녀들이 창문 아래에 떨어져 누워있지 않은가. 아직 죽지는 않았다. 밤이슬 맞아가며 그토록 고대하던 임 한번 맞아보지 못하고 지쳐서 생을 다해가고 있었다. 그런 놈이 매일 한두 마리가 아니다.

그런데 오늘 아침은 자기들끼리 교미하는 놈을 발견했다. 결국, 임을 찾다 찾다 쌀쌀맞게 구니까 돌아서 버렸구나! 처음에는 죽은 줄 알고 건드려보았으나 여전히 교미 중이었다. 쳇, 여기 강원도 산골에 와서도 이런 꼴을 보다니. 남의 외로운 가슴에 염장 질러도 유분수지. 밤새 거들떠보지도 않던 나에 대한 복수란 말이지? 그래 나도 끝까지 버텨보겠다. 살짝 헛웃음이 나왔다.

꼬리조팝나무 꺾어다 심고(1)

꼬리조팝나무 들어보셨나요?

아랫마을로 내려가는 길옆으로 작은 도랑이 흘러요. 그런데 그 도랑 옆에 지날 때마다 범의 꼬리처럼 생긴 꽃이 예쁘게 피어있어 잠시 발길을 멈추고 쳐다보다 왔었습니다. 잎은 버드나무 잎같이 생기고, 꽃은 새로 생긴 가지의 끝에만 달려있고요. 꽃 색깔은 연한 분홍색이 갓 시집온 색시 같지요. 지나다니며 멀리서 보니 무슨 꽃일까 많이 궁금했습니다. 나는 처음 보는 꽃이었으니까요.

그러다 여기 산골에 이사 오고 나서 예전에 사다 놓았던 『우리나라 나무 이야기』라는 책을 책상에 가져다 놓고 뒤적거리고 있었습니다. 우리나라 나무에 대하여 관심이 있어서 책을 사다 놓기는 했는데 보지 않다가 이곳에 와서 주변에 있는 나무들이 어떤 나무들인가 궁금하여 떠들어보던 중이었습니다. 나무에 대해서 좀 더 알고 싶어서요.

그러던 중 눈에 띄는 그림이 있었습니다. 어디서 봤더라? 이런 비슷한 것을 어디선가 보았는데…… 잘 생각해보니 길옆 도랑가에 핀

연분홍 꽃이 생각났습니다. 지나다니다 본 그 꽃이었습니다.

꼬리조팝나무!

이름도 재미있었습니다. 내가 꽃 모양이 범의 꼬리 같다는 생각을 한 것이 맞았던 거지요. 그래서 그런 이름이 붙었나 봅니다. 우리가 흔히 본 조팝나무는 길가, 또는 작은 언덕바지에 무리 지어 자라, 봄에는 하얀 꽃을 쌀 튀밥처럼 뿌려놓는 그런 꽃만을 보아 와서 이런 종류의 조팝나무가 있는 줄은 꿈에도 생각 못 했지요. 알아보니 우리나라 산야에 자라는 조팝나무 종류가 꽤나 많더군요. 그중 꼬리조팝나무는 습기 있는 곳에 잘 자라서 내가 길을 지나다 본 도랑가나 계곡에서 흔히 볼 수 있다하네요.

그런데 그 책에 꼬리조팝나무 이야기를 읽다가 눈에 확, 들어오는 부분이 있었어요. 봄, 여름, 초가을에 새로 난 가지를 꺾어 삽목을 하면 번식시킬 수 있다는 겁니다. 그 활자를 보는 순간 갑작스레 욕심이 생겼습니다. 바로 지금이 초가을로 접어드는 시기였기 때문입니다. 가지를 꺾어다 꺾꽂이하면 살릴 수 있겠거니 생각한 거지요.

"꺾어다 내 뒤뜰 어디에다 심어보자."

나는 본디 자연에 나는 풀과 나무들을 꺾어다 심거나, 캐다 옮겨 심는 것을 좋아하지 않았습니다. 몰지각한 등산객들이 야생화나 약초를 채취하여 자연을 훼손한다는 뉴스를 보면 욕을 해댔던 사람이 내 자신이었으니까요. 그런데 내 집을 갖게 되고, 빈 땅을 가지게 되니 나도 어쩔 수 없나 봅니다. 그런 욕심을 아무렇지 않게 실천하는 것을 보니.

나는 얼른 내려가 도랑가에 들어가 꼬리조팝나무의 가지를 꺾으려

하였습니다. 그런데 막상 가까이 다가가서 꽃을 보니 바늘귀 같은 작은 꽃들이 수없이 모여 하나의 꽃처럼 보이는 그런 꽃이었습니다. 그렇게 예쁘지 않았습니다. 약간은 지저분해 보이기까지 했죠.

그러나 내킨 걸음, 가지를 꺾어 들고 집으로 돌아왔습니다. 뒤뜰 한구석에 흙을 파내고 심었습니다. 물도 주었지요. 물을 주면서 이왕 꺾어왔으니 꼭 살려야 한다고 나에게 다짐했습니다. 하늘이 나를 도우려는지 초저녁부터 비가 오기 시작했습니다. 나는 안심을 하며 비가 와서 이놈은 꼭 살 거라고 확신했습니다. 그러면서도 무엇이 마음에 걸리는지 밤에 잠이 들면서 괜히 꺾어다 심었나? 하고 내게 되물으면서 후회하기도 했지요.

나는 아침에 일어나자마자 꼬리조팝나무에게 가 보았습니다. 다행히 이파리들이 마르지 않고 팔팔했습니다. 간밤에 비가 와서겠지요. 아직은 안심을 할 수 없습니다. 멀쩡히 자라고 있는 놈을 괜히 꺾어다 심었구나? 또 한 번 후회하고 있었습니다. 그래도 이왕지사 벌어진 일, 꼭 살려보려 마음먹었습니다.

'꼬리조팝나무야, 꼭 살아다오!'

그래야 죄스러운 마음 조금이나마 덜 수 있을 테니까…….

꼬리조팝나무 꺾어다 심고(2)

며칠 전 꼬리조팝나무를 꺾어다 심었다. 순전히 욕심에서 꺾어다 우리 집 언저리에 심어두고 볼 양으로 엉뚱한 짓을 했다. 노심초사 죽지 말라고 물도 주고 아침, 저녁으로 발소리 들려주었건만 첫째 날은 비가 와서 그랬는지 이파리가 파릇파릇하여 살겠거니 생각했다. 속으로 강원도에 내려와서 내가 키운 생명의 첫 작품이 되겠다 싶어 기뻤다.

그런데 오늘 아침 나가보니 이파리가 시커멓게 타버렸다. 요사이 가뭄 든 것처럼 햇볕만 쨍쨍, 쬐더니 말라버린 것이다. 보는 순간 내 마음도 시커멓게 변해버리는 것 같았다. 흐린 밤하늘의 별 하나 없는 캄캄함 같은 절망이었다.

내 본디 식물을 키우는 것에 재주도 끈기도 정성도 부족한 것을 익히 알건만 내 욕심만 차리자고 도랑가에서 웃으며 즐거움을 주던 꼬리조팝나무를 꺾어왔다. 그리고 죽었다. 몹시 후회한다.

[시애틀 인디언 추장의 편지] 글을 읽은 기억이 있다.

1854년 미국 대통령 피어스가 스쿼미쉬 인디언들에게 그들의 땅을 팔 것을 제안한 것에 대하여 그들의 추장 '시애틀'이 답변한 편지글이다. 짧은 글이지만 깊은 인상을 받았다. 그 감동을 되살려보기 위하여 조금 옮겨보면 다음과 같다.

"워싱턴의 대추장이 우리의 땅을 사고 싶다는 편지를 보내왔다. 하지만 어떻게 당신들은 하늘과 땅을 사고, 팔 수 있는 것인가? 그 생각은 우리들에게 참으로 이상한 일이 아닐 수가 없다. 만약 우리가 공기의 상쾌함과 반짝이는 물을 소유하고 있지 않다면, 당신들은 그들을 어떻게 살 수 있단 말인가?

지구상에 모든 것들은 우리들에게는 신성한 것들이다. 반짝이는 모든 소나무와 모래 해안, 깊은 숲속의 안개, 초원, 그리고 노래하는 모든 벌레들을 말이다. 이 모든 것들이 우리들의 추억과 경험 속에서는 신성한 것들이 된다.

(중략)

우리는 이 땅이 사람에게 속해 있는 게 아니라, 사람이 이 땅에 속해 있다는 것을 알고 있다. 모든 것들이 우리 안에 있는 피처럼 다 연결되어 있다. 사람이 삶의 그물을 짜는 것이 아니라, 단지 그 안에 있을 뿐이다. 그가 그 그물 안에서 무엇을 히든, 그 자신에게 하는 짓일 뿐이다.

한 가지 우리가 알고 있는 것은 우리의 신은 당신들의 신이기도 하다는 것이다. 이 땅은 신에게 소중한 것이며, 이 땅을 상하게 하는 일은 그것의 창조주에게 모욕을 주는 것과 같다.

(후략)"

자연은 사고, 팔 수 없다는 것, 그것은 바로 이 땅이 사람에게 속해 있는 것이 아니라, 사람이 이 땅에 속해있다는 사실 때문이라는 것이다. 인간도 단지 그 자연 안에 있을 뿐이라는 자명함을 설파하고 있다. 얼마나 따끔한 일침을 주는 지혜인가!

그러나 인간이 자연을 지배하는 주체라는 착각은 여전한 거 같다. 인간의 역사가 그래왔으니 그러한 관념을 지우기란 어렵다. 나 역시 꼬리조팝나무를 꺾어다 내 땅에 심으면서 가졌던 내 안의 욕심을 생각해보지 않을 수 없다. 자연의 피조물을 사유화하려는 잘못된 인식을 가졌던 나 스스로 자문해보지 않을 수 없다.

왜 그런 욕심을 부렸을까?

소유욕 때문이었을 것이다. 자연조차도 내 안에 가져다 놓고자 하는 욕심, 그런 것들이 확대 재생산되어 불평등, 파괴, 공격, 이기주의가 만연되지 않았을까?

후회한다. 죽은 꼬리조팝나무 가지에게 심심한 조의를 표한다. 인디언 추장 시애틀의 경고를 가슴 깊이 새길 것이다. 앞으로는 있는 그대로의 삶을 살고자 노력할 것이다. 분수에 넘치거나 필요치 않은 욕심은 죄악이라는 것을.

군락으로 산다는 것

우리 집 옆에는 바로 숲으로 연결된다.
그 숲에는 배초향과 물봉선화가 군락을 이룬다.
만약 그들이 한두 개 포기씩만 피어있다면
저렇게 아름답게 보일까?

물론 장미나 백합처럼 한 무더기 또는 하나의 개체가
꽃을 피워도 아름다운 것이 있다.

그러나 물봉선화나 배초향처럼 야생화는
군락을 이뤄야 제멋을 보여주는 게 있다.
그들은 보통 하나의 개체, 하나의 꽃송이를 들여다보면
조그맣고, 못생기고, 볼품이 없을지라도
군락을 이루면 웅장하고, 군센 힘이 느껴진다.
군락으로 산다는 것의 또 다른 아름다움이다.

우리 사람들도 마찬가지다.

우리 장삼이사들은 하나, 하나로는 연약하고,

유능하지도 굳세지도 못하다.

하물며 그들 개체 하나가 세상의 물 흐름을 바꾸기나 하겠는가?

그러나 그들이 뭉치면 세상을 바꾸지 않던가!

조그맣고 연약한 야생화가 군락을 이루면

벌도 많이 끌어들이고

더욱더 번성하여 군락의 힘을 보여준다.

커다란 나무 밑의 세상은 온통 배초향과 물봉선화,

또 다른 풀들이 차지하여 저마다 사이좋게 자란다.

그리하여 커다란 나무는 그들에 둘러싸여 오히려 빛을 발한다.

군락이 보여주는 야생화의 또 다른 아름다움을 보며 생각한다.

우리 인간들의 역사도 그런 힘으로 발전했다는 것을,

풀무치가 뛰는 가을

아침에 아직 이슬이 마르지 않아 풀숲은 이슬로 젖어있었어요. 달리아가 춤추는 무희라면 달리아 꽃은 그녀의 머리에 꽂은 빠알간 꽃을 연상하게 합니다. 하늘거리면서 흔들리는 몸짓과 예쁘게 핀 꽃에 홀려 사진을 찍다가 풀숲에서 폴짝, 뛰어오르는 놈이 있었습니다.

풀무치였습니다.

우리 집 주변 풀숲에는 풀무치가 많아요. 여기저기 발을 옮기다 보면 밟히지 않으려고 폴폴, 날아올라 저만치 튀어 가지요. 풀무치 튀이 오르는 가을 하늘이 더 높아만 집니다.

어렸을 때는 풀무치를 벼가 무르익을 때 논둑이나 볏잎 사이에서 많이 보았지요. 우리는 입이 궁금해지면 페트병을 하나 옆구리에 차고 논에 나갔어요. 거기에 먹을 것이 있었거든요. 몇 시간만 논에 들어가 볏잎을 훑으면 제법 볶아먹을 만큼 잡혔어요. 그만큼 풀무치가 너무 흔했습니다.

잡아다가 프라이팬에 엄마가 아끼는 참기름을 흠뻑 두르고 연탄불에 볶았습니다. 정말 고소했지요. 그런데 언젠가부터 풀무치는 논에서 사라졌어요. 농약을 너무 뿌려서 그렇습니다.

풀무치만 없어진 게 아닙니다. 이번에 풀무치가 눈에 띄어 궁금해서 검색하다 안 건데, 풀무치와 거의 똑같은(그래서 저는 여태 그것들이 전부 풀무치로만 알았습니다) 콩중이, 팥중이를 비롯해서 방아깨비, 섬서구메뚜기, 때까치, 여치, 사마귀 등 온갖 곤충들을 잘 찾아볼 수 없습니다.

우리 어렸을 때는 풀숲을 뒤적거리다 보면 발길에 도망가는 이런 곤충들이 밭에 참깨 알 흩어 뿌려진 듯 많았거든요. 요즘 친환경 농업을 하면서 메뚜기 마을도 생기고 메뚜기 잡기 대회도 하는 것을 종종 봅니다만 여전히 농약을 많이 뿌리고 있어요.

곤충들이 다 죽어 가는데 오직 사람들만 목숨 부지하고 잘 살 수 있을까요? 곤충이 사라지면 아마도 그것을 먹고사는 새를 비롯하여 작은 짐승들이 살지 못할 것이고, 또 그다음에는 무엇이 이 세상을 떠날 것인지 얘기하지 않아도 잘 알 것입니다. 사람이 잘살기 위해서는 풀무치도 어울려 잘 살 수 있어야 하는데 말입니다.

풀숲을 헤치는 사람의 발길에 놀라 풀무치가 포르릉, 날아오릅니다. 그렇지 않아도 가을 하늘 높은데 풀무치가 뛰어올라 파란 하늘이 시퍼렇게 멍들어 더한층 높아졌네요. 풀무치가 가을 하늘로 뛰어오릅니다. 가을은 풀무치 발걸음과 더불어 시나브로 깊어가겠지요.

서녘 하늘 황혼을 바라보며

요즘 맑은 날이 많아 서녘 하늘에 해넘이를 자주 본다.

우리 집을 지은 이웃집 남자가 말하기를, 우리 집은 조망을 고려하여 서남향을 택했다고 한다. 내가 사는 방림면 계촌리 대미 마을은 북쪽으로 계곡을 따라 들어오다가 분지 형태의 마을을 형성하고 있어서 계곡을 따라 양편으로 집들이 자리 잡고 있을 수밖에 없다.

말하자면 우리 쪽 편은 서향, 반대편 쪽은 동향으로 자리 잡아야 조망이 제대로 나온다. 그런데 우리 아랫집이나 왼편에 자리 잡고 있는 이웃집은 집은 남향이어야 한다는 통설에 따라 남향으로 자리 잡고 있다. 그러나 이곳은 숲속이어서 남향으로 자리 잡는다고 해도 그리 햇볕은 많이 들지 않는다. 더군다나 장점인 조망을 마음껏 누릴 수 없다. 따라서 햇볕을 조금 포기하고 풍경을 마음껏 누리라고 서향을 택해 집을 지었다고 한다.

나는 그 덕택에 앞산의 계절 변화와 숲 색깔의 변이를 관찰하며 이렇게 아름다운 자연의 변화를 주재하시는 조물주의 위대함을 새삼 감탄한다. 봄에는 신록이 저마다 경쟁하듯 뾰족뾰족 솟아올라 연초록이 물들어가는 모습이 신비롭고, 여름에는 성하의 햇볕을 받아 짙은 녹음이 산을 뒤덮고 있다가, 가을에는 나무의 군락에 따라 제각기 다른 색깔의 페인트칠을 한 지붕처럼 알록달록 수를 놓고, 겨울에는 겨울 산이 헐벗어 나무들은 마치 산 위에 고슴도치 바늘이 수없이 꽂힌 것처럼 날카롭지만 하얀 눈이 쌓이면 그 날카로움은 더없이 무디어지고, 햇살에 반사되어 비치는 하얀 눈무덤이 더없이 서럽다. 산 위에 깔린 희디흰 광목천은 3월이 다 가서야 거두어진다.

우리 집에서 보는 이러한 자연의 변화 중 또 하나 감탄할 것이 있다. 바로 해가 서쪽으로 넘어가는 해넘이이다. 해는 동쪽 대미산을 등지고 떠올라 서쪽 용마봉과 수리봉을 타고 넘어간다. 여름에 이사왔을 때는 북쪽의 용마봉 너머로 넘어가던 해가 어느 땐가는 용마봉과 수리봉 사이 골짜기를 넘어가고(이럴 때는 묘한 기분이 든다. 마치 가랑이를 벌리고 누운 여자의 거기를 빨간 해가 쓰다듬듯 넘어가는 형국이다), 가을이 깊어갈수록 점점 더 남쪽 수리봉으로 내려가 넘어간다. 겨울에는 더 남쪽으로 내려가 해가 넘어가는지 잘 보이지 않다가 봄이 오면 차츰차츰 다시 북쪽으로 해넘이의 궤적이 옮겨간다. 이렇게 계절을 따라 순환하며 옮겨가는 해넘이를 몇 해나 더 볼 수 있을까 뜬금없는 생각을 해본다.

황혼은 비가 오는 흐린 날을 빼고는 매일같이 바라본다. 매일같이 먹는 밥도 내가 싫으면 안 먹고 건너뛸 수 있지만 해가 서녘 하늘로 넘어가는 황혼은 내가 의도하지 않아도 별수 없이 바라보게 된다. 구름 낀 날은 구름 너머로 넘어가는 해가 구름을 방패삼아 하늘에 불을 지르고, 또 어떤 때는 붓으로 그림을 그리듯이 해 넘어가는 앞산에 따뜻하고 연한 주홍빛 물감을 뿌려놓는다. 맑게 갠 날에는 그냥 하늘이 핏빛으로 물든다. 저러다 꼴깍, 하고 해가 넘어갈 때는 나의 숨도 잠시 멈춘다. 해가 산을 넘어가는 시간은 순식간이다. 잠시 딴전을 피다가 넘어가는 해를 다시 보면 어느새 산 너머로 숨어버린다.

해가 뉘엿뉘엿 넘어갈 때 나는 여기 와서 이상한 버릇이 생겼다. 해가 서산 너머로 하루의 일생을 다 하고 넘어가려 할 때 저렇듯 자기의 장엄함을 발산하며 무언가 말을 하려는 황혼에 하나, 둘, 셋…… 숫자를 세는 버릇이다. 마치 나의 생도 저 넘어가는 일몰의 시각만큼이나 적게 남아있음을 시간을 세듯이 숫자를 세고 있는지도 모른다.

나는 기도를 할 줄 모른다. 그래서 장엄하게 넘어가는 해를 보고 있노라면 그 감동을 주체하지 못하여, 또는 인생의 덧없음을 한탄하여, 때로는 주어진 삶을 최선을 다하지 못하고 허비하여, 그리고 나를 둘러싼 나의 모든 인연들에게 혹여 섭섭하게 하지는 않았는지, 청춘과 인생을 바쳐 세상의 적들에게만 분노하고 내 안의 적들과는 싸우지도 않은 것에 대하여, 바람과 나무와 비와 나의 이웃들에게 감사하며 살지 못한 것에 대해 반성하며 하나, 둘, 셋…… 하고 해가 넘어갈 때까지 기도 대신 읊조리는지 모른다.

그러다 인디언 수우족의 기도문을 우연히 접했다. 아메리카 인디언의 잠언들을 모아놓은 이웃 블로거의 글을 살펴보다가 이 기도문을 읽어보고는 얼어붙은 듯 움직일 수 없었다. 눈물이 났다. 겸손함과 엄숙함, 그리고 인생의 소중함과 이웃들에 대한 사랑이 충만한 간

절함이 절실하게 다가왔다.

나도 황혼을 바라보며 부끄럼 없이 갈 수 있기를 수우족의 기도문으로 대신하여 간절히 기도해본다.

「바람 속에 당신의 목소리가 있고
당신의 숨결이 세상 만물에게 생명을 줍니다.
나는 당신의 많은 자식들 가운데
작고 힘없는 아이입니다.
내게 당신의 힘과 지혜를 주소서.

나로 하여금 아름다움 안에서 걷게 하시고
내 두 눈이 오래도록 석양을 바라볼 수 있게 하소서.
당신이 만든 물건들을 내 손이 존중하게 하시고
당신의 목소리를 들을 수 있도록 내 귀를 예민하게 하소서.

당신이 내 부족 사람들에게 가르쳐 준 것들을
나 또한 알게 하시고
당신이 모든 나뭇잎, 모든 돌 틈에 감춰 둔 교훈들을
나 또한 배우게 하소서.

내 형제들보다 더 위대해지기 위해서가 아니라
가장 큰 적인 내 자신과 싸울 수 있도록
내게 힘을 주소서.

나로 하여금 깨끗한 손, 똑바른 눈으로
언제라도 당신에게 갈 수 있도록 준비시켜 주소서.

그래서 저 노을이 지듯이 내 목숨이 사라질 때
내 혼이 부끄럼 없이
당신에게 갈 수 있게 하소서.」

- 노란 종달새(수우족)의 기도문 -

꿀벌

우리 집 주변에는 야생화가 많다.

봄부터 여름, 여름에서 가을로 물들어가는 계절에 피는 꽃들이다. 철마다 나를 먼저 구경해달라고 고개를 내밀 듯이 어느 순간에 보면 꽃이 피어있다. 신기하기만 했다. 도시에 살 때는 꽃에 거의 신경 쓰지 않고 살아서 꽃의 종류를 많이 알지 못했다. 그러나 여기 와서 철마다 피는 꽃이 무슨 꽃인지 궁금하지 않다면 여기에 머물러 살 자격이 없을 것이다. 새로운 꽃이 나타날 때마다 인터넷을 검색해보거나 모바일 앱을 동원하여 기필코 무슨 꽃인지 알아보는 것은 중요한 일과가 됐다.

봄에는 생강나무꽃을 필두로 산괴불주머니, 민들레, 제비꽃, 털제비꽃, 졸방제비꽃 등 제비꽃 종류, 양지꽃, 지칭개, 쥐오줌, 천남성, 감자난초, 동의나물, 오미자, 고광나무, 고추나무꽃들이 주변 땅바닥과 숲속을 왁자하게 장식한다. 여름에는 보랏빛 물봉선화가 새악시 볼에 연지마냥 수줍게 흐드러졌고, 배초향이 길게 늘어진 가을 햇살을 다리 주욱 뻗고 받아들이듯 보랏빛 구슬봉이 같은 꽃이 한창이다. 햇살이 따뜻하다. 나는 가느다란 목을 흔드는 가냘픈 여인네를 보듯 배초향과 물봉선화, 초롱꽃, 그리고 이름 모를 꽃들을 바라보았다.

이렇게 철마다 얼굴을 달리하는 꽃들 곁에 늘 함께하는 것들이 있다. 꽃은 계절에 따라 피고 지지만 각종 나비와 박각시나방, 꽃등에, 그리고 뒤영벌, 꿀벌 등은 무슨 꽃이든 상관없이 꽃들 곁을 부지런히 날아다닌다. 이들 중 벌들이 가장 활발하다. 바람에 흔들리는 꽃들을 좇아 꿀벌들이 날갯짓을 하느라 너무 바쁘다. 나는 가만히 그들을 바라봤다. 그들은 이른 아침부터 움직였으리라. 벌써 다리에는 노란 꽃가루가 방망이마냥 붙어있다. 이 꽃에서 저 꽃으로 부산하게 옮겨 다니는 꿀벌들을 보다가

"저렇게 쉼 없이 일만 하면서 행복하기는 할까?"

나는 속으로 중얼거렸다.

꿀벌들은 마치 오늘날 노동자들 같다는 생각을 했다.

쉼 없이 일하지만, 그 꿀은 엉뚱한 소수가 가져가는 현대판 천민자본주의 불평등 구조에서 허덕이는 일벌레들 말이다. 땀은 흘리지만 행복하지는 않은 꿀벌들이다. 꿀벌은 열심히 꿀을 모아 곳간을 채우면 그만이지만 사람은 많이 벌어도 만족할 줄 모르니 언제나 부족하다고 느낀다.

행복은 많이 버는 것에 있지 않은 거 같다. 조금 벌어도 어떻게 그걸 쓰느냐에 있는 거 같다. 끊임없이 일만 하여 많이 벌어도 버는 것보다 더 많이 소비하고, 자기 위신만을 위하여 치장하고, 자기 마음을 속이면서 사는 사람들은 많이 벌지는 모르겠으나 그들은 마음의

여유도 없이 한 번쯤 자기 자신을 돌아볼 기회도 갖지 못한 채 끊임없이 허덕이기만 하다 인생을 허비하고 만다.

반면 조금 벌지만 버는 만큼 쓰고 행복하게 사는 사람도 많다. 쓸데없이 욕심을 부리지 않는다. 자기의 사회적 지위를 유지하기 위한 치장에 관심이 크지 않다. 그들은 대개 소박한 삶에 만족한다. 그들의 인생은 그래서 세월이 더해갈수록 살이 찐다. 그런 차이는 삶을 바라보는 가치관에서 비롯될 것이다.

꿀벌을 바라보다가 엉뚱하게도 나는 죽어도 꿀벌은 될 수 없겠구나, 생각한다. 나같이 빈둥대는 꿀벌은 없겠지? 그러나 여유롭고 행복하게 살고자 하는 꿀벌은 되고 싶다. 그런데 아무리 봐도 꿀벌은 여유로운 것을 모른다. 내가 꿀벌이 아닌 것이 다행이다.

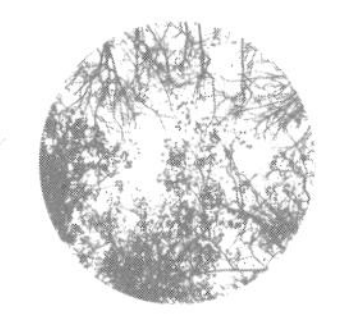

가을, 곤충의 침입

가을, 날씨가 단풍드는 것도 얼핏 숨겨놓고 갑자기 추워진다.

나뭇잎은 노랗고, 빨갛게 익다 떨어지기 시작하고, 한낮 태양 빛 따뜻한 온기가 더 그리워진다. 그 따뜻한 온기를 그리워해서일까? 방문이며 거실 창문으로 무작정 달려드는 것이 있다. 나도 따뜻한 햇볕이 그리워 창가로 다가선다. 불과 얼마 전만 해도 더위를 피해 그늘을 찾곤 했는데 내 마음이 간사한 것이 아니라 몸이 그렇다. 그런데 창가로 달려드는 것들이 다양하다.

여름에는 밤에 불을 켜두면 나방이며 여치, 사슴벌레, 하늘소 같은 것들이 방충망에 붙어 내 친구가 되었었다. 여름에는 으레 겪는 일이라 친구처럼 여기고 찾아오면 무슨 일로 왔는지 그놈들을 찬찬히 관찰하는 여유를 가졌었다.

그런데 추위가 선득하니 살갗에 소름이 돋을 때인 늦가을 한낮에 침입하는 놈들이 있다. 어느 날부터인가 이름 모를 흉측한 놈이 벽을 기어 다니고 창문 틈으로 기어들어 온다. 꼭 전갈 모양으로 독이 있을까 봐 조심스러워 만지지도 못했다. 지렁이 보고도 징그럽다고 생각하지 않는데 징그럽기는 그보다 더하다. 나도 농촌 출신이라 웬만해선 곤충 무서워하진 않는다. 그런데 이놈은 좀 만지기도 그렇다. 그렇다고 함부로 죽이지도 못하고…… 인터넷에서 찾아보니 못뽑이집게벌레란다. 이름이 그 모양새로 보아 참 잘 어울리는 곤충이다.

조금 있으니 이번에는 무당벌레 무리가 날아와 창문을 수놓는다. 등껍데기에 점무늬가 있는 무당벌레가 날아와 창문에 붙어 이리저리 기어 다닌다. 이놈은 좀 귀여워 빨간색 바탕에 여러 점이 어우러져 점을 세다가 시간이 간다. 9점 같기도 하고, 7점 같기도 하고, 이웃집 남자가 이놈을 가리키며 익충이니 죽이지 말라며 웃는다. 진딧물 천적이라고, 이놈 한 마리만 있어도 텃밭의 진딧물 한 마리도 남지 않을 거라고…….

너스레를 떨며 말하지만 나는 그게 좀 허풍이란 걸 안다. 어쨌든 그렇다니 더 친근해 보이는 것이 크고 작은놈이 여기저기 날아다니며 강원도 이사와 사는 나를 환영이라도 하려는지 날갯짓이 마치 나에게 인사하듯 팔락인다고 느낀다.

거의 동시에 노린재란 놈이 찾아왔다. 노린재는 흔하게 보아온 놈이다. 그놈은 만지면 냄새를 감당할 수 없어 항상 피해 다닌다. 그런데 어느 순간 노린재가 나타나니 그 많던 무당벌레가 없어지고 못뽑이집게벌레도 그 수가 눈에 띄게 줄었다. 이제 조금 더 추워지면 노린재도 사라지겠지. 아니 겨울잠을 준비하러 어디 따듯한 곳에 알을 슬어놓고 이 세상을 떠나겠지?

언제고 내 집으로 습격하는 곤충들이 있다. 특히 못뽑이집게벌레나 무당벌레는 가을이 되면 이렇게 사람의 집으로 찾아드는 성질을 가졌다고 한다. 가끔 흠칫 놀라 파리채를 들고 공격하기도 하고 그 모양새에 징그러운 나머지 내쫓기도 하지만 계절이 가고 기온이 떨어지니 스스로 물러나 놈들도 제 삶을 찾아간다.

곤충도 나무도 사는 것에 다 순리가 있다.

나무는 낙엽을 떨구고 겨울을 준비하고, 곤충은 성충이 되어 교미를 위해 활발히 날고, 기고 그리고 어딘가 알을 슬어놓고 사라질 것이다. 오직 사람만이 계절을 거스르고 산다. 나무의 낙엽처럼 내려놓을 줄도 모르고, 곤충처럼 기온에 밀려 스스로 물러날 줄도 모른다. 난 강원도 겨울 추위가 자심하다는 이웃의 말에 난로를 준비하고 있다. 겨울잠을 잔다면 이런저런 걱정을 안 하고 살 텐데…….

쓸데없는 상상을 하는 동안 곤충이 하나둘 떠나간다. 곤충들과 함께 한 가을 서정이 서서히 저물어 간다.

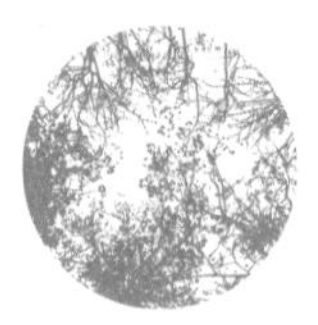

구름

우리 집은 서쪽 하늘을 바라보고 있고,
산 중턱에 자리 잡고 있어 밖을 바라보고 앉으면
하늘에 구름이 바로 앞에 있는 것처럼
손에 잡힐 듯이 두둥실 떠다닌다.

처음에 여기 이사 와서는 앞산에 펼쳐진 푸르름과
바로 앞의 자작나무 숲과
바람에 흔들리는 나뭇가지의 군무만이 눈에 들어오다가
어느 순간부터 하늘에 떠다니는 구름이 내 눈을 현혹했다.

구름은 매일이 다르고 매 시간마다,
아니 매 순간마다 그 모습을 달리했다.
하늘이 내 눈 바로 앞에 펼쳐져 마치
캔버스 위에 그림을 그리듯이 변화무쌍하니

나는 가만히 있을 수가 있겠는가?

언젠가부터 나타났다 사라지고
변화하고, 다시 색을 칠하고
금방 심술이라도 부리듯 지워버리는
조물주의 장엄한 행위에 대하여
카메라를 들이대는 버릇이 생겼다.

그렇다고 구름을 찍기 위하여 하늘만 쳐다보는 것은 아니다.
풀을 뽑다가, 점심을 먹다가 그리고
어쩌다 낮잠을 자다 일어나 하늘을 쳐다보면
거긴 영락없이 조물주가 그림을 그리고 있었다.
나는 그 순간을 느낌대로 찍었다.
뭐, 구름 사진을 찍어서 남기겠다는 그런 욕심이 아니다.
그냥 저기 구름이 그려주는 형상과 색깔과
구름을 쳐다보는 나의 마음이 합쳐져
잠시 부질없는 쾌락이라고 해도 좋고,
아니면 나 혼자 느껴보는 열락을 만끽하고 싶어서
매 순간 구름의 모습이 내 눈길에 머무는지 모른다.

하긴 이렇게 구름을 쳐다보는 것도 얼마 만인가?
아마도 어려서 소를 몰고 나가 풀을 뜯기고
꼴을 베어놓고 나서 고향마을 곡교천 옆 뚝방에 누워

한가로이 여유를 부리며 하늘을 쳐다보던 시절을 빼고는
이렇게 한가로이 구름을 쳐다보기도 너무 오랜만이다.
어려서 쳐다보는 구름은 토끼 모양이며
소가 걸어가는 모양이며
읍내 사는 정희 얼굴 모양이 그려지다가도
어느새 뭉게뭉게 피어올라 구름을 몰고 오는
먹구름이 보일라치면 부리나케 소를 몰고 돌아오던
소년이 보던 구름은 그 속에 어린 꿈이 서려 있었다.

그리고 세월이 많이 흘렀다.
너무나 빨리 인생이 지나간 것 같다.
아직도 마음은 청년이지만 스스로 강원도 산골에 내 몸을 유배시켜
이곳으로 내려와 인생의 후반기를 구름을 보며 지내고 있다.
반백년을 지나 또다시 한가로이 구름을 가만히 보고 있다.
구름을 보고 있노라면 어느 순간 생겨나서 이리저리 모양을 바꾸다가
또 어느 순간 한눈을 팔다 다시 쳐다보면 허무하게 구름은 없어졌다.
어려서 보던 구름은 꿈을 담은 형상을 보여줬지만
지금은 변화하는 구름 모양이 마음에 와닿지 않는다.
그저 구름이 생겼다 변화하고 사라져가는 모습이
내가 인생을 살아온 과거의 기억이 주마등처럼 압축되어
잠깐 보였다가 사라지는 영사 필름의 한 장면처럼 스쳐 지나갈 뿐이다.

구름의 모양을 보며 아름답다고 느낄 겨를을 허락하지 않는다.

법구경에 인생을 구름에 비유한 구절이 있다.

"태어남은 한 조각구름이 일어남이요, 죽음은 한 조각구름이 스러짐이라."

사실 인생은 누가 태어나라고 해서 태어난 것도 아니요,

그렇게 한 조각구름처럼 생겨나서,

구름처럼 온갖 변화를 겪다가,

한 조각구름이 일순간 스러지는 것처럼 인생도 스러지는 것 아니던가?

누구라서 재물을 쌓아놓았다 가져갈 것이며

누구라서 많은 명예를 쌓아놓았다 하여 그 명예를 짊어지고 갈 것이며

누구라서 욕심을 부린다고 이승에 영원히 살아남아 있을 것인가?

한낱 구름처럼 아무 흔적도 남기지 않고 사라져갈 것을…….

그러니 그렇게 너무 아등바등 살지도 말 것이다.

새들의 합창

점심을 먹고 마당에 나가 운동도 할 겸
장작을 팼다. 도끼질을 할 때마다
호이- 호이-
추임새를 집어넣으며 장작을 쪼개는데
이름 모를 산새들이 여기저기서 울어댄다.

나는 잠시 그들의 울음소리에 귀 기울였다.
위쪽 숲에서는 호르륵 호르륵
또 그 옆에서는 찌륵 찌륵
아래 숲에서는 짜그락 짜그락
알아들을 수 없는 새소리가 합창 소리처럼 들렸다.

마치 마당에 앉아 새들의 노랫소리를 지휘하듯이
나도 그 새소리에 장단을 맞춰

호이- 호이-
더 힘을 주어 도끼질을 한다.
그러면 또 여기저기서 중구난방으로
새들이 우지진다.
숲속에 있는 새들만이 아니다.
솔새 떼가 한 무리를 이뤄 하늘가로
날아가다 후르륵- 덤불 속으로 하강하여
갑자기 내려앉는다.
나는 우짖는 새들의 이름을 모르면서
그들을 지휘한다고 우쭐한다.

맑던 하늘에 갑자기 구름이 몰려오더니
진눈깨비가 내리기 시작한다.
나는 마음이 급해 새들의 존재를 잠시 잊고
도끼질을 더 세게 내려쳤더니
나무 쪼개지는 둔탁한 소리에
새들이 그만 날아가 버렸다.

허허, 어설픈 숲속의 지휘자가
목소리 고운 새들을 쫓아 버렸구나!
우연히 새들의 합창을 지휘하다
새들을 날려 보내고
아쉬운 마음에 진눈깨비 내리는

하늘만 원망하고 있다.

눈 오는 날

아침부터 눈이 쏟아진다.

눈은 세상을 덮을 때 환상과 순수, 깨끗함을 선사한다. 마을을 뒤덮고 앞산도 모두 하얗고 청태산, 대미산의 산봉우리가 설산 같고, 자작나무숲도 그 피부만큼이나 더 하얗게 물들인다. 그런 만큼 보이는 풍경은 아름답고 순백의 깨끗함이 나의 어지러운 마음마저도 하얗게 씻어낸다.

그런데 여기 평창 계촌에 올 때 염두에 두지 못한 것이 있다. 자연의 아름다움을 만끽하며 건강을 위해서 좋겠거니 생각만 했다. 막상 눈을 맞고 보니 우선 우리 집 앞에 눈을 치우는 것부터가 힘들다. 두 손에 목발을 짚고 마당에 눈을 치우려다 보니 그 수고로움은 말할 수 없다. 네 발로 짚고도 미끄러질까 봐 온 신경을 목발과 발에 곤두세우고 넉가래를 밀고 또 민다.

우리 집으로 들어오는 마을 길은 경사가 급하다. 그래서 이웃 사람들이 눈이 오면 오자마자 나가서 눈을 치운다. 그렇지 않으면 차가 드나들 수 없어 고립되고 만다. 나는 그런 모양을 보고 매양 미안한 마음이다. 미안한 마음을 품는 나에게 그들은 미소로 답한다.

그러니 아무리 어려워도 내 집 마당만큼은 내가 치워야지 않겠나?

계촌에서 나에게 눈은 아름다운 풍경을 구경시켜주는 것보다 먼저 걱정을 안겨주는 존재가 되었다. 걸어 다니기가 불편한 것은 둘째 치고 마당에 눈을 치워야 눈이 녹을 것이므로 반드시 치워야 하고, 눈 올 때마다 이웃 사람들에게 미안한 마음을 표현해야 한다.

그리고 오늘은 계촌리 대미 마을 대동회라며 꼭 나오라고 신신당부하던데 눈 때문에 나가지 못한다. 마침 마을 분들과 눈인사라도 할 수 있겠거니 조금은 마음속에 기대하고 있었다. 어떤 사람들이 이 마을에 살고 있을지 궁금했었는데 눈 때문에 갈 수 없으니 아쉽기만 하다. 자동차도 움직일 수 없고 걸어 다니기도 영 힘들다. 이래저래 계촌의 눈은 나에게 불편하다.

사물에게는 모두 빛이 있으면 그 한편에 그림자가 있는 법, 계촌의 눈이 나에게는 아름다운 풍경을 보여주어 눈을 즐겁게 해주되 생활에서는 전부 불편덩어리이다.

마음에 달렸지

오늘도 눈이 발목을 덮을 정도로 소복이 왔다.

여기 평창 계촌으로 이사 와서 눈을 자주 본다. 그러니 아침에 일어나 눈을 보면 우선 이걸 치워야 할 생각에 짜증이 먼저 인다. 넉가래로 데크에 쌓인 눈을 치우느라 여념이 없다. 눈 올 때면 이웃집 남자들은 무슨 의무를 수행하는 사람처럼 마을로 들어오는 산길의 눈을 치우느라 고생이다.

눈이 많이 쌓이면 내 힘으로는 넉가래를 밀고 다니기가 여간 힘이 들지 않는다. 내 집 앞 데크에 쌓인 눈을 치우다 쉬고, 쉬었다가 또 치우고, 혹여 눈에 미끄러져 넘어질까 봐 온 신경을 집중하며 눈을 치우다 보니 다른 생각이 끼어들 틈조차 없다.

온통 눈 치우는 일에 신경을 쓰니 주변의 풍경도, 눈 위에 찍힌 누군가의 발자국도, 소나무 가지 위에 쌓인 눈이 얼마나 아름다운지도, 아무것도 눈에 보이지 않는다.

눈을 다 치우고 나서야 멀리 산속이 하얀 눈이 쌓인 설국임을 상상하고, 가까이 숲속에 있는 나뭇가지는 솜옷을 입어 따뜻해 보이고, 그 나뭇가지 사이로 새들이 경쾌하게 날아다니며 사람을 희롱하고 다닌다. 그리고 눈 위에 찍힌 발자국은 과연 어떤 짐승의 것일까 생각해본다.

아무리 보기 좋고 아름다운 자연이라도 내 마음에 없으면 아무것도 느끼지 못한다. 무릇 자연의 풍경만일 것인가? 인간사 주변에서 벌어지는 온갖 풍상이나 고통도 내가 처한 고통에 매몰되거나 외계의 변화하는 세상을 외면하여 자기에게만 몰두하다 보면 이웃의 사랑도, 세상의 아름다움이나 고통도 아무것도 느끼지 못하고 흘려버릴 것이다.

눈을 치우며 든 생각,

자기에게만 매몰되지 말아야 할지니, 아름다움을 느끼고 세상사 흘러가는 모습을 내 가슴속에 새기느냐, 아니면 떠가는 구름처럼 그냥 흘려버리며 허무하게 살지는 다 자기 마음 안에 있다는 것을.

팔꿈치 통증

어제부턴가 갑자기 팔꿈치 통증이 오기 시작했다. 갑자기가 아니다. 약 5년 전 다리를 다친 적이 있어 목발을 짚기 시작하면서 오른쪽 팔목과 어깨에 쉽게 통증이 오는 경우가 많았다.

그런데 이번에는 다른 때보다 좀 심하다 싶었다.

봄이 오고 있다.

마음이 급해지기 시작해서 몸을 움직이지 않을 수 없었다. 그래서 봄에 심을 유실수며 꽃나무를 주문하거나 평창산림조합의 임시 나무시장에 가서 나무도 꽤 많이 사 왔다. 블랙커런트, 고광나무, 산철쭉, 자산홍, 백철쭉, 회양목, 누운 주목 등 여러 가지 나무를 사기 위해 종종걸음을 쳤다.

고맙게도 후배가 식목을 도와주러 온다 하니 사다가 임시로 밭에다 묻어두었다. 마을 노인회장님이 달리아 꽃이 예쁘다며 달리아 구근을 한 보따리 갖다 주셨다. 또한 지난가을에 여러 가지 야생화 꽃씨를 구입해 냉장고 냉장실에 보관해두었는데 이제 그 꽃씨들을 꺼냈다. 꽃씨 파종도 해야 한다.

이렇게 봄이 되니 마음도 조급하고 몸도 많이 움직여야 했다. 목발을 짚은 팔에 무리가 가는 것도 당연했으리라. 저녁마다 파스를 붙이고 이틀을 지났으나 쉬 통증이 가시지 않는다.

전원생활의 봄은 마음이 무척 바빠진다. 어려서부터 시골 생활을 해온 나이지만 실제 직접 주재하여 봄을 갈무리해본 적이 없으니 우왕좌왕하는 내 꼴이 우스꽝스럽기만 하다. 하물며 농사짓는 농부의 마음은 말해 무엇하리요.

아버지는 평생 농사를 지으며 봄이 와도 내게 조급함을 보이지 않으셨다. 그러나 매년 오는 봄이라도 봄을 맞으며 당신이라고 설레는 마음과 무엇을 먼저 시작해야 할지 조급해하는 마음 없었을까 싶다. 봄에 허둥대는 내 모습을 보며 갑자기 돌아가신 아버지 생각이 났다.

작년 늦가을에 묻어두었던 추식구근, 가을에 심는 구근 식물로 튤립이나 크로커스 등을 심어두었었는데 봄이 되니 삐죽이 싹이 올라왔다. 영하 20도가 훨씬 넘는 동토의 날씨에도 얼어 죽지 않고 살아서 생명을 싹틔우는 것을 보고 새삼 들여다볼 때마다 생명의 끈질김에 감탄한다. 내가 직접 심은 생명이라서 더욱 그렇다.

이것들도 생명을 틔우기 위하여 그 고통을 견뎠으리라. 봄맞이를 위하여 무리를 한 내 팔꿈치의 통증도 새봄을 맞이하기 위한 고통이 될 수 있을까? 그러나 아직도 멀었다. 산골 살이의 봄은 할 일이 너무 많다. 팔꿈치의 통증은 한동안 계속될 것 같다.

감사하는 마음

오늘은 새벽부터 비가 온다.

많은 비가 올 것 같지는 않지만, 무척이나 반가운 비다.

요사이 며칠간 나무와 꽃을 심느라 몸이 아프고 고통스러웠다. 나무와 꽃을 심어놓고 그놈들이 죽을까 봐 물을 주고, 수시로 살펴보는 일이 일과였다. 내 평생 생명의 씨를 뿌려놓고 이렇게 걱정하고 있는 것은 처음인 것 같다.

비가 오면 얼마나 좋을까 바랐지만 근 한 달간 비는 오지 않았다. 마침 꽃과 나무를 심고 머지않아서 아침부터 대지를 적실만큼 비가 내렸다. 목마른 대지에 풀과 나무, 나뭇가지 사이를 날아다니는 새들도 그리고 밭에 씨를 뿌리려는 농부에게는 더더군다나 비가 감사의 샘물이다.

매사에 사람은 감사할 줄 모른다. 내가 그랬다. 온 마음을 기울여 바라건대, 그 마음을 우연히 받아주는 이가 있다면 그리고 고통의 순간을 겪고 있는데 누군가 그 고통의 순간을 벗어나게 해준다면 그에게 감사할지 모르겠다.

그러나 인생을 살면서 사사로운 것에 감사하며 살지 않았다. 하물며 자연이 베풀어주는 일상의 것, 당연히 있어야 하는 그 무엇이라고 생각할 뿐. 자연의 법칙일 뿐이지 감사할 대상은 아니라고 생각했다.

그러나 오늘 내리는 비는 달랐다. 내가 심고 가꾸는 꽃과 나무가 생명을 유지하여 살아주었으면 하는 신심이 닿아 오늘 내리는 비가 생명의 샘물이 되어준다 생각하니 울컥 누구에게 인지는 모르지만 감사한 마음이 들었다.

사람은 어쩔 수 없나 보다. 자기에게 닥쳐온 경험이 절실하게 마음에 닿아야 감사도, 기도도 하니 말이다. 나는 오늘 내리는 비에게 감사한다. 그리하여 이 세상에 존재하는 모든 것에 감사하며 살련다. 언제든 나의 주변에서 나를 지켜봐 줄 테니.

멀칭 하지 않을래요?

한 이틀 계속해서 풀을 뽑았다. 언제 그렇게 풀이 자랐는지 모를 일이다. 엊그제까지도 풀이 올라오는지 몰랐는데 머리통 밤톨 같은 조카 놈 몇 달 만에 보고는 저리도 금방 컸나 싶은 것처럼 엊그제 본 풀이 아니었다. 벌써 집 안채 여기저기 안으로 침입한 놈, 밭두둑에 파릇하게 고개를 내밀고는 봄볕을 마음껏 즐기는 풀들.

며칠 전인가 이웃집에서 물었다.

혹시 멀칭 안 하려느냐고?

멀칭?

그랬다. 산 아래 보이는 대부분의 너른 밭은 벌써 까만 비닐로 덮여가고 있었다. 밭에 멀칭 하지 않으면 힘들어서 농사 못 짓는단다. 사실 여름에는 풀을 뽑고 뒤돌아서면 또 풀이 자란다는 말이 있다. 그만큼 풀이 무섭게 자란다는 뜻이다.

지금은 멀칭 없이는 농사를 지을 수 없는 시대다. 화학비닐로 밭두둑을 덮어 아예 풀이 자라지 못하게 한다. 물론 그렇게 함으로써 농부는 많은 일손을 던다.

이웃집 남자는 자기네 밭에 멀칭하고 남은 비닐을 들고 보여주며 멀칭 하는 것이 좋을 것이라고 종용한다. 가져다 쓰라는 것이다. 나는 잠시 생각하다가, 멀칭 하지 않고 해보겠다고 대답했다. 그랬더니 어리석은 중생을 바라보듯이

"다시 생각해봐요. 얼마나 풀이 무서운데……."

그러나 나는 단호히 대답했다.

"이까짓 텃밭 풀이 나면 얼마나 나겠어요? 그냥 노동한다 생각하고 올여름 나보지요, 뭐!"

별일도 다 있다 싶다고 생각했나 보다.

하긴 남들 다하는 멀칭 하지 않고 텃밭이긴 하지만 그냥 풀을 뽑겠다고 하니 바보짓일지 모른다고 생각할 것이다.

나는 풀을 뽑으며 손끝에서 느껴지는 풀냄새가 향긋했다. 이렇게 손으로 일일이 풀을 뽑고, 뜯으니 풀의 종류마다 다르게 느껴지는 풀냄새를 덤으로 가져가는 행복감을 느낀다. 그러나 봄날에 아직 시작도 안 한 풀들과의 전쟁이 쉽지만은 않다는 것을 이틀째 풀을 뽑으며 느꼈다. 쪼그려 앉아 계속된 노동은 손가락이며 허리에 무리가 가고 통증이 오기 시작한 것이다. 이른 봄철 겨우 시작된 풀 뽑기에 마음이 약해지기 시작한다.

사실 멀칭은 인위적으로 작물과 풀들과의 경쟁을 근본적으로 차단시켜 한 가지 작물만을 키우는 것이다. 본디 자연 생태계는 서로가 층위, 또는 범위를 차지하고 서로 경쟁하며 생존하는 것이다. 그럴 때 작물이든 풀이든 자기방어를 위해 방어 물질(허브향)을 진하게

함유하고, 또 튼튼하게 몸을 키워 나간다.

사람이 밭에 키우는 더덕과 자연 상태에서 큰 산 더덕과 비교하여 봐도 금방 알 수 있다. 비교할 수 없을 정도로 산 더덕이 향이 강하다. 그것이 바로 위와 같은 원리에서 비롯된다. 그런 이점이나 자연의 원리를 멀리하고 멀칭을 하는 것은 순전히 인간의 편의와 작물증산에만 목적이 있기 때문이다. 그런 작물은 병충해에도 약하고, 약초라고 하면 약리작용도 약하며, 증산을 할지언정 건강한 먹거리는 되지 못한다.

그러나 이러한 현상은 인간 세상에도 그대로 적용된다. 요즘 아이들은 어려서부터 다 큰 애가 될 때까지도 부모의 도움과 외부 환경의 차단 속에서 자란다. 오로지 남을 찍어 누르고 경쟁에서 살아남으라는 경쟁 사회의 원리만을 주입시키며 키운다. 아이를 사회라는 다양한 환경에서 적응시키는 것이 아니라 멀칭을 하여 온실 속에서, 부모의 손바닥 안에서만 크도록 보호한다.

사회의 구조가 그렇다. 교육환경이 그렇다. 경쟁 사회에서 몸소 경험한 부모들의 의식구조가 또한 그렇다. 그런 아이들이 향기를 지닐 리 없으며, 그런 아이들이 자기 스스로 몸과 마음을 지키며 살아갈 리 없다.

풀을 뽑으며 생각한다.

이번 여름 농사는 풀이 어느 정도 자란다 해도 내 몸을 너무 혹사하지 않으며 텃밭 농사를 지어보고자 결심한다. 풀이 좀 자라면 어떤가? 조그만 농사를 지으며 이윤을 생각할 리도 없고, 풀이 너무 많으면 그때 몸을 재게 놀리면 된다.

풀과 내가 거두어들이려는 작물이 앞서거니 뒤서거니 키를 재며 자라면 향기도 더 풍부해지고 작물도 더 튼튼하게 자랄지 모르지 않는가! 나는 그렇게 생각한다.

나는 아직 군자가 되긴 글러 먹었다

어젯밤에는 비와 바람, 그것도 강풍이 밤새도록 불었다. 어떤 때는 산속에서 뛰쳐나온 짐승이 울부짖다가, 또 어떤 때는 바위가 굴러오는 소리 같기도 하고, 그리고 또 어떤 때는 우지끈 나무가 부러지며 우리 집 지붕을 때리는 소리 같기도 하였다.

강풍이 부니 잠자고 있는 집이 들썩거리는 것처럼 마음이 불안해서 영 잠이 들 수 없었다. 온갖 상념이 머릿속을 떠나지 않았다. 일테면, 나무난로의 외부 연통이 잘 견뎌낼 수 있을까? 집 앞에 솟대를 세워 놨는데 그놈 만들 때 솟대 받침대와 솟대를 든든하게 결합시키지 않은 것 같았다. 그래서 혹시 강풍에 쑥, 빠져 날아가서 유리창에 부딪치지는 않을까? 등등…… 이런저런 걱정에 잠이 오지 않았다.

그렇다고 이 비바람 부는 캄캄한 밤에 밖에 나가볼 염도 내지 못했다.

그렇게 불안에 떨다가 새벽에 잠깐 눈을 붙이고 일어났을 것이다. 나는 얼른 옷을 주섬주섬 입고 밖에 나갔다. 연통은 잘 견디고 있는데, 묶어 놓은 철사가 헐거워져 뒤뚱거리고 있고, 다행히 솟대는 휘

청거리면서도 잘 버티고 있다.

그런데 꽃씨를 파종한 트레이는 봄이 왔어도 여기가 아직 추워 보온을 위해 비닐로 덮어 놓았는데 그 비닐이 훌러덩 벗겨져 날아가고, 농협에서 사다 놓은 퇴비를 덮은 비닐도 벗겨져 미친년 치맛바람 날리듯 정신이 사납다. 마당에는 숲에서 꺾여 날아온 나뭇가지들이 너저분하게 흩어져있고, 엊그제 심어놓은 벌깨덩굴의 줄기 하나가 꺾여 날아갔다.

한편 봄볕을 치마폭에 한껏 받아 안던 튤립의 모가지가 바람에 꺾여서 겨우겨우 견디고 있으니 너무 안쓰럽다. 꽃이 꺾이었으니 아직도 봄이 다 가려면 많이 남았는데 남은 봄날을 어찌할까? 비비추의 넓은 잎도 꺾였고, 원추리의 잎은 산발한 여인의 머리카락처럼 바람에 이리저리 흩날리며 어찌할 줄을 모른다. 정신을 차릴 수 없다.

그나마 밭에 작물의 씨를 파종했는데 씨가 발아하여 아직 눈곱만큼 밖에 고개를 내밀지 않아 아무런 피해가 없어 다행이었다.

아직도 바람은 거세게 불며 고목나무 가지가 세상이 흔들리듯 세차게 흔들린다. 비도 바람도 나무도 풀도 꽃도 모두 자연의 일부인데 나도 그 자연의 일부이지만 그 자연 속에 어울리지 못하고 단지 바람이 할퀴고 간 상처에 안쓰러워하고, 속상해하고, 우울해한다.

그들은 아마 서로에게 자연이 주는 시련쯤으로 생각할지 모른다. 하지만 나는 아직 자연에 동화되지 못하고, 그들의 이치를 이해하지 못하고 있나 보다. 그냥 있는 그대로 바람도 비도 나무도 꺾이어진 꽃도 자연의 역동적인 활동 속에 놓인 그대로임을 깨닫지 못하고 있다. 괜히 거기에다 어쭙잖은 사람의 감정을 이입시키다니!

나는 아직 군자가 되긴 글러 먹었다.

집의 의미

우리 집 뒤란으로 돌아 들어가는 곳에 벌집이 하나 생겼다. 축대 바위 조금 움푹 들어간 곳에 자리 잡았다. 홈이라서 비를 피할 수 있으니 그곳에 자릴 잡았나 보다. 아마도 꼬마쌍살벌인 거 같다. 사람이 드나드는 곳에 집을 짓고 있어 혹시나 벌에 쏘이는 위험이 있을 것 같아 저것을 없애버릴까도 생각했는데 이내 마음을 고쳐먹었다. 열심히 집을 짓고 있는 열성과 수고로움을 허무하게 무너뜨리고 싶지 않아서였다.

벌써 한 달은 넘게 벌이 집을 짓고 있다. 지금은 어린애 주먹만 한 크기로 지어졌다. 벌집을 짓는데 이렇게 시간이 많이 소요되나 의아해했다. 사실 벌집을 다 지은 완성체만 우연히 발견했지 벌집을 짓는 전 과정을 지켜본 건 처음이다.

처음에 벌집을 짓는 것을 발견했을 때는 벌이 한 마리밖에 보이지 않았다. 그런데 벌집이 좀 커져 있을 때마다 벌이 몇 마리씩 더 늘어나 있는 것을 보았다. 벌의 가족이 집을 지을 때마다 몇 마리씩 늘어

나는 이유를 모르겠지만 그들은 최선을 다해서 집을 짓는다. 집을 짓는 모습을 지켜보는 것도 초여름 이 산속의 즐거움 중 하나이다.

내가 이 집을 사서 내려온 지도 1년 조금 못 됐다. 처음에는 대지를 사서 내가 직접 지어볼까도 생각했다. 영월, 정선, 평창, 횡성 지역을 돌아보았지만 쉽게 발견되리라 생각했던 좋은 땅이 막상 발견되지 않았다. 좋은 땅이 쉽사리 발견되지 않았을 뿐만 아니라 직접 지어도 지어놓은 집을 사는 것과 비교하여 비용 차가 크게 나지 않을 것으로 생각하여 남이 지은 집을 찾다가 다행히도 한눈에 맘에 드는 곳을 발견한 게 이곳이다.

50 평생 내가 직접 돈을 벌어 산 집이 이 집이 처음이었으니 얼마나 좋았겠는가! 이 집도 애초 내가 꿈꿨던 만족스러운 전원생활의 공간은 아니지만, 그런대로 마음에 흡족했다. 다만 더 좋은 곳이 발견되면 옮겨갈지 모르겠다. 숲이 있고, 마당과 텃밭이 좀 더 넓고, 나의 생활을 타인으로부터 쉽사리 방해받지 않을 만큼 사람들과 적당히 거리를 둔 그런 곳이 나타나면 옮겨가서 내 남은 평생 살 곳을 꾸미고 싶은 마음이 있다.

어쨌든 이 집은 내 인생의 제2의 삶을 펼쳐주는 곳이라서 애착이 갈 수밖에 없다. 그러니 꽃도 심고, 텃밭 농사도 지어보고, 꽃나무, 과일나무도 심고, 하지 않는가!

사람에게 집은 여러 의미가 있다. 집을 부동산의 가치로써 말하려는 것이 아니다. 내게 집은 휴식을 주고, 떠돌아다니지 않을 만큼 그래서 안심하고 머무를 수 있는 정신의 안식을 주는 곳, 거기에 삶을 같이 할 수 있는 사람이 있다면 좋겠지만 여건상 그것을 허락하지 않는가 보다.

집은 가족을 이뤄 하나의 단위를 생성하고 생활을 같이 할 수 있는 최소한의 공간이다. 그러나 나는 그런 것은 이제 이룰 수 없는 꿈이 되었으니 집은 내 몸을 편안하게 쉬게 하고, 나의 정신을 건강하고 편안하게 쉬게 하여 마음껏 상상의 나래를 펼칠 수 있는 작은 우주 같은 곳, 가끔 그곳에 술을 사 들고 찾아오는 친구는 내 삶의 양념 같은 첨가사항이다.

벌들이 연일 비가 오는데도 열심히 집을 짓고 있다. 홈 속에다 집을 지었어도 비가 많이 오면 어쩔 수 없다. 비에 후줄근히 집이 젖고 있는데도 몸을 열심히 놀리고 있다. 머지않아 벌들은 거기에 애벌레를 낳아 기를 것이다. 그러고 보니 집은 가장 기본적인 기능이 비바람을 피하고, 후손을 낳아 안전하게 기르는 데 있는 거 같다.

새끼들이 자라 그 집을 떠날 때까지 그대로 지켜줄 테다. 내 신체적 위험, 또는 벌에 대한 공포가 있더라도 초여름 내내 애써온 벌들에게 경의를 표하며 또 그들의 삶을 지켜볼 것이다. 그것이 자연의 법칙을 거스르지 않는 것일지 모른다. 내가 그들의 집을 부술 권리가 없으니까. 이 집은 내 집이지만 그들이 내 공간에 들어와 지은 집이라도 그 집은 엄연히 그들의 것이니까. 내 노력으로 마련한 집이 소중하듯 벌들의 집도 역시 소중할 것이다.

이소(離巢)

아침에 일어나 텃밭에 풀을 뽑다가 발견했다. 여기저기 나뭇가지에 앉은 새들이 울고 야단이다. 한두 마리가 아니다. 자세히 살펴보니 새끼들 같았다. 둥지를 떠난 새 새끼들이다. 이소를 하고 있다. 어미 새가 주변에서 날아다니며 제 새끼들이 어서 날아오르기를 재촉하고 있다. 먹이를 물고 새끼에게 다가갔다가는 새끼가 다가오면 훌쩍 다른 가지로 날아가 버린다.

이소(離巢)는 새의 새끼가 자라 둥지에서 떠나는 일을 말한다. 둥지에서 태어난 새끼들은 어미가 물어다 주는 먹이를 받아먹다가 깃털도 자라고 몸집이 둥지를 떠나도 될까 싶을 때 어미는 먹이로 유인하여 새끼들이 둥지를 떠나게 한다.

새끼들이 두려워 둥지를 떠나지 않으려 하면 절대 먹이를 물어다 주지 않고 둥지를 떠날 때까지 계속 먹이로 유인한다. 혼자 떠날 세상이 두려울 것이다. 그러나 어미는 냉정하다. 새끼들이 둥지를 떠나 날아오르도록 먹이를 주지 않고 버틴다. 그러고 보면 새만이 아니라 자연계의 동물들은 모두가 그렇다. 어미가 새끼를 성체가 되도록 끼고 있는 것은 없다.

인간만이 그렇지 않은 것 같다.

나도 고등학교 때부터 부모 품을 떠나 살긴 했지만, 그것은 공부하기 위하여 고향을 떠나서 살게 된 것이지 경제적으로 독립한 것은 30줄 후반부터이다. 운명인지 어쩐지 모르는 일이지만 청년운동단체며 재야운동 연구소, 전교조 등의 여러 사회운동을 하면서 돈을 벌지 못했다.

더군다나 어려서 소아마비를 앓아 다리가 불편한 관계로 밥벌이는 더욱 어려웠었다. 한때는 취업을 하려 여기저기 일반회사에 면접을 봤지만, 번번이 낙방을 했기 때문이다. 그것이 부끄러운 일은 아니지만 그래도 고향에서 농사짓는 부모의 도움에서 벗어나지 못했으니 얼마나 불효를 저지른 것이며, 또한 나의 마음고생은 어떠했으랴!

나만이 그런 것은 아닌 것 같다.

우리 사회의 관습을 봐도 어린 자식들이 성인이 되어도 심지어 결혼한 자식까지도 끼고 사는 경향이 너무 심하다. 부모의 품을 떠나지 못하고 의존해서 살아가는 나약한 군상들이 너무 많아진 것이다. 물론 요즘 경제 상황이 더욱 안 좋아져 청년들이 독립하기 어려워진 측면도 있지만, 우리 사회의 인간들은 보편적으로 그렇다.

자식들이 어느 정도 공부하고 성인이 될 나이가 되면 집을 떠나 독립하도록 해야 하나 그렇지 못하다(그렇게 해야 하나의 개체로서 완전해지고, 독립적·창의적인 인간이 되며, 나아가서는 그 사회도 더 건강해질 텐데 말이다). 우리나라 재벌들도 2세, 3세에게 부를 대물

림하고, 일반 소시민들도 마찬가지로 자식에게 재산을 물려주어 자식들은 영원히 부모의 품에 빌붙어 산다.

인간들만이 어미로부터 먹을 것을 모두 받아먹고 더 많이 받아먹은 놈들은 아무 죄의식 없이 평생을 기름진 뱃가죽 두드리며 허비하고, 그 정도는 아닐지라도 대개의 인간들이 그저 부모의 피땀을 받아서 아무런 노력도 들이지 않고 소비하며 산다. 그런 사회가 건강할 수 있겠으며, 발전할 수 있겠는가? 우리 사회의 인간들은 이소라는 개념이 점점 더 희박해져 간다.

저 새끼 새들은 나뭇가지에 앉아 당분간은 더 어미의 먹이를 받아먹을 것이다. 먹이를 받아먹다가 날갯짓도 해보고, 날 수 있겠다 싶으면 창공으로 날아오를 것이다. 이 가지 저 가지 옮겨 다니며 다리의 힘도 기르고, 날개의 힘도 기를 것이다. 그리고 받아먹던 곤충이며 애벌레를 발견할 것이다. 그렇게 새들은 독립된 개체로 완전히 자랄 것이다. 아마도 며칠 후면 저 짹짹, 거리던 울음소리도 들을 수 없을 것이다. 새들의 이소는 독립을 의미하고 자연의 순리이니까.

고라니와 까마귀, 그리고 인간

나는 요즘 깜짝깜짝 놀라곤 한다. 펑펑, 대포 터지는 소리에 경기 들린 아기처럼 어둑새벽부터 잠을 깨곤 한다. 산골에 무슨 대포소리냐 할 것이다.

어느 날 서산마루 용마봉 쪽에서 남포 터지는 듯한 엄청난 소리가 들려서 산 너머에서 무슨 큰 공사가 벌어졌나보다 생각했다. 그 소리가 계속되고 있었다. 남포 터지는 소리가 날 때마다 웬 공사가 저리 오래가나? 라고만 생각했지 신경 거슬리는 소리가 까마귀 쫓는 소리리는 건 여러 날이 지나고 나서야 알았다.

이웃 사람과 차를 마시는 때에도 펑펑, 이따금씩 소리가 나서,

"산 너머에 무슨 큰 공사 벌어졌어요?"라고 물으니 무슨 뚱딴지같은 소리냐는 듯

"저거 까마귀 쫓는 소리예요. 꼭 대포 소리 같죠. 나도 가끔 깜짝깜짝 놀란다니까요."

"네? 저렇게 큰 소리가요!"

사실 까마귀 쫓는 소리로는 너무 과하다 싶은 도구로 이 골짜기 안을 온통 흔들어 놓고 있다. 마치 골짜기 안에서 전쟁이 터져 포 쏘는 소리같이 울려 퍼진다. 사방이 산으로 둘러싸인 분지 안이라 공명이 일어 더 그럴 것이다 생각되었다.

여기는 대포 소리 같은 폭음기만 사용하는 것이 아니다. 고라니나 멧돼지 같은 산짐승이 접근하지 못하게 하기 위하여 산밭 여기저기 둘레에는 전력선이 둘러쳐져 있는 걸 흔히 볼 수 있다. 위험 표시 팻말이 선명하게 걸려있는 흉측한 물건들이다. 주로 고랭지배추를 재배하는데 배추는 고라니의 손쉬운 공격대상임은 틀림없다.

"저 폭음기가 효과는 있어요?"

"아마도 처음에는 효과 있겠죠. 그런데 시간이 지나면 저것도 글쎄……."

효과가 없을 것이라는 말투다. 나도 처음에는 폭음기 소리에 경기 나도록 질겁했지만, 소리에 익숙해지다 보니 데면데면해지는 것으로 보아 까마귀도 단박에 알아채지 않을까? 더군다나 까마귀는 머리가 영리하기로 잘 알려져 있으니 말이다. 그래 너는 펑펑, 터져라. 나는 몰래 들어가련다, 하고 오히려 놀리면서 무시로 출입할지 모른다.

우리 마을에는 근처 숲에 까마귀가 많이 산다. 까마귀들이 평시에는 별다른 해를 끼치지 않는데 이곳에 사과 농사를 짓는 사람이 늘어나면서 사과가 익어갈 때 열매를 공격하는 사태가 벌어지는 것으로 보인다. 까마귀나 까치가 사과를 공격하는데 이놈들이 부리로 쪼아 놓기라도 해서 흠집을 내면 그 사과는 내다 팔지 못하기 때문이다.

고라니도 문제다. 고라니가 산속에서 살지 않고 인간의 영역을 넘보는 일이 잦아지다 보니 인간과 고라니 간에 전쟁 같은 긴장이 조성되고 있다. 고압의 전력선을 밭마다 무슨 성벽을 쌓아놓듯 둘러쳐 놓으니 사람에게도 위협이요, 고라니나 멧돼지 같은 산짐승들에게도 위협이다. 파란 배추밭에 저마다 흉측한 마음의 벽을 쌓아놓은 꼴이다.

그러나 다시 생각해보면 산자락 여기저기 파헤쳐 집을 짓고, 밭을 만들고 점점 산의 영역이 사라지고 있는 것을 보면 이곳이 과연 인간의 영역이었나 싶다. 오히려 고라니의 영역을 인간이 야금야금 침범하여 이제는 인간이 주인행세를 하는 꼴 아닌가! 마치 옛날 스페인 군대나 영국 이주민들이 마야나 잉카인, 인디언들을 내쫓고 아메리카를 점령하여 주인행세 하는 거와 하등 다를 바가 없다.

내 어려서 고향 아산에서는 인간이 짐승과 싸우는 것을 경험한 것은 참새를 쫓는 것이 전부였다. 그곳은 평야 지대다 보니 까마귀나 고라니 같은 짐승들이 없었다. 새를 쫓기 위하여 허수아비를 세워두고, 그것이 효험이 없자 벼가 익을 때쯤이면 밤이고 낮이고 나가 찌그러진 냄비 등을 들고 두드리곤 했던 것이 전부였다.

그러나 이곳은 많이 달랐다. 까마귀가 떼로 덤벼들고, 고라니 몇 마리만 침입해도 한 해 농사는 망친다고 한다. 그러니 공존의 생태계라는 말은 이곳 농촌의 농부들에겐 공염불이다. 그들의 생계가 달린 일이기 때문이다. 그렇다고 까마귀나 고라니가 알아서 밭을 침범하는 것을 스스로 그만두지는 않을 것이다. 그들도 먹기 위해서 계속 발걸음을 할 테니까. 안타까울 뿐이다.

이러한 긴장 관계는 인간이 욕심을 버리지 않는 한 사라지지 않을 것이다. 우연히 방송에서 '인간극장'이라는 프로그램을 보는데 경북 어느 산골에서 콩 농사를 짓는 노인의 말이 흘러나왔다. 콩이 자라는 우듬지 연한 부분만 산짐승들이 뜯어 먹었다. 노인에게 방송작가가 물었다.

"속상하지 않으세요?"

"무척 속상하지. 왜 안 그렇겠어. 그렇지만 어떻게 하겠나. 이 밭에서 콩 3킬로그램 생산한다고 하면 내가 1킬로 먹고, 산짐승들이 1킬로 먹고, 또 벌레들이 1킬로 먹으면 돼."

깊게 패인 주름진 얼굴에 쓸쓸함과 따뜻함이 동시에 있었다. 이렇게 마음을 먹기까지 많은 시간이 필요했을 것이다. 많이 포기한 끝에 나눔의 마음이 자리 잡은 것이다.

그만큼 어려운 것이다. 욕심을 부리지 않고 살기가. 그러니 이곳 농부들에게 '나누면서 살아야 해요'라고 쉽게 말하기 어려운 이유가 거기에 있다. 그러나 이것만은 확실하다. 고라니가 터전을 잃어버리고 살 수 없을 때, 까마귀가 먹을 것이 없어 어디론가 날아가 버릴 때, 그리도 기를 쓰고 지키려던 인간의 삶터도 함께 없어지리라는 것을. 하지만 그것을 깨달을 때는 이미 돌이킬 수 없을지 모른다.

숲속을 바라보다가

우리 집 옆에 숲속을 바라보다가 생각에 잠겼다.

오리나무와 가래나무가 하늘을 찌를 듯 멀대같이 서 있고, 물가 버드나무는 봄에서 여름으로 가는 사이 하얀 정충을 뿌려 주변 하늘이며 숲속을 하얗게 날아다니며 뒤덮는다. 그 정충은 사람에게 알레르기를 유발하며 괴롭히다가 이파리 무성하게 언제 그랬냐는 듯 무심하다. 야광나무는 하얀 꽃이 달밤에 하얀 젖무덤을 드러낸 듯 달빛과 함께 시샘하며 부끄러운 줄 모르고 자랑하다가 언제 그랬냐는 듯 새침 떨고 있고, 왕사스래나무는 피부가 왕버짐 핀 것 마냥 거칠어 가려우니 긁어달라는 듯 새를 부른다.

오미자와 다래는 오리나무를 칭칭 감아 숨을 못 쉬게 옥죄고 있고, 그 밑에 딱총나무(접골나무)며 고광나무, 졸참나무, 붉나무들이 자라고, 또 그 밑에 키 작은 싸리나무며 초피나무, 두릅나무들이 한 자리씩 차지하고, 가시로 접근금지라고 경고하며 덩굴을 벋어가는 산딸기는 이 땅이 모두 자기 땅인 양 마구 줄기를 넓혀가고 있다.

그뿐인가!

나무들 아래 물봉선화와 배초향이 군락을 이루고, 개미취, 졸방제비꽃, 콩제비꽃, 개망초, 구릿대, 양지꽃, 초롱꽃, 더덕, 미나리냉이, 지칭개 등속들이 저마다 얼굴을 보여주기 위해 철마다 방긋 웃고, 고비, 중관 이놈들은 그늘진 숲속에서 자라며 양치식물이 무성한 고생대 데본기나 석탄기쯤으로 착각하게 한다. 그리고 바랭이, 방동사니, 억새 같은 것들, 온갖 이름 모르는 풀들이 땅에 뿌리박고 살아간다.

저들은 모두 제 자리만을 지키고 위와 아래, 하늘과 땅, 그늘진 곳과 햇볕 잘 드는 곳, 물가와 메마른 곳을 가려 자기 자리를 차지하고 저마다 생을 유지한다. 여기에 예외가 있다. 오미자와 다래는 나무를 타고 올라가 타고 오른 나무를 오히려 죽인다. 의도되지 않은 살목(殺木)일 것이다.

나무와 풀과 꽃들은 서로 무심하다. 물론 좁은 공간 안에서 살아남기 위하여 그늘은 엄청난 경쟁을 할 테지만 시간이 지나 보면 제 각각 자기 자리에서 살아남아 있다. 이렇듯 천지 만물은 서로에게 무심하면서 또한 배려해준다. 공존이며 공생인 것이다.

그래서 노자는 天地不仁, 以萬物爲芻狗라고 했던가!

천지는 인자하지 않아 만물을 풀강아지 인형으로 여긴다는 뜻이다. 자연은 무심하고 무한히 공평하여 누구에게도 편애하지 않고 나고, 살고, 죽는 것에 대하여 간섭하지 않는다. 있는 그대로 놓아둔다는 것이다. 그것을 천지는 仁하지 않다고 표현했다.

숲속을 바라보며 숲속의 식물들의 이름 하나하나를 불러보고, 비바람 치던 여름을 이기고 이제 결실을 맺게 될 가을까지 견디어 온

저 자연들에게 경의를 표한다. 나는 저들 품격의 절반, 아니 풍진의 한 줌만큼도 따라가지 못함을 한탄한다.

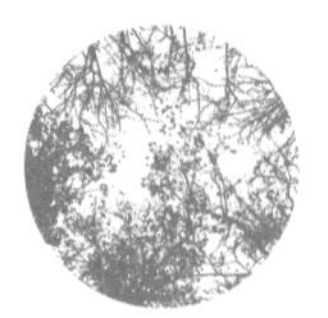

씨앗의 인문학

올봄에 씨앗을 조금씩 사서 집 안팎 여기저기 파종하고 심었다. 씨앗을 트레이에 파종하고 물을 주니 싹이 터 나오는 것이 여간 신기한 것이 아니었다. 그래서 나는 매일 아침이면 나가 아기 다루듯 분무기며 물뿌리개로 물을 주고, 아기 보듯 살며시 보듬어 살펴보고, 쓰다듬어 보기도 하고, 또 그 모종들이 이식할 만큼 자라서는 봄철 내내 꽃밭에 옮겨 심었다.

여름이 올 때까지 비가 제때 오면 걱정이 없지만, 비가 오지 않으면 나는 모종들이 말라 죽을까 봐 노심초사 고무호스를 끌고 다니며 물을 주었다.

그런 노력의 결과였나!

봄부터 여름, 가을까지 우리 집 꽃밭에는 꽃들이 피고는 지고 또 피었다. 원추리, 매발톱꽃, 부처꽃, 도라지꽃, 붓꽃, 패랭이꽃, 감자난초, 큰꿩의비름, 투구꽃, 참나리, 졸방제비꽃, 콩제비꽃, 은방울꽃, 이베리스, 꽃양귀비, 미모사, 멜란포디움, 끈끈이대나물, 가자니아, 토레니아, 초롱꽃, 붉은 아마, 브로왈리아, 아게라텀, 기생초, 종이꽃, 백일홍, 미니백일홍, 당아욱(말바), 풍접초, 구절초, 노랑데이지, 벌노랑이, 벌개미취, 개미취, 민들레, 비스카리아, 수염패랭이, 마가렛, 샤스타데이지, 말로페, 로단테, 디모르포세카, 수레국화, 톱풀, 달리아, 벌깨덩굴, 섬초롱꽃, 새깃유홍초, 비비추, 나팔꽃, 삼잎국화, 잔대, 천남성, 자주달개비, 서양장구채 등등…….

그리고 바로 옆 숲에는 저절로 자라 계절을 장식하던 배초향, 물봉선화, 양지꽃, 더덕꽃, 오미자꽃, 다래꽃, 망초꽃, 쑥부쟁이, 엉겅퀴, 미나리냉이, 고광나무, 야광나무 등등 다 셀 수가 없다.

가을이 가까워져 오니 하는 일이 생겼다.

처음에 꽃씨를 사서 심을 때 종류마다 약 2~30알씩 사다 심었는데 그 꽃씨들이 불어나 그때에 비하면 엄청난 양의 꽃씨들을 수확하고 있으니, 마치 갑자기 부자가 된 듯한 뿌듯함을 숨길 수 없다.

꽃씨들을 채취하면서 꽃을 바라볼 때와는 다른 감흥이 있다. 꽃이 질 때는 그 추함이란 이루 말할 수 없다. 화려함의 극치랄 수 있는 꽃의 전성기는 아름다운 색깔도 색깔이지만 파릇한 젊음이 더 미를 발하게 한다. 그러다 꽃잎이 시들고 한잎 두잎 떨어지고 말라버릴 때는 그 추함이란 마치 죽음을 앞둔 인간의 모습과 다르지 않다. 그러나 꽃은 그 추함 끝의 죽음을 통해 새로운 생명을 달아놓고 꽃잎은 말라 비틀어진 채로 바람에 흩어져 사라진다.

여러 종류의 꽃씨를 채취하면서 나는 신비함에 몸을 떨었다. 미처 알지 못했던 번식을 위한 갖가지 방식들을 발견하였기 때문이다. 꽃들은 각각의 모양과 방법으로 씨앗을 보존했다가 누구의 손에 닿을

세라 터뜨려 순식간에 사방으로 퍼뜨리거나, 또는 새에게 먹혀 멀리 옮겨 똥을 싸게 하거나, 날개를 달아 바람에 날아가거나 아니면 지나 다니는 사람이나 짐승의 몸에 붙어 옮겨가거나 한다.

씨앗들은 그래서 자기들의 번식방법에 최적화해서 씨방을 만들고, 날개도 달고, 크기도 어떤 것은 먼지같이 작고, 어떤 것은 좁쌀알만 한 것도 있고, 콩알만 한 것도 있고, 갈고리 같은 모양의 씨앗도 있다.

그 작은 씨앗이 싹을 틔우고, 이런저런 모양의 줄기를 키우고, 잎을 만들고, 꽃을 피워 다시 다음 세대를 준비하는 씨를 만들고 끊임없이 세대를 반복한다. 그 작은 씨앗 하나가 땅에 떨어져 자라서 수십 수백 배로 불어 후손을 퍼뜨린다. 그 작은 씨앗 하나에 모든 정보를 간직하여 형질을 이어가면서 말이다.

그리고 자연을 장식하고, 에너지를 주고받고, 생명을 유지하도록 돕고 받는다. 씨앗은 모든 생명의 근원을 담고 있다. 그리하여 세대를 이어가기 위하여 끊임없이 씨앗을 생산한다. 그것이 우주의 섭리이고 자연의 법칙이며 신비함이다.

인간의 씨앗은 무엇일까?

물론 인간도 씨앗이 있어 후손을 낳고 형질을 받은 자식이 인류의 세대를 이어간다. 그러나 나는 그런 생물학적인 씨앗이 인간의 진정한 씨앗이라고 보지 않는다. 인간도 식물들과 같이 자연의 산물이고 반드시 죽어야 하는 한계를 가진 피조물이지만 식물의 씨앗이 하는 일과는 다른 인간의 씨앗이 하는 일이 있다.

인간은 정신의 산물을 끊임없이 생산해낸다. 기록이 그렇고, 몸으로 체득하여 후손에 전해주는 문화의 경험이 그렇다. 그러한 기록과

문화는 수없이 변주하여 다양한 정보를 축적하고 새로운 씨앗을 준비한다. 바로 인간의 씨앗은 끊임없이 생산해내는 이러한 정신의 산물이다. 그리하여 그것이 후세에 전하여 인간세계를 보존한다고 믿는다.

다람쥐는 어떻게 사는가?

봄이 왔다.

그러나 우리 자작나무골은 아직도 밤에는 영하로 떨어지니 봄을 실감할 수 없지만, 앞마당에 다람쥐가 나와 폴짝폴짝 뛰어다니니 봄은 왔는가 보다. 며칠 전부터 다람쥐가 나와 두리번거리며 여기저기 뛰어다니는 것을 봤다. 봄이 됐으니 그러려니 했는데 자세히 살펴보니 볼주머니에 잔뜩 무엇인가를 물고 사라진다.

어느 날 나도 마당에 나와 봄볕을 쬐고 있었다. 숲속으로 시선이 간 순간, 다람쥐가 숲속 나무 밑에서 갈잎을 뒤져 도토리를 찾고 있는 것을 발견했다. 그런데 저절로 땅에 떨어진 도토리를 찾고 있는 것이 아니라 땅을 뒤져 도토리를 볼주머니에 채워 물고는 자기 굴로 돌아갔다가 다시 돌아와 또 도토리를 물고 가는 것을 반복하는 것이었다. 겨우내 굴속에서 지내다가 이제는 봄이 되어 밖으로 나와 먹을 것을 찾아 나르는 것이다.

다람쥐는 내가 알고 있는 상식으로는 겨울잠을 자지 않고 가수면 상태에서 다람쥐 굴에 먹이를 저장해놓고 그걸 먹으며 겨울을 난다고 알고 있다. 그런데 봄이 될 때쯤이면 그 저장해 놓은 먹이가 떨어질 것이다. 그럴 때 자기가 굴이 아닌 다른 곳에 저장해 놓은 먹이를 찾아 먹이가 떨어져 가는 이른 봄에 찾아 나서는 게 아닌가 생각한다.

때때로 다람쥐가 도토리를 저장해 놓은 곳을 잊어버려 엉뚱하게 사람이 횡재하는 경우도 있지만 어쨌든 다람쥐는 먹이를 저장해 놓는 습성이 있다. 동물 중에 이렇게 먹이를 저장해두었다가 먹는 놈은 내 상식으로는 다람쥐 종류가 유일하지 않은가 싶다. 그렇다고 무한정 욕심부리지는 않는다. 이른 봄 먹이가 부족할 때를 대비해서 자기 굴 이외의 곳에 저장해 두었다가 찾아 먹는 것이다.

그러나 사람은 어떤가?

사람은 먹을 만치도 아니고 무한정 쌓아놓으려고 하는 본능(?)을 가지고 있다. 먹이도 그렇고 돈도 그렇다. 그렇게 많이 쌓아 놓아야 풍족하게 살고, 권위도 세우고, 남도 업신여길 수 있으니 사람이야말로 유일하게 욕심이 넘치는 존재다.

자본주의는 바로 이런 욕심에 기반하고 있지 않은가. 거기에서 탐진치(貪瞋癡)가 비롯되는 것이다. 모든 욕심과 노여움과 어리석음이 거기에서 발생한다.

불교사상에 방하착(放下着)이라는 말이 있다. 즉 모는 것을 내려놓고 비워라, 라는 말이다. 불교뿐만이 아니라 동양사상의 근저에는 이런 뜻의 원류가 흐르고 있다. 모든 번뇌가 욕심으로부터 발생하고 갈등도 싸움도 욕심으로부터 발생한다. 그러니 번뇌에서 벗어나려면 모든 욕심을 내려놓고 마음을 비우라는 것이다. 그러나 자본주의 사회에서 방하착을 실천하기란 얼마나 어려운가!

하지만 오늘 저 다람쥐가 오늘의 일용할 양식을 저장해두었다가 단지 먹이가 부족한 이른 봄의 배고픔을 해결하기 위하여만 욕심을 부리는 것은 다람쥐의 습성을 떠나 많은 것을 생각하게 한다.

사람도 다람쥐처럼 필요한 만큼만 양식을 취하고 욕심을 부리지 않으면, 그리고 다람쥐처럼 먹이가 풍족해지는 여름부터 다시 도토리를 줍듯이 사람도 욕심부리지 않고 소박하게 살면 얼마나 좋을까 생각해본다. 사람도 먹고 살만치 식량을 저장하고 겨울 그리고 봄을 지내다가 여름에 농사를 지어서 다시 식량을 생산하는 것으로 안분지족(安分知足)의 삶을 산다면 마음만은 편안하게 살 것 같다. 다람쥐가 참 현명하게 산다.

텃밭의 끈끈이대나물

어제 소나기가 왔다.

요즘 너무 가물어서 소나기 한줄금이라도 얼마나 고마운지 모른다. 비가 와서인지 텃밭에 풀이 우후죽순이다. 비 온 뒤끝이라 그냥 놔두면 풀로 덮일 것 같아서 아침부터 밭에 나가 풀을 매기 시작했다.

바랭이며 방동사니, 괭이밥, 돌나물, 오이풀, 개망초, 지칭개, 쑥, 띠풀, 그리고 방가지똥, 민들레며 가새씀바귀, 고들빼기, 그리고 버드나무 싹들까지 온갖 것들이 바로 이때다 싶게 마구 하늘을 바라보고 고개를 쳐들었다.

고랑을 따라 풀들을 뽑는데 못 보던 것이 보였다. 자세히 보니 꽃밭에서나 볼 수 있는 끈끈이대나물이 텃밭에서 싹을 틔웠다. 이놈은 야생화라서 씨가 날아다니며 번식을 잘한다.

나는 풀을 뽑는 손을 재게 놀리다 문득, 멈췄다. 이놈을 뽑아야 하나 말아야 하나 고민이 얼핏 머릿속을 스쳐 갔다. 텃밭에 나고 있으니 이놈도 잡풀로 취급해 뽑아버려야 하나? 아니면 꽃을 보려 그냥 놓아두어야 하는지 잠시 망설여졌기 때문이다. 그러다 에라 모르겠다, 하고 뽑아 버렸다.

그런데 뽑아놓고 생각하니 너무 성급했나? 하는 후회가 잠깐 스쳐갔다. 이놈이 꽃밭에서 났으면 대접받고 잘 살 텐데, 텃밭에서는 작물로 취급받지 못하니 그냥 한낱 잡풀로 여겨 뽑혀버리는 신세가 된 것이다. 꽃도 위치나 상황에 따라 이렇게 다른 취급을 받는구나! 아니 내가 그런 취급을 하면서 쉽게 생각하고 살고 있구나! 라는 후회 말이다.

사람도 마찬가지다.

사람이 어떤 위치에서, 어떤 상황에 처해 있느냐에 따라 다른 취급을 받는다. 사람이라는 본질은 변하지 않는데 그 사람이 처하고 있는 위치, 또는 계급에 따라 달리 취급하고 대접해준다. 능력도 출중할 거라 착각한다. 아니면 형편없을 거라 지레짐작한다든지.

나도 그런 삶을 살아왔을 것이다. 사람의 직위나 돈이 있고 없음에 따라 지나치게 과대평가하거나, 아니면 무시하고 존중하지 않으려는 허상 속에 살아왔을 것이다. 사람을 사람 그 자체, 본질로서 보지 못하고 말이다.

끈끈이대나물이 꽃밭에서 자라건 텃밭에서 자라건 그건 끈끈이대나물이다.

그것이 텃밭에서 자란다고 잡풀은 아닌 것이다. 물론 잡풀이 따로 있는 것은 아니지만(잡풀도 다 각각의 이름이 있다.) 어쨌든 그것은 순전히 사람의 편견으로 잡풀로 취급한 것이다. 사람이나 풀이나 나무나 모두 겉모습의 처해진 위치나 껍데기를 보지 말고 본질적인 모습을 꿰뚫어 보는 혜안이 필요함을 새삼 깨달았다. 텃밭의 끈끈이대나물이 오늘 내게 굵은 회초리가 되었다.

산비둘기의 교미와 섹스에 대한 대화

얼마 전인가?

비가 푸른 대나무 줄기처럼 주룩주룩 오는 날이었습니다. 이웃집에서 마침 점심 식사를 같이 하자 하여 내려갔는데 밥을 기다리며 비가 오는 바깥 풍경을 멍하니 바라보고 있었습니다. 숲속의 상수리나무에도, 층층나무에도, 산뽕나무, 화살나무, 병꽃나무, 다래 덩굴 그리고 두릅나무, 자작나무에도 똑같이 비가 내리고 있었습니다.

비가 참 거룩하게도 오신다, 생각하고 있는데 길가를 지나는 전선 위에 두 마리의 새가 날아와 앉았습니다. 무슨 새인지 보려고 하는데 새들이 비를 맞으며 나란히 앉아 낯 뜨거운 장면을 연출하고 있는 겁니다. 수컷이 암컷의 옆에 바싹 다가붙더니 암컷의 목덜미를 애무하듯 부리로 비비는 것이었습니다. 암컷은 그것을 즐기는 듯 고개를 외로 꼬아 수컷에게로 향했습니다. 그윽이 수컷을 바라보는 듯했습니다.

그렇게 둘은 몇 분, 아니 짧은 순간이었을 겁니다. 지켜보는 내 마음이 조마조마해서 시간이 많이 흘렀다고 느껴졌겠지요. 아, 그런데 이상한 장면입니다. 마치 사람이, 남녀가 키스하듯 암컷이 수컷의 부리에 자기 부리를 집어넣듯 입을 맞추는 것이었습니다.

TV에서 새들의 교미 장면을 많이 보아왔습니다. 대부분은 수컷들이 암컷에게 맘에 들기 위하여 온갖 화려한 교태를 부리거나, 아니면 먹이를 물어다 주면서 자기의 부양 능력을 과시하는 것으로 교미 전 단계가 시작됩니다.

그런데 이 새들은 마치 오래된 애정을 과시하듯 애무도 하고, 입맞춤까지 하는 것이었습니다. 참, 별일도 다 있다고 생각하는 순간 수컷이 암컷의 등에 올라탔습니다. 짧은 순간 우주의 안에서 부르르 떨리는 교합을 끝내고 내려앉았습니다. 얼마나 성스러운 장면인지는 모르겠습니다. 어쨌든 남의 섹스 장면을 엿보면서 적어도 치기 어린 눈으로 보진 않았으니까요. 교미 장면을 지켜보는 우리도 숨을 죽였습니다. 마치 우리가 섹스를 하다 새들에게 들킨 것처럼 부끄러웠습니다. 교미를 끝내고 이내 그들도 부끄러웠는지? 아니면 자신들의 교미장면을 들켰다고 생각했는지 후다닥, 숲속으로 날아갔습니다.

그 순간 나는 의문이 들었습니다.

저 새들이 교미하는 지금 시점이 여름도 한참인 중복도 꽤 지난 시기였기 때문입니다.

"이상하다. 새들이나 곤충들은 대개 이른 봄에 교미하잖아. 왜냐하면 먹이가 풍부한 여름에 새끼를 낳고 기르기 위해서만 교미를 하잖아. 그런데 저 새는 여름이 한창인 지금 왜 섹스를 하지?"

사실 일반적 상식으로는 인간만이 섹스를 즐기는 것으로 알고 있어 번식기가 지난 시기에 새가 섹스를 하고 있는지 의문이 들어서입니다.

“아이고, 형님. 이상할 거 없어요. 내가 옛날에 닭을 키우면서 보니, 닭들도 시기 없이 교미하던데요? 걔들도 조류잖아요?”

이웃집 동생이 별로 이상할 게 없다며 하는 말입니다.

“어! 그렇긴 하네. 그래도 이상하잖아. 보통 짐승들이나 자연에 순응해 사는 것들은 일정한 시기, 즉 새끼를 키우기 유리한 시기를 택해 교미를 하는 것으로 알고 있는데, 저 새는 지금 교미를 하고 있으니……”

잠시 생각을 하다 내가 뜬금없이 말을 건넸습니다.

“그럼 닭들도 섹스를 즐기는 건가? 그렇지 않고서야 계절 없이 섹스를 하나?”

“그렇긴 하네요. 그런데 닭은 수시로 수탉이 암탉을 올라타요. 하하하.”

나도 정확한 기억은 아니지만, 닭이 닭장 안에서 수시로 수탉이 암탉을 쫓아다니는 것을 본 적이 있었습니다.

“그게 사실이라면 자연에서 사는 동물이나 곤충들은 자연의 순리에 따라 섹스를 오직 번식을 위해서만 하는데, 왜 닭장 안의 닭은 수시로 섹스를 하는 걸까? 사람이야 번식의 두려움이나 공포로부터 벗어났기 때문에 섹스를 쾌락의 목적으로 한다고 하지만 닭은 그런 공포로부터 벗어난 것이 아닌데도 수시로 교미를 하는 거지?”

“글쎄요. 그럼 인간처럼 먹고살기 좋아지고 번식이나 그런 새끼 키우는 두려움에서 벗어났을 때 섹스 그 자체를 즐긴다고 보면 우리가 키우는 닭도 그렇지 않을까요?”

"아, 그럴지도 모르겠네. 우리가 키우는 닭은 먹이 걱정 없이 살고, 새끼 키우는 걱정도 없을 테니……."

"그래서 닭들이 그렇게 시도 때도 없이 섹스를 하나?"

우리는 확인되지 않은 지식을 동원하여 동물들의 섹스에 대하여 나름대로 해석을 내놓았습니다. 그렇다면 인간도 환경의 변화와 그에 따른 진화의 결과로 섹스를 자손의 대를 잇는 생식용만이 아니라 쾌락의 목적으로도 발전시켜 왔던 것일까? 아마도 원시 인류는 자연의 일부로 살아야 하는 엄혹한 환경에서는 동물들과 마찬가지로 섹스를 번식 이외의 용도로, 즉 쾌락만을 위한 섹스는 매우 두려웠을지 모른다는 생각을 했습니다. 원시 환경에서는 아이를 낳는 것도 죽음을 각오해야 하고 또한 먹이 환경이 너무 열악했으므로 섹스를 즐긴다는 것은 상상할 수 없었을 것입니다. 그러나 차츰 자연을 거스르고, 자연에 순응하여 살기보다는 인간의 의지로써 더 안락한 생활을 영위할 수 있을 때부터 섹스는 동물보다는 번식과 육아의 공포로부터 더 자유로워지면서 섹스를 즐기게 됐을지 모릅니다. 유추하여보면 닭들도 인간에 의해 길러지면서 그렇게 진화해왔는지도 모릅니다. 그래서 닭들도 섹스를 즐기는 걸까?

"그러면 동물들도 모두 환경이 좋아지면 섹스를 쾌락으로 즐기겠네요? 먹이 환경만 좋아지면 그들도 수시로 섹스를 해서 새끼를 키울 수 있을 테니까요. 그럼 세상이 온통 동물들로 뒤덮이겠는데…… 사람이야 의료나 기술이 발달해서 아이를 조절해서 낳을 수 있지만, 동물들은 그렇지 않을 거 아니에요. 생기는 대로 낳을 테고……."

"그게 그렇게 되나! 하하하."

"그러면 저 새도 그래서 시도 때도 없이 섹스를 하는 건가? 우리나라도 아열대 기후로 바뀐다잖아. 그러면 먹이 구하는 것도 예전처럼 어렵지 않을 테고……."

어쨌든 우리는 때 아닌 섹스에 관한 담론을 진지하게 나눴습니다. 인간이 환경이 좋아져 섹스를 쾌락의 도구로 일삼게 되었는지 정확한 지식은 없지만 나름대로 추론하여 이야기를 나누어본 바로는 일리가 있다고 생각했습니다.

그런 일이 있은 후 나는 집에 돌아와 인터넷 지식백과 검색을 통하여 안 사실이 몇 가지 있습니다. 그 새가 바로 산비둘기(멧비둘기)였고, 일부일처 생활을 하며, 일 년에 4~5차례 번식을 한다는 것이었습니다. 그렇다면 산비둘기의 교미 행위에 대한 의문은 풀린 것입니다.

그리고 유인원이나 침팬지 등은 암컷 하나가 여러 수컷과 교미한다는 사실도 알았습니다. 추정키로는 그러한 행동이 수컷 모두에게 교미를 함으로써 누구의 새끼인지 불분명하게 하여 후일 새끼를 낳았을 때 다른 수컷으로부터 죽임을 당하는 것을 방지하기 위한 행동이 아닌가 하는 학설입니다.

하긴 인간도 티베트에서는 일처다부제의 관습으로 살아간다고 합니다. 즉, 장남이 여자와 결혼하면 그 여자는 시동생과도 결혼생활을 같이한다고 하니 단순히 문화의 다양성만으로는 설명할 수 없는 사실입니다. 인류는 보통 일부다처제 또는 일부일처제가 보편적 가족생활이고 성생활이었습니다. 그런데 티베트 사람들과 같이 일처다부제가 유지되는 것을 보면 문화관습이라기보다는 워낙 척박한 환경과 전쟁 등으로 인한 자연 그리고 사회 환경의 적응에서 그러한 관습이 정착되었다고 봄이 타당할 것 같습니다.

엉뚱하지만 산비둘기의 때 아닌 교미 행위를 통해 섹스에 대하여 생각해보았습니다. 섹스도 환경에 지배받아 발전된 진화의 산물이 아닌가 말입니다.

상수리나무의 해거리

우리 집 앞에는 커다란 상수리나무가 있습니다. 그늘을 만들어 달라 심어 놓은 고목이지요. 작년에는 상수리가 많이 달려 심심찮게 이웃집 아주머니들이 상수리를 줍기 위하여 우리 집을 찾아오곤 했는데…….

벌써 새로운 가을이 도둑놈 발자국 띄듯 나도 모르게 내 발치까지 다가와 있습니다. 그런데 상수리나무를 가만히 들여다보니 올해는 상수리가 예년과 달리 눈에 띄게 상수리가 달리지 않은 겁니다.

이상하다, 이상하다, 무엇인가를 잃어버리고 찾는 사람처럼 머릿속에 그 생각이 떠나지 않고 있는 때에 우연히 만난 이웃 아주머니에게

"올해는 우리 집 상수리나무에 열매가 거의 안 열렸어요?"

그냥 지나가는 말투로 굳이 대답을 듣겠다는 의도도 없이 말을 건넸는데,

"그러게요, 여기 주변 도토리나무가 다 그런가 봐요. 올해는 도토리묵도 못 해 먹겠는데요!"

나는 의외다 싶었습니다. 우리 집 상수리나무만이 아니었던 것입니다.

우리 동네에는 밭이 많은데 고랭지배추나 더덕을 많이 재배합니다. 더덕을 재배하는 경우에는 3년을 키우고 수확을 하고 나서 그 밭에는 다시 더덕을 재배하지 않습니다. 더덕이 땅의 양분을 모두 빨아먹어 다시는 더덕이 잘되지 않기 때문에 다른 작물을 키우는 거지요. 이렇게 더덕과 같이 이유가 있어서 해거리를 하는 경우는 보았어도 상수리나무가 해거리를 한다는 것은 들어본 적이 없으니 이상할 노릇입니다.

해거리는 빨아먹을 양분이 부족하거나 가뭄이 든 때에 자연 생명의 원리에 따라 순응 또는 적응하기 위하여 해거리를 한다고 하네요. 그리하여 스스로 자기 조절능력을 발휘하여 열매를 달지 않는 거지요. 그러나 여기 상수리나 도토리나무들은 특별히 올해만 양분이 부족하다거나 가뭄이 든 적이 없었기에 더 이상한 것입니다. 올해는 이른 봄에 비가 오지 않아 가뭄이라고 했지만, 여름내 비가 그렇게 자주 왔으니 가뭄이 들었다고 할 수도 없습니다.

우리 집 상수리나무가 해거리 하는 이유를 골똘히 생각하다가 일본의 어느 생물학자가 개미를 관찰한 논문을 발표했다는 기사를 접한 적이 있습니다. 그에 의하면 개미집단이 건강하고 지속 가능하게 유지되는 이유를 이상한 가설로 증명해 보인 것입니다. 개미는 매일같이 일만 하는 일개미만 있는 것이 아니라 베짱이같이 놀고먹는 개미 부류가 있어서 개미사회가 유지된다는 것입니다. 일만 하는 개미부류는 어쩐 일인지 스트레스를 받아서 개미사회가 축소되는 반면에 일하는 개미도 있고 소위 놀고먹는 개미들이 같이 있는 개미 부류는 더 건강하게 유지되었다는 겁니다. 우리가 생각하는 일반적 상식과는 거리가 있는 연구결과가 나온 셈입니다. 그렇게 관찰하여 입증했다니 믿을 수밖에요. 그 연구결과가 맞고 안 맞고를 떠나서 일견 수긍 가는 측면이 있어서 참 신선한 연구결과구나, 하고 기억에 남은 적이 있습니다.

오늘날 인간사회가 정보화시대를 넘어서 이제는 인공지능에 의한 4차 산업혁명을 논하는 단계에 이르렀습니다. 그 이전 시대에는 케이지 같은 공장에 앉아 죽어라 일하고 생산하는 것이 인간의 역할이었습니다. 그러나 이미 정보화시대부터 인간의 단순노동이 부가가치를 창출하는데 한계를 보였습니다. 더욱 더 창의적이고 남들이 미처 생각하지 못하는 기발한 생각, 역할을 하도록 요구받았습니다. 이제는 그런 인간의 역할이 필요 없을지도 모릅니다. 앞으로는 단순노동뿐만 아니라 고도로 전문화된 역할까지 인공지능이 맡아서 할 수 있을 테니까요.

그런데 여기서 정보화시대를 이끌어가던 리더들이 일관되게 말한 것이 있습니다. 인간이 창의적 역할을 하기 위해서는 반드시 휴식이 필요하다는 것입니다. 기발한 아이디어나 창의적인 생각을 내놓으라고 아무리 닦달을 해도 인간에게 휴식이 주어지지 않은 상태의 노동 추구는 별무소용(別無所用)이라는 것입니다. 사실 나도 글을 쓰는 사람으로서 글이 써지지 않을 때 무작정 자판 앞에 머물러 있는 것보다는 모든 것을 덮고 다른 일을 하거나 휴식을 취할 때 가끔 좋은 아이디어가 떠오르는 것을 경험합니다. 아마도 이런 경험이 그들이 말하는 휴식의 필요성이 아닐까요?

그래서 교육혁신이나 사무환경의 혁신적 변화, 휴식을 더 많이 부여하고 놀고먹는 것이 더 이상 비생산적이 아니라는 인식의 제도화가 많이 진전되고 있지요. 앞으로 4차 산업혁명 시대에는 더 창의적인 인간이 살아남으리라고 예언하고 있습니다. 거의 모든 일을 인공지능이 수행하고 창출되는 부의 대부분은 로봇을 지배하는 극소수의 인간이 독점하면서 일부분을 대부분의 인간에게 나누어 주어 살아가게 하는 시대가 된다 합니다. 하지만 역설적이게도 인공지능 시대에는 인간이 더 많은 휴식의 시간을 누릴 텐데 정말로 그 시대 휴식이 인간을 더욱 더 창의적인 인간으로 전화하여 행복을 누리는 시대가 될 수 있을지 의문입니다. 아마도 그때의 휴식은 무기력과 퇴화, 우울증의 양산을 초래할지 아무도 모를 일입니다.

우리 집 상수리나무도 휴식을 위하여 해거리를 하는 것일까요? 상수리나무가 해거리를 하는 것을 보고 인간의 휴식문제에 대하여 생각해보게 되었습니다. 사실 개미 중에 베짱이가 필요하듯이(개미, 베짱이가 엄청난 부가가치를 생산하는지 모르지만) 휴식이 인간의 창의적 생각을 유도하고 그 창의적 생각이 엄청난 부가가치를 생산한다는 사실은 부정할 수 없는 사실인 거 같습니다. 찌들은 노동은 생각도 찌들고 인간의 건강도 악화시킵니다. 개개의 인간이 그러하면 그 사회도 병들어가겠지요. 그래서 인간은 휴식이 절대 중요합니다. 나무에게도 필요한 해거리가 또한 그들의 휴식이듯이 말입니다.

제3부

별빛 속에 눕다

계촌유인첩(桂村幽人帖)

나는 정약용의 제황상유인첩(題黃裳幽人帖)이란 글을 읽었다. 거기 유인(幽人)이란 말이 나온다. 幽人은 속세를 피해 은거하여 조용히 사는 사람을 말한다.

원래 주역 천택리(天澤履) 괘의 "履道 坦坦하니 幽人이라야 貞코 吉 하리라"에 나오는 말이라고 한다. 이를 정약용은 "간산(艮山) 아래와 진림(震林) 사이에서 손(巽)으로써 은둔하여, 천명(天命)을 받들어 순응한다. 간산에는 과일을 심고 진림에는 채소를 심는다. 큰 길을 밟으며 탄탄하게 걷고, 하늘이 준 복을 즐기며 산다. 이것이 큰 사람의 넉넉함이니 유인(幽人)의 삶이 참으로 길하지 않은가?"([고전산문산책], 안대회 지음)라고 풀이한다. 여기서 큰 사람을 공자는 군자라고 일컬었다.

황상은 정약용의 아끼는 제자였는데 황상이 유인(幽人)의 삶을 물으니, 진정 유인(幽人)의 삶을 산 자가 있겠느냐며 진정한 유인(幽人)의 삶을 즐기는 것은 이런 것이다 하여 세목을 지어 황상에게 준

글이 제황상유인첩(題黃裳幽人帖)이다. 황상은 정약용이 지어준 글대로 강진에 일속산방(一粟山房)을 지어 살았다고 하니 한번 가보고 싶은 마음이다.

나는 이 글을 읽고 나서 가만히 생각해보니, 군자는 아니지만 유인(幽人)의 흉내는 내고 있지 않나 하는 욕심이 생겨 계촌의 삶을 황상유인첩에 빗대어 계촌유인첩(桂村幽人帖)을 지어보고자 한다.

원래 강원도로 이사 와서 살고자 하는 목적은 두 가지였다.

산골에 살며 몸을 억지로라도 움직여 건강을 유지하고자 하는 것이 첫째 목적이요, 그리고 조용한 곳에서 글을 쓰며 살고자 하는 목적이 두 번째였다. 그래서 조그마한 텃밭이 딸려야 하고, 주변에 숲이 있어야 하며, 집은 나 혼자 거주하면서 가끔 친구들이 놀러와 풍류라도 즐기고 잠을 자는 데 불편함이 없는 정도면 충분하다고 생각했다. 또 한 가지 조건은 주변에 생활을 방해하는 이웃들이 좀 떨어져서 살았으면 하는 것이 덤이었다.

그런데 그런 땅이나 집을 구하는 것이 쉽지는 않았다. 평창, 정선, 영월, 횡성을 6개월 동안 뒤지고 다녔다. 그런데 평창 방림면 운교리의 어떤 집을 계약하기 위하여 얘기가 오갔으나 서로 생각이 맞지 않았고, 우연히 중개사무소에 들렀는데 벽에 걸린 사진이 눈에 확, 들어오는 것이 있었다. 새집이라고 했다. 가보자고 하였다. 첫눈에 쏙 들어왔다. 한 가지 맘에 걸리는 것은 산 중턱에 위치하여 경사가 급하다 보니 내 몸 상태로는 많이 불편할 것이라는 점이었다. 그러나 문제가 되지는 않았다. 그 불편을 감수하고자 마음먹었다. 그래서 들어온 곳이 계촌리 자작나무골, 계촌 유인(幽人)이 거처하는 집이 되었다. 여름부터 살기 시작했으니 세 계절을 살고 있는 셈이다. 사계절을 산 뒤에 다시 그 느낌을 나중에 이어 적고자 한다.

계촌리 자작나무골은 방림면 계촌천 지류를 끼고 십 리를 들어와야 한다. 큰 강이 아닌 조그만 시내가 청태산과 대미산 골짜기에서 물이 발원하여 흘러내려간다. 그 시내를 따라 들어가다 보면 강원도에서는 흔치 않은 커다란 분지형 마을을 만난다. 북쪽으로는 청태산, 동쪽으로는 대미산이 병풍을 두른다. 1200M 급 높은 산이다. 그러나 이곳 자체가 해발이 높은 곳이다 보니 산이 그렇게 높아 보이지는 않는다. 서쪽에는 그보다 조금 낮은 용마봉과 수리봉이 자리 잡고 있다. 해는 이 용마봉과 수리봉의 능선을 따라 북쪽에서 남쪽으로 움직이며 넘어간다. 나는 매일 서산에 넘어가는 해를 보며 하루를 정리한다.

자작나무골 우리 집에 올라오기 위해서는 소로의 산길을 따라 2~3km를 올라와야 한다. 고랭지 밭을 지나칠 때도 있고, 숲길을 따라 올라오기도 한다. 그 숲길 끝에 자작나무가 숲을 이룬다. 자작나무숲은 그리 크지 않지만, 자작나무숲을 가운데 두고 주변으로 옹기종기 20여 가구가 자리 잡고 있다. 20여 가구지만 실제 도시 생활을 정리하고 정착한 사람은 10여 가구 정도다. 나머지는 집을 두고 주말에만 내왕한다. 여기는 모두 외지에서 저마다의 사연을 갖고 내려와서 사는 사람들이다. 나는 원래 독립해서 사는 것을 원했으나 여러 가지 다른 환경이 마음에 들어 덜컥 계약을 하고 들어왔으니 그런 것은 감수할 모양이다. 역시 여기도 사람 사는 곳이다 보니 서로 자존심을 내세우며 조그만 알력들은 있어 보인다.

나는 자작나무에 매료된 사람이다. 하얀 수피에 쭉쭉, 벋은 자태,

여름에는 푸르른 숲을 이루고, 겨울에는 하얀 수피를 마음껏 드러낸 키 큰 미인 같은 나무를 좋아했다. 그래서 나중에 집을 짓고 살면 주변에 자작나무를 심어야겠다고 마음먹었었다. 그런데 집 주변에 자작나무 숲이라니! 덜컥 다른 생각 없이 이 집에 들어온 이유 중의 하나가 이 자작나무 때문인지도 모른다. 나는 아침에 일어나면 유령같이 서 있는 자작나무를 바라보고, 저녁에는 무언가 모를 이야기가 어둠 속에서 모락모락 피어오를 것 같은 자작나무 숲을 바라보며 밤을 맞는다. 자작나무는 여기 같이 사는 이웃 사람들보다 더 마음의 위안을 주는 존재다. 자작나무가 군락을 이루다 보니 여기 살기 시작한 사람들이 임의로 동네 이름을 자작나무골로 지었다. 아! 그런데 원래 이 산에는 계수나무가 많아서 계촌리라고 했다는데, 계수나무는 저 안쪽 숲속에 있다고 한다. 그러나 아직 들어가 보지는 못해 확인한 사실은 아니다.

나의 집은 조그마하다. 내가 혼자 살기에는 넉넉하지만, 큰집은 아니다. 산 중턱에 자리 잡고 있다. 뒤로 대미산을 등지고 서쪽을 바라보도록 방향이 설계되어있다. 남향이 숲이라 조망을 중시하여 그냥 서쪽으로 지었다고 집 지은 이는 말했다. 햇볕이 남향보다 덜 들어오지만 탁 트인 조망이 충분히 상쇄해준다. 용마봉과 수리봉 너머로 넘어가는 해를 매일 바라본다. 비 오는 날이나 눈 오는 날은 아랫마을이 구름이나 안개로 뒤덮인다. 발아래 하얀 구름이 뒤덮이면 나는 구름 위에 서서 속계(俗界)를 바라보는 선인(仙人)이 된 듯한 착각에 사로잡힌다. 겸재 정선의 산수화가 그려졌다 지워진다. 가을에는 산기슭 고랭지 밭과 숲이 어우러진 풍경이 밭에 사람이 사라지면서 서로 채색의 대비가 뚜렷해지고, 청태산 산마루부터 마을 아래로 내려오기 시작하는 울긋불긋 가을 편지는 현대 어느 산수화가도 쉽게 그려내기 힘들 것이다.

눈이 오면 세상이 하얗게 변하고, 나는 눈에 고립된다. 하얀 눈이 하얀 자작나무 위에 내릴 때는 새하얀 미인이 혀를 내밀어 눈을 받아먹고 서 있다. 검푸른 하늘에서 눈이 쏟아지고 지상에는 눈과 자작나무가 만나 살갗을 간질이며 깔깔대고 웃는다. 가끔 무게를 못 이긴 눈덩이가 발아래로 떨어진다. 자작나무는 작은 비명을 지른다. 오르가슴을 느끼는 열락의 소리다. 처음에는 눈이 오면 고립된다는 것을 걱정했으나 고립이 나에게는 하등 불편한 것이 아니다. 내가 저 아래 속세를 드나들 필요를 느끼지 못하기 때문이다. 그냥 눈 오는 풍경을 감상하고 책을 읽으며 눈이 녹기를 기다리면 된다. 다만 혼자이니 외로울 뿐이다.

나는 별다른 기교를 부리지 않은 소박한 집에 산다. 하늘색 집이 내 집이다. 숲속의 하늘색 집은 마음을 상쾌하게 한다. 언제나 산중의 하늘과 어우러져 하늘이 부르면 구름을 타고 논다. 즐겁게 놀다 온다. 나는 원래 은퇴하여 낙향하면 은거할 집의 당호를 閑適堂이라 하기로 마음속에 점 찍어 두었었다. 허균의 시문집 성소부부고의 부록인 한정록(閑情錄)([혼자 사는 즐거움], 김원우 역)에 閑適이란 말이 나온다. 한적(閑適)이란 한가하고 마음에 들어 편안함을 뜻한다. 나를 비롯하여 누구나 찾아오는 사람은 한가하게 노닐고 유유자적 쉼을 만끽할 수 있는 공간이 되었으면 해서다. 그러니 멀리 도회에서 지친 친구가 술 한 병 받아 찾아오면 함께 어우러져 술과 이야기와 풍류를 즐기다 잠자고 갈 수 있다면 행복하겠다. 비록 이백의 山中與幽人對酌(산중여유인대작)에 나오는 멋스런 유인(幽人)이 되지 못하더라도 흉내는 내고 살아야 하지는 않겠는가! 그래서 친구가 여유롭게 마음 쉬며 잠자고 갈 수 있는 방 하나는 마련하였다.

그리고 또 하나, 나의 정신적 쉼의 공간인 서재 하나가 있으면 만족한다. 나는 정약용 선생이 말하는 것처럼 온갖 분야 '천삼사백 권'의 서적을 원하지 않는다. 그렇게 많은 책을 소화할만한 능력이 안 된다는 것을 너무나 잘 알기 때문이다. 하지만 그때그때 정신적 허기를 채우기 위하여, 또는 할 일 없어 너무 심심할 때 책을 읽는 것은 너무도 좋은 시간 보내기 취미이기 때문에 책을 조금은 모아 두었다. 일전에 회사 다닐 때는 한 달에 5만 원씩 읽지 않아도 책을 사두었다. 다 이럴 때를 대비해서 책을 사 모아 둔 것이다. 잘했다는 생각이 든다. 그러나 앞으로 더 많은 시간이 있을 테니 좋은 책이 더 있었으면 하는 것은 어쩔 수 없다. 이덕무처럼 동에서 뜨는 해를 따라 책을 읽고, 서에서 지는 해를 쫓아가며 온종일 책을 읽을 수는 없지만(그렇게 책만 읽고 싶지도 않다) 그래도 서재에서 창문을 통해 바라다보이는 그림 같은 풍경을 벗 삼아, 계절 따라 바뀌는 색채의 자극을 받아들이며 책을 읽는 것은 얼마나 행복한 일인가!

우리 집은 담장이 없다. 산속에 있으니 무슨 담장이 필요하겠는가? 이웃들이 가끔 드나들 때도, 전혀 모르는 사람이 이 동네를 들러 마당에 들어올 때도 허락이 필요 없다. 신경 쓰이는 바 없지 않지만 그래도 담장 없이 사는 것이 더 좋다. 주인장의 배포가 개방되어 있음을 과시하고, 또한 담장을 두어야 할 만큼 험악하지도 않아서 좋다.

다만 집 주변에 나무를 심어 경계로 삼는다. 단풍나무, 느티나무, 대왕참나무. 가래나무, 생강나무, 초피나무 등이 경계를 지어 크고 있고, 내년 봄에는 큰 나무들 사이사이에 고광나무나 철쭉을 심어 운치를 더해보고자 한다. 나무로의 경계는 경계가 아니라 사람들이 더 친근하게 다가올 수 있는 유인책이다. (꽃)나무는 사람과 친한 친구이기 때문이다.

우리 집에는 친구가 있다. 사람 친구가 아니다. 오른편에는 커다란 왕사스래나무가 장승처럼 버티고 서서 우리 집의 기운을 북돋우고, 지켜주기까지 한다. 그만한 기운이 느껴지는 잘생긴 나무다. 왕사스래나무는 집으로 들어오는 입구에 심겨 있기도 하거니와 그 크기가 사람을 위압할 정도로 하늘을 찌르고 있다. 그래서 흔히 우리 집을 왕사스래나무 집이라고 불리어지길 원한다.

그리고 왼편에는 커다란 상수리나무 한 그루가 커다란 그늘을 만들어 줄 것이다. 나무 밑에는 정자를 만들어 아랫녘 경치를 구경하기도 하고, 바로 밑에 텃밭에서 일하다 목이 마르면 걸터앉아 막걸리를 마시기에도 제격이다. 상수리나무는 열매를 많이 달고 산다. 상수리가 많이 열리면 나는 그것으로 도토리묵을 쑤어 먹을까, 아니면 그냥 놓아두어 가끔씩 나를 찾아주는 다람쥐나 청설모의 먹이로 주어버릴까 고민 중이다. 왕사스레나무에는 딱따구리가 가끔 찾아주어 벌레를 잡아먹고 가고, 마당가에는 키가 멀대 같이 큰 가래나무가 여러 그루 있어, 봄에는 가래나무 수액을 채취하고, 가을에는 가래 열매를 잊을 만하면 툭툭, 소리를 내며 떨구어 준다. 나는 청설모와 함께 떨어진 열매를 주워 모으러 간다. 항상 고의 아니게 내가 청설모를 쫒

아내는 꼴이다.

아! 이것을 빼먹을 뻔했다. 우리 집 양옆에는 계수나무가 한 그루씩 심겨 있다. 계수나무는 잎이 심장 모양이라서 사랑을 상징한다고 나는 본다. 사랑이 주렁주렁 달려 내 마음속에도 사랑이 무럭무럭 커갔으면 한다. 가을에는 그 잎이 빨갛게 물들어 더욱 정열적으로 보인다. 사랑이 무르익어 가나 보다. 잎에서 여인의 향기가 풍긴다. 나는 사랑의 화살을 계수나무에 쏘아 보낼 것이다.

그리고 조그만 텃밭을 가꿀 모양이다. 밭두둑이 열 서너 개는 되는 작은 텃밭이다. 정약용 선생은 남새밭에 기름진 논 수십 마지기까지 마련하여 자급자족하는 것이 유인의 삶이라 했지만 나는 그렇게 큰 농사를 지을 수 없다. 그럴 여력도 되지 않고, 힘도 없다. 그래도 산골에 온 목적이 몸을 움직여 건강을 유지하는 것이었던 만큼 조그만 텃밭에 상추며, 고추, 토마토, 가지, 부추, 대파, 취 등 온갖 채소를 키워 먹을 것이다. 옛날 어머니가 텃밭에서 걷어다 뚝딱, 해주던 반찬들을 생각하며 텃밭을 아끼고 조석으로 발자국을 들려줄 것이다. 싱싱한 채소며 각종 먹거리들을 그때그때 공급하여 먹으면 이 또한 유인의 삶을 풍족하게 해주는 것 아니겠는가!

이제 정원을 가꿀 차례다. 주변이 모두 숲이고 철마다 야생화가 핀다. 방아라 부르는 배초향은 군락을 이루고, 물봉선화, 장구채, 철쭉, 영산홍, 생강나무, 두릅, 구절초, 데이지, 쑥부쟁이, 싸리꽃, 오미자, 다래 등이 주변에 피어난다. 그래서 딱히 정원이 필요한 것은 아니지만 내 집 앞에 꽃을 심어 가꿀 예정이다. 벌써 내한성이 강하다는 튤립 등 몇 가지 추식(秋殖) 구근성 식물을 심었지만, 주로 우리 야생화 꽃들 위주로 꽃을 심어 봄부터 가을까지 철 따라 더욱 화사하게 변하는 모습을 상상하는 것도 달달하다. 그러나 어디까지나 내 몸 건강 지키는 차원에서 최소한으로 기를 것이며, 정원을 가꾸는 데에 많은 시간을 소비하지는 않을 것이다.

집 안에 연못이 있으면 좋겠지만 물이 흐르는 곳이 없다. 연못을 만들어 붕어며 송사리 등 우리 토종 물고기들을 키우고 싶지만, 여건이 안 된다. 그리고 정약용 선생은 집에서 좀 떨어진 곳에 둘레가 오륙 리쯤 되는 방죽이 있으면 그 방죽에 온통 연꽃과 가시연이 덮여 있고, 그곳에 거룻배 띄워 달밤이면 시인 묵객들과 풍류를 즐긴다고 했다. 우리 집 근처에는 방죽이 없기도 하지만 요즘에야 이렇게까지 하면 욕 얻어먹기에 십상이라 내게는 방죽이 없기가 천만다행 아닌가?

정약용 선생은 집에서 얼마 떨어지지 않은 곳에 절이 있고, 그곳에 이름난 승려 한 사람이 있어 참선도 하고 설법도 하는데, 시도 좋아하고 술도 거리낌 없이 하여 계율에 얽매이지 않는 승려와 어울려 지내는 꿈을 꾼다. 그런 사람이 주변에 산다면 참 좋겠다. 천천히 찾아보기로 하고, 이웃에 작곡가 겸 왕년의 ROCK 가수가 산다. 우리는 수시로 만나 차를 마시고 이야기를 나누지만, 그가 천성적으로 술을 마시지 못해 술은 마시지 않는다. 나로서는 조금 안타까운 심정이다. 주변에 풍류와 시를 좋아하고, 술도 마실 줄 아는 사람 더 찾아서 같이 즐겨볼 요량이다.

이제 집 뒤로는 수풀 우거진 산책로도 만든다고 하니 빨리 만들어지길 고대한다. 그 길을 걸으며 아름드리나무와 이야기도 하고, 이름 모를 풀꽃들과 눈 맞춤도 하고, 꽃이 피면 꽃가지 꺾어다 술 한 잔 마시고 마실 때마다 꽃가지 하나 옆에 가지런히 두련다. 그 꽃가지 몇 개를 셀지 모르지만, 이 또한 나를 알아주는 친구와 함께한다면 이 아니 더 좋지 아니한가! 아울러 서산으로 넘어가는 핏빛 황혼을 바라보며 인생의 덧없음을 한탄하는 것도 유인(幽人)이 사는 사소한 기쁨이다.

이렇게 살다 조정에서 나를 부를 리, 만에 하나도 없겠지만 정약용 선생처럼 나도 혹여 나를 부르는 글월이 도착했다는 소리가 들리면 빙그레 웃을 뿐 나아가지 않을 것이다. 이렇게 상상해보는 것도 유인(幽人)의 쾌감이지 않을까, 하여 객기를 부렸다.

이런 곳에서 부족하지만 만족할 줄 알고 자유롭게 조용히 사는 것이 유인(幽人)의 길이다.

태풍 고니가 올라온대요

태풍 고니가 올라온대요.
아침에 일어나보니 데크는 비에 젖고
가을도 아닌데 나뭇잎이 바람에 날려
어지럽게 돌아다니네요.
나무들은 미친년 치마폭 펄럭이듯이
마구 이리저리 흔들리고요.
비 오는 창밖을 가만히 쳐다보니
더 쓸쓸해져요.
바람에 흔들리는 나무가 내 마음도 휘저어
가만히 서 있을 수 없어요.
외롭고 어지럽네요.
밖에 누구 아무도 없어요?

가만히 생각해보니

서울서도 혼자 산 것은 마찬가진데
왜 여기 강원도 산골에서
외로움을 더 많이 느낄까요?
아마도 서울은 손을 뻗으면 누구라도
옆에 있을 것 같아 마음이 놓이는데,
강원도 산골은 아무도 없이
격리돼 있다고 느끼나 봐요
별만 보이는 캄캄한 밤에는 더 그래요.
이렇게 비 오는 날은 산골의 일상이
더 쓸쓸해질 것 같네요.

태풍 고니가 외로운 마음을
할퀴고 가지 않았으면 해요.
자연과 더불어 이리 뉘이고 저리 뉘이며
살고자 했지만 어쩔 수 없나 보지요.
나는 사람, 마음 여린 범부에 지나지 않으니까요.

쓰레기 치우는 날

산골에 이사 오면서 정기적으로 쓰레기를 치울 거라고는 생각 못 했다. 내가 서울에 살 때는 쓰레기를 전부 구분해서 배출하고 통제가 철저했지만 여기 산골에서도 그러기야 하겠나? 라고 대수롭지 않게 생각했다. 보통 조금씩 나오는 쓰레기는 소각하거나, 음식물 쓰레기는 거름으로 처리하는 경우가 많기 때문이다. 여기도 그럴 줄 알았다.

내가 사는 이곳은 아랫마을에 비하면 산 중턱에 위치하고, 외지에서 이사 오신 분들이 대부분이라 서로들 조심하는 부분이 많다. 그래서 연기 피우면서 소각할 수도 없고, 처음에는 몇 집 없어서 쓰레기 치우는 것을 신경 쓰지 않았는데 가구 수가 늘어나면서 안 되겠다 싶어 면사무소와 상의하여 매달 두 번 일정한 날에 쓰레기를 치워가는 거로 했단다. 그 날이 바로 내일이라 오늘 모든 쓰레기를 모으고, 그동안 쌓아놓았던 쓰레기들까지 날라다 치웠다.

나는 서울에서 사는 동안 체력이 너무 많이 쇠약해지고 있다는 것을 알았다. 몸이 불편하다 보니 자동차를 몰고 다니게 된 것이 벌써

20여 년이 넘었고, 아파트 생활은 더더군다나 내 행동 범위를 좁게 만들었다. 물론 운동하면 되지 않느냐고 말할 수 있겠지만, 어려서 소아마비를 앓아 운동하는 것이 그리 여의치 않은 신체이다 보니 점점 약해질 수밖에 없었다. 그래도 문명의 이기를 이용하지 않고 몸으로 때우며 살아갈 때는 체력을 유지하고 살 수 있었다. 그러나 지금은 그렇지 못했다. 편해지기 위해 문명의 이기를 최대한 이용하면 할수록 몸은 점점 더 퇴화하고 약해져 갔다.

그래서 항시 빨리 서울살이를 벗어나서 시골에 가서 생활하자, 그렇게 마음속으로 다짐해왔다. 아무래도 시골 생활을 하면 몸을 움직여 생활을 하고, 불편할 수밖에 없는 시골살이를 견뎌내다 보면 몸이 좀 다시 나아지지 않겠느냐는 것이 내 생각이었다.

이곳 강원도 산골에 이사 온 이유 중의 하나가 바로 그런 이유에서였다. 사람들은 단지 경치 좋은 데서 전원생활을 하니 좋겠다는 둥, 부럽다는 둥 말들을 하지만 나는 그런 것보다도 몸을 어떻게 하면 더 건강하게 유지할 수 있을까가 최우선이었다. 그리고 부수적으로 자연 속에 살면서 좀 더 정직한 글, 그리고 자연을 벗하며 그 자연 속에서 살아가는 나 자신의 생각을 노래해 보자는 것이 또 한 가지 욕심이었다.

여기에 오니 우선 걸어 다녀야 하는 면적이 아파트 생활할 때보다 훨씬 많아져 처음에는 힘에 부쳤다. 여기 이사 온 지 보름이 지났는데, 처음에는 그 짧은 언덕길 걷는 거조차 힘들었지만 그래도 걷기를 계속하고 하루, 이틀 지나고 보름이 되었다. 그랬더니 처음보다 덜 힘들다. 또 밖에 나가서 틈틈이 풀도 뽑고, 저 조그만 텃밭에 내년 봄에는 어떤 농사를 지을까 생각도 해보고, 빈 땅에는 무슨 나무들을 심어볼까 생각해보는 것은 나에겐 무척 행복한 고민이다.

그런데 오늘 쓰레기들을 모아 저 아래 동구 밖에다 쓰레기를 치워 놓느라 더 많은 움직임을 했더니 등줄기에 땀이 흥건하게 흐른다. 그동안 얼마나 몸을 안 썼으면, 기껏 보름 동안 쌓인 쓰레기 치우는데 이리 몸이 힘들까? 그러나 나는 쓰레기를 치우면서 몸이 힘들다는 생각보다 이것도 운동이라 생각하니 얼마나 기뻤는지 모른다. 앞으로 계속 몸을 쓰고, 움직이고, 조그마한 농사도 짓고, 정원도 가꾸다 보면 나도 모르는 새에 내 몸은 더욱더 건강해지고, 체력도 회복될 거라 생각하니 여기 산골생활의 선택을 잘했다는 생각이다.

그동안 이웃 사람들과도 서먹하고, 밤이면 사방이 캄캄하여 심리적 고립감으로 외로움이 자심했다. 이 세상에 나 혼자 이 대자연 속에 버려져 있다는 고립감을 어떻게 극복할까 걱정도 되었다, 그런데 오늘 아래, 윗집 사람들과 식사도 하면서 이야기를 나누어 보니 마음이 놓인다. 물론 아직은 더 익숙해져야 할 것이다. 익숙해지고 자연스러워지기까지는 더 시간이 흘러야 할지도 모르겠다. 내가 이 자연의 일부가 되고, 외로움과도 친구가 되려면 시간이 더 필요할 것이다. 그렇게 견디다 보면 내 마음도 더 성숙해지고, 아울러 내 몸도 한층 더 건강해지리라!

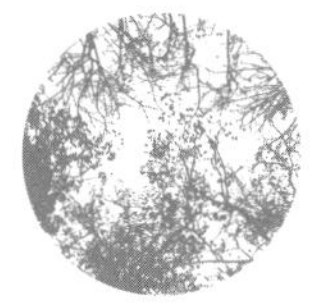

배초향 차를 만들어요

어제 숲에 들어가서 배초향(방아)을 채취했습니다.
늦여름이라 좀 늦었다 싶습니다. 좀 쇠어 있더군요.
그래도 생각난 김에 차를 한번 만들어보려고 숲에 들어갔습니다.

배초향이 꽃을 한창 피우고 있었어요.
이제 가을의 풍성함, 결실을 준비하고 있네요.
벌들이 윙윙, 거리며 이 꽃 저 꽃으로 부지런히 날아다닐 때
나는 꽃송이와 잎을 따고 있으니 미안할 따름이죠.
벌은 자기 삶을 위해 열심히 에너지를 쏟고 있는데
그깟 차 한 잔 마시려고 배초향의 줄기를 꺾고 있으니!
그래도 어쩔 수 없지요.
그래서 욕심부리지 않고 올가을, 겨울에
차 맛을 볼만큼만 아주 조금 꺾었습니다.

손끝에 배어 나오는 향긋한 향이 기분이 좋습니다.
허브를 쓰다듬을 때 나는 기분 좋은 향
사람도 그렇게 저절로 향이 나는 사람이 있지요.
문득 나는 어떤 향기를 내뿜을까?
아님 악취를 풍기지는 않을까?
잠시 그런 생각을 해봅니다.
지금부터라도 나에게, 그리고 나를 스치는 모든 사람들에게
좋은 향기만 풍기도록 해야겠다고 생각해봅니다.

줄기가 이미 뻣뻣해져서 쇠어 버린 잎은 놓아두고
우듬지의 부드러운 순을 채취합니다.
구슬봉이 같은 꽃도 차의 재료로 씁니다.
꽃이 향기가 많아요.
맑은 지하수로 깨끗이 씻어서 그늘에 말려놓았습니다.
잘 마르면 유리병에 담아 가을에 잘 우려내서 한잔해야겠지요.
맛이 어떨지 모르겠네요.
늦가을쯤 마음이 외롭고, 추워지면 임들,
배초향 차 마시러 오시지요.
차 마시면서 이야기 나누면 쓸쓸함이 덜하겠지요?

별빛 속에 눕다

'별빛 속에 눕다'는 나의 블로그 이름이다.
꿈을 잊고 산다고 언뜻 생각이 들 때
그 꿈을 다시 꿔보고 싶었다.
그리하여 내 생각의 보금자리를 만들어 보고자 했다.
그래서 그 누추한 거처를 찾아가,
별빛 속에 눕고 싶었다.

어릴 적 여름이면 앞마당에 밀짚 자리 깔아놓고
엄마, 이웃 아줌마들이 앉아 도란도란 이야기하는 사이에
엄마 무릎베개 베고 누워 밤하늘의 별을 보았다.
황금 보석이 뿌려진 것처럼 반짝였다.
유성이 떨어졌다.
나는 꿈을 꾸었다.
내 안의 욕망과 저 우주 밖의 궁금증에 대하여

다다를 수 없는 나라의 세계를 상상해 보았다.

그러다 어느 순간 살다 보니 별을 잊고 살았다.
꿈도 사라져 버렸다.
매 순간 살기 위해 버텼고
그렇게 외로운 하루 이틀이 지나갔다.
별을 볼 시간이 없었다.
아니 그런 여유를 허락하지 않았다.
그리고 너무 때가 묻어가고 있음을 깨달았다.
나를 둘러싼 세상의 부조리함에 분노했고,
나 자신 또한 어느 순간 그 부조리함에 함몰되고 있음을 느꼈다.

많은 세월이 흐른 후 다시 별이 생각났다.
별은 내 유년 시절 기억의 샘물 같은 것이다.
별을 기억하며 그 속에 살고 싶다는 꿈을 꾸었다.
별을 보며 그 별빛을 길어내어 세수하듯
내 마음의 때를 깨끗이 씻어내 보고자 했다.
별을 보며 또다시 순수해지고 싶었다.

별이 보이는 곳으로 왔다.
다시 하늘의 별을 보기 시작했다.
내가 발 딛고 있는 지상도 캄캄하고
내가 그리워하던 하늘도 캄캄했다.

별이 보였다.

하지만 예전의 그 별빛이 아니다.

별은 아마도 예전 그대로일 것인데

아무런 걱정 없이 바라보던 어린 시절의 별이 아니다.

나는 지금 별을 생각하고 있는 것이 아니라

이 지상의 근심을 먼저 생각하고 있다.

별을 보기 위해 그래도 나는 서성인다.

하늘의 성긴 별들이 유년의 꿈처럼 총총히 박혀

다시금 내 가슴 속에서도 반짝일 때까지…….

가을비 오는 날

비가 오랜만에 온다.

아침부터 추적추적 데크에 동그라미를 그리며 떨어지고 있다.

저 멀리 산봉우리에는 구름이 모자처럼 걸려

차츰차츰 바람을 타고 산자락을 따라 내려오고 있는 중이다.

지난번 추석을 쇠러 고향 아산에 내려갔다가

너무 가물어 있다는 것을 알았다.

이곳 산속에 있을 때는 사방이 숲이고 산만 보여

그렇게 가물었다는 것을 실감하지 못하고 있었는데

지나치는 저수지 풍경이 삭막하다 못해 황량했다.

마치 사막의 언저리를 지나가는 듯한 느낌을 받았다.

쩍쩍 갈라진 저수지 바닥이 메말라 펄 흙이 바람에 날리고 있었다.

집에서는 어머니가 한걱정을 하셨다.

텃밭에 김장거리 농사를 지었는데

시들시들하다며 물을 주어야 한다고 했다.
나는 어머니의 가뭄 걱정 소리를 들으며
김장배추에 물을 주는 것을 돕다 강원도 집에 돌아왔다.

집에 와서 보니 정원에 심어놓은 나무도 벌써 시들고 있는 것 같았다.
너무 가뭄이 심하다는 생각을 하면서 주변을 살펴보니
같은 마당에 심어놓은 같은 종류 나무라도
어떤 거는 벌써 붉게 단풍이 들고 있는 놈이 있고
또 어떤 거는 이파리가 여전히 푸른 것이 이상하다고 생각했다.
같은 위도와 해발고도에서 자라는 놈이 왜 각자 단풍드는 시기가 다를까?
살펴보건대 정확한 건 아니지만 자라는 땅속 환경이 달라서가 아닐까 생각해본다.
수분과 양분을 잘 흡수할 수 있는 곳에 있는 놈은
더 오래 단풍들지 않고 버티고 있고
열악한 환경에 있는 놈은 더 일찍 단풍이 들어
자기 환경에 적응하고 있는 건 아닌가?
어제 나는 시들고 있는 나무에 물을 주었다.
조금 더 푸름을 유지하고 가는 세월 조금이라도 붙들고 있으라 기도하면서.
그런데 이렇게 비가 올 줄 알았으면 물을 주는 수고는 하지 않았을 텐데……

이렇게 가물면 옛날에는 나라님의 책임이라 하여
기우제도 지내고 백성의 마음을 헤아려 위무하다가
그도 안 되면 책임을 지고 쫓겨나기까지 한다고 들었건만,
오늘 아침 뉴스는 백성의 마음을 위로하기는커녕
대통령이 구중심처 숨어서 같은 당파끼리 권력투쟁을 한다고 떠들썩하다.
나는 저들에게서 백성의 마음을 조금이라도 헤아릴 것이라고는 아예 희망하지도 않는다.
차라리 우리 집 뒷산 대미산 산신령께 비가 오게 해달라고 빌면 빌었지.

비가 온종일 대지를 적시고 푸른 잎들을 건드리고
갈라진 땅속을 채워 부드럽게 만든다.
이 비가 메말라가는 사람들의 마음속도 위로해줄 것이다.

이런 날은 부추전에 막걸리 한 사발이 최곤데…….
누구 같이 먹어줄 사람 없나?

고랭지배추밭

강원도에 살 집을 알아보면서 돌아다닐 적에 인생의 가파른 길 고비처럼 경사진 산다랭이 푸른 배추밭을 보며 사람의 힘이 가해진 것도 아름답구나, 생각했다. 멀리서 풍경을 바라보는 나그네는 그저 눈에 피상적으로 들어오는 푸르름과 탁, 트인 조망을 바라보며 저 언덕 위 배추밭 옆에 집을 짓고 살면 얼마나 좋을까, 생각하다 강원도에 와서 살게 됐다.

물론 나의 집은 산 중턱 조망이 좋은 곳에 자리 잡았지만, 언덕 위 배추밭이 아니다. 배추밭과는 떨어진 한가로운 숲속이다. 숲으로 둘러싸여 배추밭에서 일하는 사람과도 일정 거리를 둔 곳이다.

이제 강원도의 땅을 밟고 흙냄새를 맡게 되니 멀리서 바라보던 배추밭을 일상처럼 옆에서 지나치고, 봄배추, 여름배추, 가을배추 계절을 따라 순환하는 농사의 쳇바퀴를 느끼며, 그때마다 농약이 뿌려지는 냄새의 고통과 수확 후 상품성이 없다며 내팽개쳐진 배추와 버려진 시래기들이 썩는 냄새, 그런 냄새들을 사람들이 풍겨낸다.

눈을 씻고 찾아봐도 잘 보이지 않던 사람들이 배추밭에서 냄새를 풍길 때만 장마철 논배미 봇도랑에 미꾸라지 기어 나오듯 어디서 꾸역꾸역 나왔는지 모를 사람들을 만난다. 배추나 더덕, 기타 작물을 수확하고 갈무리하러 나오는 일꾼들이다.

뭉게구름 굴러다니는 하늘 아래 푸른 배추밭을 지나가다 눈에 들어오는 아름다운 풍경들이 일상에 들어가서 바라보니 그것을 바라보는 사람도 그곳에서 삶을 일구는 사람도 일상의 고통이 일그러지는 배추밭이었다.

사람도 그럴 것이다.

내면을 들여다보면 참지 못할 고역과 일상의 지루함과 삶을 지켜내려는 고통과 '나'만을 고집하고 지폐를 세는 손끝의 썩은 냄새를 맡으면서도 모르는 체 살아가는 일상의 고통이 하얀 종잇장 같던 마음속에 검은 줄무늬를 그려가고 있다는 것을 고랭지 배추밭을 보며 생각한다.

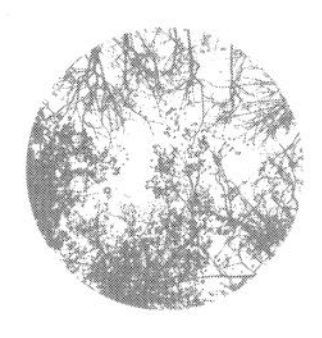

사마귀

배부른 사마귀가 엉금엉금 기어왔다.
가을도 저물어가 나뭇잎이 길바닥에서 지향 없이 헤매는데
너는 어찌 여기에서 배 깔고 주저하고 있는지?
아마도 너는 새끼들에게 다음 세상 살 꿈을 주기 위해
섹스의 절정에서 기진맥진하여
너의 짝을 잡아먹는 흉포함을 저지르고
그 기억을 잊으려 마약에 취해 있겠지!

우렁이는 새끼에게 자기 몸을 내주고
가시고기는 먹지도 않고 새끼를 지키다
새끼가 부화하면 자기 몸까지 내어준다는데
너의 습성이 잔인해 보여도
우렁이나 가시고기의 예정된 희생과 무엇이 다를까?

우리 어머니는 나를 낳은 죄로 우렁이가 되고
아버지는 나를 낳은 죄로 가시고기가 되고
어찌 보면 사마귀도 되지 않았나?

겉으로 보는 것만이 진실이 아니듯
자연 속에는 모두 그만한 이치가 있어
나의 관념으로만 사마귀를 보지 않기를,
배가 너무 불러 어렵사리 기어가는 사마귀는
기어이 어느 나뭇가지에 올라 고치를 만들겠지.
그 순간 너의 흉악한 기억은 모두 잊어질 것이다.

그래도 사마귀 너는 행복한 놈이다.
외롭게 혼자 사는 나에 비하면,

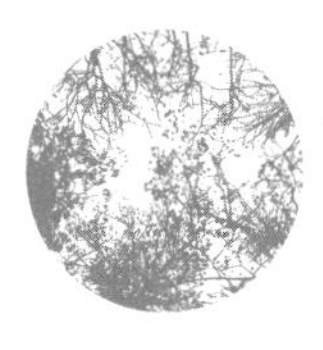

다람쥐

다람쥐가 상수리나무 아래에서
눈알을 굴리며 여기저기 살핀다.
벌써 입안에는 도토리가 한가득,
혹부리 영감처럼 혹을 늘어뜨리고 있듯이 무거워하고 있다.
나도 겨울준비 하느라 장작을 패고,
겨우내 먹을 김장김치 묻으랴 힘겨운데
너도 어디 아무도 몰래 갈무리 도토리 묻어두느라 힘겨운가?
그렇게 또 겨울을 기다리고 1년을 산다.

산속에 너와 같이 산다는 한 가지 반가움에
너를 맞아 술이나 한잔하려 손을 내밀었더니
너는 귀를 쫑긋하다가 후다닥, 숲속으로 내빼는구나!
어허, 아직 난 네 친구가 되지 못하나 보지?
기다리면 될까?

못뽑이집게벌레

우리나라 땅에 사는 전갈?

정말 전갈과 모양이 흡사하다. 그러나 전갈은 무서운 독이 있지만, 못뽑이집게벌레는 독이 없다고 한다. 지난가을 바깥 날씨가 쌀쌀해질 즈음 따뜻한 곳을 찾아 끊임없이 집안으로 찾아들던 놈.

겨울이 되어 모두 어디 숲속 바위 밑이나 나뭇잎 밑에서 겨울을 나겠거니 생각했다. 그런데 집 앞 계단 밑에 종이 폐박스를 모아두었었는데, 그 박스들을 치우려고 들추어내니 시커먼 놈들이 거기 옹기종기 모여 추위를 이겨내고 있었다.

순간 흉측한 모습의 그놈들이 징그러워 이 추위에 모두 얼려 죽여버릴까 생각하다가 생각을 고쳐먹었다. 다시 그 박스들로 덮어주었다. 겨울이 지난 후 봄에나 그 박스를 치우기로 했다.

아무리 흉측하기로서니 그들도 허여된 생명일진대 박스를 들어내어 몰살시키는 것은 내 소관 밖이기 때문이다. 그들의 목숨을 앗아갈 권리가 내겐 없다. 인간이 아닌 다른 종, 또는 곤충이라서 함부로 목숨을 취할 수는 없지 않은가!

하물며 나랑 다른 타인이라 해서, 또는 우리 민족과 다른 민족이라서, 그리고 나와 다른 종교를 믿는다 해서 더더군다나 나와 피부색이 다른 인종이라고 해서 함부로 목숨을 경시해서는 안 됨에도 이 세상에는 아직도 그런 배타적 폭력과 살육이 저질러지고 있다.

못뽑이집게벌레도 다 자기 나름의 존재 가치가 있다. 새삼 자연과 인간, 인간과 인간의 평화로운 삶이 소중함을 깨달으면서 못뽑이집게벌레가 거기에서 무사히 겨울을 나길 바란다. 행여 그놈들이 살아서 다시 내 집안에 침입할지라도.

효자손

옛날에 부모님은 동네 분들과 어디 관광을 갔다 올 때마다 대나무로 만든 효자손을 사 오셨다. 난 그때마다 등 긁어줄 손들이 옆에 있는데 효자손이 왜 필요할까 의아했었다.

세월이 많이 흘러 내가 강원도 산골에 혼자 들어와 앉아있으니 어느새 등도 자주 가려울 나이가 되었는데 손을 뻗어 등을 긁어보려 하나 손이 닿지 않는 곳이 있어 애를 먹었다.

그때 생각난 것이 어머니 곁에 있던 효자손.

나는 생각난 김에 이번 명절에 어머니 뵈러 갔다가 효자손이란 놈을 얻어왔다. 그려, 그게 필요할 때가 되었나 보다. 씁쓸한 표정의 어머니 말씀. 어머니도 아버지를 먼저 보내고 혼자 이 효자손을 친구삼아 보내고 있으니 내가 찾는 것을 보고 속이 상하시는가 보았다.

그놈이 친구가 되리라고는 애초 상상도 않다가 오늘 그놈을 가져다 탁자 위에 올려놓고 보니, 언뜻 세월이 그만큼 흘렀음을 알았고 또한 내 옆에 아무도 없다는 것을 효자손이 깨닫게 해주고 있다.

시간은 누구를 위해서도 멈춰주지 않으며 외로움을 긁기 위하여 엉뚱한 놈의 손을 빌려야 하니 이것을 어찌하랴!

눈 온 날 친구가 왔다 갔다

어제부터 싸락눈이 오락가락하다가 오늘 아침 일어나보니 하얀 목화솜 덩이가 소복하게 쌓였다.

이웃집 남자들은 넉가래를 들고 나와 마을 길 눈 치우느라 웅성웅성하다. 치우다가는 무슨 할 말이 그리 많은지 무한정 서서 수다를 떨고 있다. 언덕바지 길이라 눈을 치우지 않으면 자작나무골은 고립된다. 나는 항상 저 사람들한테 미안하고 고맙다. 미끄러워서 목발 짚고 눈을 치운다는 건 불가능에 가까우니 말이다. 그래도 목발 없이 걸을 땐 눈 따위는 치울 수 있었는데…….

데크의 눈을 치우고 계단에 쌓인 눈까지 치워나갔다. 날씨가 푹하다가 갑자기 추워지니 더 추워지게 느껴진다. 어렵사리 눈을 치우고 마당까지 나가니 마당 구석 눈 위에 토끼 발자국 한 줄기 선명하게 나 있다.

어제, 밤에 토끼란 놈이 다녀갔구나!

나는 그런 줄도 모르고 글 쓰느라 정신없었지.

자식! 부르지.

그러면 내가 문을 열어주었을 텐데…….

아쉽다. 산속의 친구가 찾아왔었는데 몰랐다니…….

외로운 산 속에 흔적만 남기는 나의 친구.

가만히 옆에서 지켜만 보며 늘 마음 써주는 친구가 왔다 간 것 같다.

잘 있나 보러왔다가 돌아갔겠지?

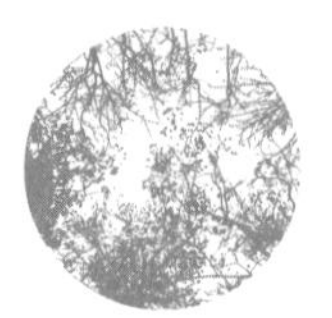

이웃이 뭘까?

엊그제 젊은 여자분이 이웃이라고 인사 오셨다. 고맙게도 한과를 정성스럽게 싸 들고 오셨다. 자작나무숲 건너 골목 초록색 집에 이사 오신다고 한다. 물어보니 아직은 완전히 이사 온 것은 아니고 주말주택으로 활용하다가 나중에 이사 오신다고 한다.

내가 여기 자작나무골에 이사 온 지도 벌써 7개월이 넘어가는데 주말에만 잠시 머물다 가시는 분이 이웃이라고 인사 오신 것은 처음이다. 아마도 그분들은 이미 이곳에서 사실 거라고, 이웃 사람이 될 거라고 마음으로 정하셨기에 인사 오셨겠지? 우연히도 나의 블로그에 접속하여 먼저 인사하였지만 실제로 만나 뵈니 반가웠다. 내 블로그에 자작나무골 이야기를 틈틈이 올리는데, 이 분이 접속하여 안부를 물어 우리 마을에 이사 오신 것을 알았다.

이곳 자작나무골은 아예 이주하여 사시는 분은 주택 수에 비하여 반 정도에 불과하다. 그래서 집만 사서 주말주택으로 활용하는 분들과는 왕래가 없다. 그런데도 이렇게 인사와 선물까지 주시니 더 반가운 것이다.

나보다 얼마 후 자작나무 숲속 빈집에 이사 온 분이 계셨다. 김해에서 오셨다고 했는데 바깥 분이 아파서 오셨다고 했다. 그러나 겨울을 나기도 전에 아저씨와 아주머니가 밖으로 나가셔서 장시간 눈에 띄지 않았다. 이곳 겨울 추위가 자심하니 잠시 추위를 피하고 다시 돌아오시겠지 했다. 그러나 내가 명절을 쇠러 고향 집에 갔다 온 사이 그 아저씨는 그만 이 겨울을 못 넘기고 운명하셨다고 한다. 공기 좋은 이곳에서 건강도 챙기고 더 오래 사시려고 이사 오신 것으로 보였는데 안타까웠다.

길을 지나갈 때마다 그 집 앞을 지나친다. 차가 세워져 있는 것으로 보아서 아주머니 혼자 집안에 계시나 본데 항상 적막하다. 아마도 당분간은 쓸쓸함과 외로움이 사무칠 것이다. 그런데도 위로해줄 수 없으니 내가 이웃이라고 할 수 있겠나? 그 집 앞을 지나칠 때마다 마음 한구석이 허전하다.

여기 자작나무골에 이사 오기 전 서울에 살 때의 일이다. 나는 임대아파트에 살고 있었는데 도시의 삶이 그렇듯이 직장을 오가며 새벽같이 일어나 출근하고 밤늦게 들어오는 생활이 다반사니 옆집에 누가 사는지 신경 쓰지 않고 산다.

내 옆집에는 노부부가 살고 있었다. 보통은 노부부만 살다가 정말 가끔 아들며느리, 딸들이 찾아오는 것 말고는 쓸쓸하게 사는 삶이었다. 어쩌다 휴일에 집에서 쉴 때 복도에서 할머니를 마주치거나 할아버지가 복도에 나와서 담배를 물고 계시는 모습을 보면 고개를 끄덕여 인사하는 것이 전부였다. 그런 정도의 안면을 트고 오래 살았다.

그런데 어느 날부터인가 할아버지가 보이지 않았다. 그래도 가끔은 복도에서 담배 피우는 모습을 목격해온 터라 궁금했지만 물어볼 수 없었다. 그만큼 무심하게 살았다. 복잡하게 사는 고달픈 서울살이여서 나 자신 이웃을 참견해가면서까지 살고 싶지 않았다. 어디 여행이나 다른 자식 집에 다니러 가셨나보다 생각했다.

어느 날 복도에서 우연히 마주친 할머니가 겸연쩍어 하시면서 내게 말을 거셨다.

"젊은이, 항상 바쁘게 사셔(잠시 숨을 멈췄다가 뜸을 들이고 말을 할까 말까 망설이시는 것 같았다) 요새 우리 할아버지가 안 보이지? 얼마 전에 세상을 떴어. 아프다 하셔서 병원에 입원시켰는데 그 길로 영, 돌아오지 못하셨어."

"아, 예……."

나는 망치로 후두부를 맞은 것처럼 잠시 멍해졌었다. 무슨 말로 위로를 해드려야 할지 몰랐다. 그것보다 이웃에 살면서 사람이 죽어 나가는 것도 모르고, 왜 사람이 안 보이지 하고 궁금해하기만 했으니, 내 자신 알지 못할 죄책감이 가슴을 훑고 지나갔다. 얼마나 삭막하고 무심한 삶인가! 나는 갑자기 할머니 손을 잡고 잠시 눈만 씀벅거렸다. 그러나 눈물은 나오지 않았다.

"괜찮으세요?"

"괜찮지 뭘. 사람이야 언제 가도 한번 갈 일인데……."

할머니는 쓸쓸하게 등을 보이며 걸어가셨다.

그 후로 할머니는 같은 동에 사는 할머니들과 교류하며 사시는 모습을 가끔 지켜보다가 강원도로 이사 오기 전 인사를 드리고 그곳을 떠났다.

이웃사촌이 멀리 있는 혈연보다 낫다는 말이 있다. 멀리 있는 친인척은 혈연으로 이어졌어도 무심하고, 일상생활의 위로와 보살핌은 이웃사촌이 더 가깝다는 말이다. 그러나 여기 자작나무골은 도시에서 전부 이주해와 제각기 삶을 살다 온 사람들이다 보니 아직도 도시적 서먹함이 있다.

그러니 아직은 '이웃사촌'이라고 하기는 많이 부족하다. 다만 서로의 사생활이 방해받지 않도록 조심하여 일상생활이 침해받지 않는 점은 도시적 편리함이다. 그래도 어딘가 시골살이의 정이 느껴지지 않는다.

다음 주말쯤 아랫집에 이사 온 분과 합심하여 닭이라도 잡아서 이웃들과 술 한 잔하기로 했다. 서로 인사도 나누고 사이좋게 지내는 이웃이 되었으면 좋겠다. 과자를 사 가지고 와 인사 오신 분도 좋은 이웃이 될 것 같다. 좋은 이웃이 되도록 나도 노력하고 좋은 이웃이 있어야 여기서도 더 오래 살 수 있지 않을까!

계촌의 봄눈

계촌 자작나무골에 눈이 오는 것은 당연하다. 하얀 자작나무가 하늘을 향해 화살처럼 서 있는 곳, 그곳에 하얀 눈이 내려 하얀 유령이 눈을 맞고 서 있는 장면을 홀린 듯 바라보았던 겨울의 정취를 잊을 수 없다.

그런데 3월도 벌써 하순이라 며칠 있으면 꽃이 피고 잎이 돋아나는 4월이 코앞인데도 자작나무골에 봄눈이 쏟아졌다. 밤새 내린 눈이 뜰과 자작나무숲과 저 멀리 고랭지 밭과 산을 덮고 하늘은 나무껍질처럼 희뿌옇다.

계촌에 와서 들은 말이 봄 파종을 하려면 4월 말이나 5월 초는 가야 한다고 했다. 그렇게나 늦게요? 설마 그렇게나 늦겠어? 하고 의심하며 봄을 맞았지만, 여기는 여전히 영하의 날씨가 밤손님으로 왔다 가니 그 말이 맞는 말이었다.

멀리 두고 온 도시 근교 친구들한테서는 SNS를 통해 개나리며 산수유, 할미꽃이 피었다고 사진을 찍어 올리는데 여기는 아직 꽃을 전혀 볼 수 없다. 해발 750미터 정도나 된다 하니 그럴 만도 하다.

엊그제 친구가 찾아와서 무료함을 달래기 위해 냉이를 캐러 갔다. 냉이가 나긴 했는데 새끼손가락만 했다. 냉이가 좀 크려면 1주일은 더 있어야 되겠다, 하고 조금만 캐어다 냉잇국을 끓여 먹었는데 난데없는 봄눈이 소복이 쌓여 대지를 덮었다.

내가 지난가을에 추식구근이라 하여 늦가을에 심는 구근을 구해 심었다. 내한성이 강하다는 튤립 등속을 심었는데 그중 두어 개가 벌써 겨울을 이기고 땅을 뚫고 싹이 올라왔다. 신기해서 덮인 흙을 걷어내어 햇빛을 보게 해주었는데 저렇게 눈에 덮였으니 냉이는 고사하고 우리 집 뜰에 심어놓은 튤립이 죽지나 않을까 노심초사했다.

그러나 봄은 봄이다. 해발이 높아 봄이 늦게 찾아와도 어쨌든 그 기운을 어쩌지 못한다. 그리 쌓였던 봄눈은 점심나절 가기도 전에 녹아 흙이 훤하게 드러나고, 나뭇가지에 얹혀있던 봄눈은 어느새 흔적도 없다. 튤립 싹이 어찌 되었는지 잽싸게 가보았지만 멀쩡했다. 냉이도 죽지 않고 잘 살아 있을 것이다. 눈이 이렇게 많이 쌓여 시련을 주지만 봄이라는 생명의 욕구, 희망을 어쩌지는 못하는가 보다.

인간사도 마찬가지 아닐까? 아무리 험한 시련이 갑자기 닥쳐와도 그 시련을 이겨낼 수 있는 것은 굳센 의지도 필요하지만 닥쳐온 시련을 잠시 견디면 계절의 바꿀 수 없는 법칙처럼 추운 겨울 뒤에 따뜻한 봄이 반드시 찾아오리라는 희망이 있어 견디고 살아남을 수 있는 힘이 생기는 것이 아닐까? 그런 희망도 기대감도 없을 때 결국 쓰러지고 마는 것이다.

나는 벌써 기대되고 설렌다. 코딱지만 한 밭에 씨를 뿌리고, 모종을 옮겨 심고, 나무를 심고, 꽃을 심을 생각에 봄눈도 너무 아름답게 만 보인다. 눈에 덮였던 새싹이 내 가슴 속에서도 움튼다.

봄이 되니 이웃이 고통을 준다

몸을 움직이는 봄이다.

나무도 가만히 서 있는 것 같지만, 물을 빨아올리고, 꽃도 피고, 잎이 돋아나기 위하여 새 눈이 살짝 떠진다. 떠진 눈으로 바깥세상을 살핀다. 지금 나가도 될까? 여긴 4월이 되었어도 쌀쌀하기 때문이다.

사람도 갑자기 분주해진다.

윗집은 돋아난 새싹들을 살피는지 부부가 정원에서 삽을 들고 서성인다. 나는 철쭉이며 회양목, 고광나무, 블랙커런트 등을 사다가 축대 바위틈과 앞마당에 심었다. 그때 윗집에서는 마거릿 꽃이라며 뿌리 덩이를 한 삽 떠서 우리 집 마당으로 훌쩍, 던져놓는다. 싹들을 잘게 쪼개서 여기저기 심으란다. 번식력이 왕성하니 뿌리를 쪼개 나누어 심으면 잘 자란다고 한다. 메리골드 꽃씨도 주었다. 엇그제 일이었다.

그런데 어제는 노인회장님이 갑자기 나타나셨다.

차 트렁크를 여시더니 한 보따리 내놓으신다. 처음 이사 왔을 때부터 관심을 보여주고 말도 걸어주시던 분. 그분도 12년 전에 이곳으로 귀농하셨다 한다. 생협이며 농촌목회 활동에 관여하고, 전통발효식품에 조예가 깊으시다. 그래서 그런지 외지에서 온 사람들에게 스스럼이 없다. 달리아, 튤립, 백합 종류를 비롯해 원추리, 비비추, 큰꿩의비름, 붓꽃, 꽃범의꼬리, 매발톱꽃, 홀아비꽃대, 패랭이꽃, 삼잎국화 등 여러 야생화 종류를 한꺼번에 풀어 놓으셨다. 내가 우리 야생화를 아낀다는 것을 어떻게 아셨을까? 나중에 알고 보니 회장님도 우리 야생화에 관심이 많아 공부도 하고, 집 주변에 많은 종류를 심었다. 그런 소중히 여기는 것들을 한 마을에 이사 왔다는 인연만으로 아낌없이 가져다주시니 얼마나 고마운지! 아, 그리고 지난겨울에 가져다준 야콘을 맛있게 먹었다 했더니 그 말을 잊지 않고 야콘 종자까지 심으라고 가져다주신다.

나는 그제 나무를 심고 텃밭에 거름도 뿌리고 하느라 기진맥진인데 또 온갖 꽃들을 심으라고 가져다주시니 또 몸을 움직이지 않을 수 없었다. 캐온 모종을 즉시 심지 않으면 시들어 죽으니, 나는 또 몸을 움직여 꽃을 심고, 물을 퍼 날라 물을 주고, 혹시나 시들지 않나 수시로 살펴보고, 이것들이 혹시나 죽지 않을까 노심초사다.

오늘 아침 일찍 일어나 이슬 맞은 잎들을 보니 다행히 파릇하게 고개를 곧추 들었다. 수고를 저버리지 않은 것 같아 기뻤다. 그래도 마음을 놓을 수 없는 법. 한낮에 뙤약볕이 내리쬐면 다시 시들어버릴지 모른다. 그래서 아침저녁으로 물을 흠뻑 뿌려주고, 어떤 놈이 시원찮은지 세심히 살폈다. 이런 정성이 어디서 발원하고 있는지 나도 모를 일이다.

봄이 오니 몸이 말이 아니다.

팔, 다리, 허리 아프지 않은 곳이 없다. 이웃들의 관심과 도움이 내게 고통을 주는 것이다. 이제 꽃이며 나무를 더 갖다 주면 사양해야 할 판이다. 내 몸이 더 이상 견뎌내지 못할 모양이니 그렇다. 그러나 마음은 아주 기쁘고 가볍다. 추운 겨울을 지내오느라 마음이 무겁고 고통스러웠는데 이웃들의 마음 씀씀이에 고맙고 역시 사람은 사람과 어울려 살아야 기쁘고 건강할 것이다. 앞으로 좋은 일이 많이 생길지도 모르겠다. 좋은 사람들을 만나는 것보다 더 좋은 일은 없으니까. 그나저나,

바쁘고 바쁜 계촌 자작나무골의 봄날이여!

더 이상 내 몸을 혹사시키지 말아다오!

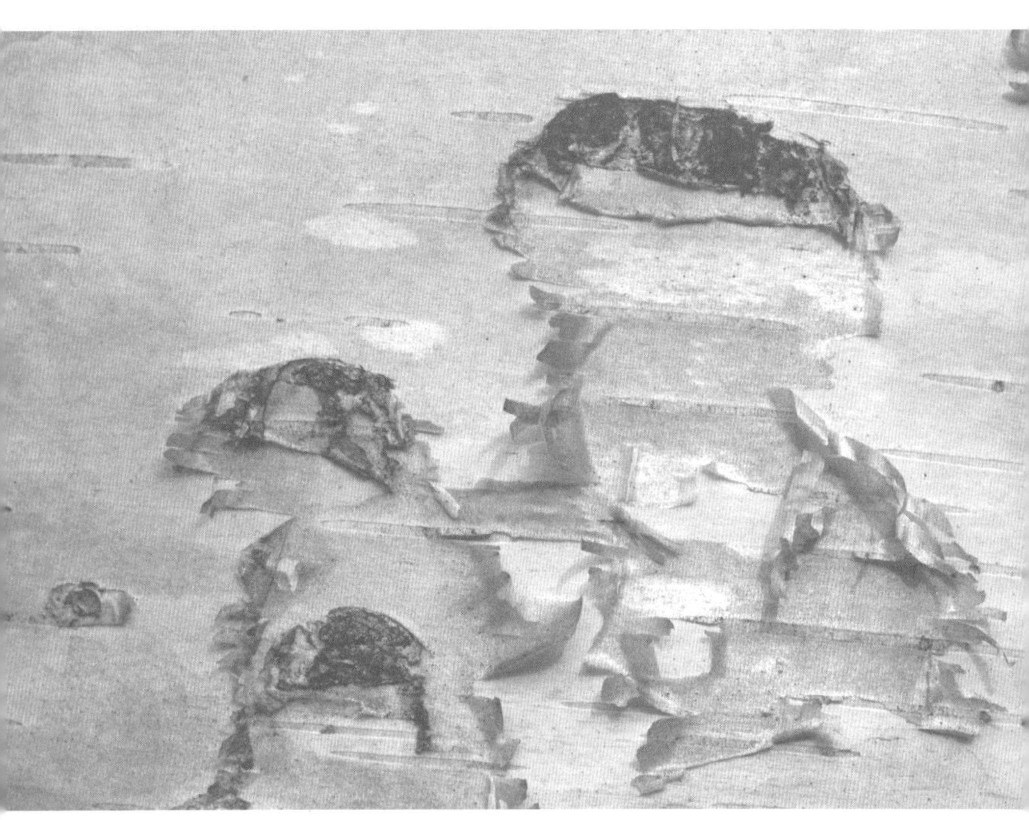

생명을 대하는 마음

윗집에서 우체통에 새집을 지었다고 빨간 사진을 보내왔다. 우체통이 빨간색이니 사진이 온통 빨갛게 보인다. 우체통에 새집을 지은 걸 보니 신기했나 보다. 그 신기한 마음을 이웃과 나누어보고 싶었겠지. 그런데 더 신기한 것은 따로 있었다. 우체통 옆에 팻말을 써서 세워놓았는데 주인아주머니의 예쁜 마음이 적혀있었다. "새집을 지었으니 우편물을 옆에다 놓아주세요."라는 말.

이웃집 사람들이 모여 차를 마시다가 새집을 화제로 올렸더니 아랫집에도 새집을 지었단다. 아랫집에는 우체통이 아니라 LP 가스통 위 틈바구니에 새집을 지었다고 한다. 그래서 가스통 교체를 못 하고 새가 부화하여 이소한 다음에 교체하겠다고 말한다. 그 마음이 스스로 가상한지 얼굴에 미소가 번지고 얼굴을 비추는 봄 햇살이 따사롭다.

올봄에 위, 아랫집 모두 새집을 지었는데 우리 집만 새가 찾아오지 않았다. 새집 지을 자리 빌려줄 의향이 충분히 있는데도 오지 않았다. 나는 신기함에 윗집의 우체통에 가서 남의 집 찾아온 손님인 양

기웃거렸다. 조그만 틈새로 조그맣고 앙증맞은 새알이 뒹굴고 있는 모습이 보인다. 어미 새가 놀랄까 저어하여 얼른 뒤로 물러서면서 덩달아 마음이 뿌듯하여 무언가로 충만해지는 가슴을 안고 내려왔다.

자연 속에서 서로의 생명을 존중하고 조금씩 배려하는 따뜻한 마음. 자연과 인간만이 아닐 것이다. 인간이 인간에게도 서로 존중하고 배려하는 마음을 가진다면 저기 아래 세상도 조금은 더 따뜻해질 터이다. 그런 마음이 곧 부처의 마음이요, 예수의 사랑이 아닐까?

나는 그러면 부처나 예수들 사이에서 사는 행복한 사람!

곤줄박이와 다람쥐

요즘 뒷마당을 나가면 이곳저곳에서 '짹짹~ 짹짹~' 시끄러운 소리가 들려온다. 처음에는 저 소리가 무슨 소린지 알지 못했다. 무슨 풀벌레들이 집단으로 모여 나에게 항의 시위라도 하나? 하긴 마당의 풀을 모두 제거하고 가운데 원을 중심으로 한 방사형의 꽃밭을 만들었으니 혹시 자기들 텃밭을 없앴다고 그러는 건 아닌지? 하고 생각했다.

그런데 가만히 지켜보니 다람쥐가 축대 바위 위를 사뿐히 가로질러 뒤울 음습한 곳으로 다가섰다. 우리 집 앞마당을 둘러싼 축대나 뒤울 축대 근처에는 다람쥐 부부가 여럿 산다. 가끔 자기들끼리 이리저리 폴짝거리며 노는 모습을 봄철 내내 지켜봐 왔다. 그 다람쥐 부부 중 한 마리가 축대 위의 한 곳 움푹 파인 곳에 다다랐을 때, 갑자기 새 한 마리가 다가서는 다람쥐를 냅다 쪼려고 무섭게 달려드는 것이 아닌가?

다람쥐는 혼비백산하여 달아나지만 새는 그래도 분이 안 풀리는지 다람쥐를 끝까지 뒤쫓아 연신 부리로 쪼려고 달려들었다. 사생결단 하듯 새가 다람쥐를 향해 달려드니 새보다 몸집이 두 배는 커 보이지만 어쩔 수 없었다. 결국 다람쥐는 자기 집 굴속으로 달아날 수밖에. 처음에는 이 모든 상황이 우연이었겠지 생각했다. 새가 다람쥐와 우연히 맞닥뜨려 싸우는 것이겠지, 라고 생각했다.

하지만 그런 일이 자꾸 반복되는 모습을 목격했다. 그래서 짹짹거리는 소리의 흔적을 찾아보기 위해 살며시 다가가면 소리가 신기하게 사라졌다. 다가오는 발소리를 미리 알아채고 들리던 소리가 뚝, 끊긴 것이다. 그래서 그곳에 무엇이 있는지, 어떤 상태인지는 확인할 수 없었다. 무슨 새인지 인터넷에서 찾아보았다. 배의 색깔이며 날개깃의 모습이 곤줄박이가 틀림없었다.

윗집 남자에게 물었다.

"왜 다람쥐하고 곤줄박이가 서로 저리 사생결단으로 싸워요?"

"아, 그거요. 아마 근처에 곤줄박이 새집이 있나 본대요?"

"새집이요?"

"예, 새끼가 부화가 됐나 봐요. 그래서 다람쥐가……."

"예? 새 새끼하고 다람쥐하고 무슨?"

"다람쥐가 아마 새 새끼를 잡아먹으려고 침입하려 해서……."

"다람쥐가 새끼를 잡아먹어요? 다람쥐는 도토리만 먹고 사는 줄 알았는데……."

"아니에요. 다람쥐는 블루베리 열매도 다 따먹고, 새알도 훔쳐 먹어요."

"예! 큰일 났네. 그럼 다람쥐 안마당에다 내가 블랙커런트를 잔뜩 심어놓은 거네요."

블랙커런트도 블루베리의 일종이다. 그러니 다람쥐의 손을 탈 것이 분명했기 때문이다.

"하하, 아마도 전부 양파망 같은 거로 씌워놔야 돼요. 그렇지 않으면 따먹을 열매 하나도 남아나지 않을걸요."

나는 다람쥐가 잡식성이라는 것도 처음 알았고, 그 다람쥐가 새 새끼를 노리고 새집을 침입하려다가 어미 새 곤줄박이에게 쫓겨 혼비백산 달아나려 했다는 것도 알았다. 다람쥐는 새끼를 잡아먹으려 번번이 침입하지만, 여전히 그곳에서 짹짹거리는 소리가 들리는 것으로 보아 모두 실패했음이 틀림없었다.

우리 집 뒤울만이 아니다. 옆의 숲속에서도 짹짹, 소리가 나고, 방향을 돌려 자작나무 숲속을 가보아도 거기서 짹짹, 소리가 난다. 모두들 새 새끼들 소리다.

바야흐로 봄은 새끼를 낳아 기르는 생명의 계절로 딱 이다. 먹이도 풍부하고, 날씨도 온화하고…… 다만 이런 얌체 다람쥐 같은 침입자만 잘 방어한다면 곧 있을 여름철에는 가족이 더 많이 늘어나 있겠지. 곤줄박이의 사랑, 자식을 지키려는 끈질긴 사투를 보면서 혼자 사는 나는 더 외로워진다.

버찌 익어가는 계절에

서울에서 친구들이 왔다.

그들은 나보다 어린 사람들이지만 마음을 터놓으니 친구들이다. 서울 마포구 우체국에 근무하는 친구들이다. 그들은 내가 서울에 살 때 십수 년을 함께 동고동락했던 동생의 동료들이다. 금요일 근무를 끝내고 밤늦어 쳐들어왔으니 친구라기보다는 밤손님(?)에 가깝다. 일면식 있는 사람도 있어 친근하고, 일면식이 없었어도 어쩐지 오랫동안 알고 지내왔던 사람들처럼 스스럼없어 좋았다.

봄밤에 만났으니 봄의 정취를 즐기기 안성맞춤이다. 밖이 어둡긴 해도 달빛이 새 들어와 분위기를 돋우기는 제격이라 사 온 맥주를 모두 따라 건배를 했다. 그렇게 첫 만남을 시작한다. 내가 글쟁이라 대접(?)해 주는 살가운 말들하며, 산속의 밤경치 칭찬 들으며(그런데 여기 경치가 좋다는 소리를 들을 때마다 이상하게도 내가 칭찬받고 있다는 착각을 일으킨다), 또 봄이니 내일 날이 밝으면 밖에 숲속에 들어가 참취며 고사리, 다래 순, 민들레, 두릅, 더덕, 홑잎나물 따위

산나물을 따다 샐러드도 해 먹고, 데쳐서 나물로 무쳐 먹자고 거드는 이가 있었으니 처음부터 내 눈에 뜨인 S가 마음에 드는 말만 했다. 사실 여기는 바로 옆 숲속에만 들어가도 산나물이 지천이니 그걸 내 자랑하고 싶었는데 먼저 말을 하니 미소가 저절로 흐른다. 자기도 시골 출신이니 이런 분위기에 친숙하다고 했다. 봄밤이 무르익어 술잔이 한 순배 더 돌고 내일을 위해 잠을 자 두자고 했다. 그러나 친구들이여, 산촌의 봄밤 정취를 어찌 이기고 잠들 자려고 하는가!

다음날 우리는 아침을 느긋하게 해 먹고 주변 구경을 가자하여 행장을 꾸렸다. 내가 안내하고 싶은 곳은 영월 동강을 돌아보고, 오다가 청평 읍내장을 들렀다 오자고 했다. 마침 오일장이 열렸다. 모두들 마음이 맑아서인지 흥겹고, 순수하다. 주고받는 말이나 농담들이 여간 살갑지가 않다. 경상도 내륙 산골이 고향이라서 여기 산촌의 풍경을 빗대어 자기가 어려서 경험해왔던 여러 어린 시절 얘기를 보따리로 풀어놓던 친구, 자기는 서울내기이지만 처가가 양평 단월면이라 시골에서 경험하는 일은 다 해봤다는 친구, 여간해서 자기 속내를 털어놓지 않는 수더분한 분위기의 여자분(그녀는 밸리댄스를 전문적으로 한다고 하는 정보 이외에 그녀에 대해서는 잘 모른다. 그만큼 자기 얘기는 하지 않았다) 하나, 또 S, 그녀는 첫날 만남부터 내게 스스럼이 없어 옛날부터 어디에서 오누이처럼 알고 지내다 어쩐 일로 헤어졌다가 다시 만난 사람인 양 마음 가는 친구, 그리고 서울에서 같은 집에 살다 내가 이곳으로 내려오면서 헤어져 사는 동생, 이 동생은 놀러 온다는 핑계로 수시로 내려와 난로를 설치하는 거 도와주고, 텃밭 만드는 것, 땔감 거둬오는 것, 나무 심는 것 등등 온갖 잡일을 도와주고 가곤 하는 내 인생의 가족 같은 동생이다. 놀러 온다는 말은 하지만 그것은 핑계일 뿐이고 필시 내가 불편하니 마음이 쓰여서 내려와 이것저것 도와주고, 술친구도 해주고 가는 것이리라.

정선의 백룡동굴에 갔으나 시간이 맞지 않고, 오랜 시간 마음먹고 탐사해야 하는 불편함이 있어 들어가 보지도 못하고 발길을 돌렸다. 다음에 미리 예약해서 아이들하고 동굴탐사 하면 좋겠다는 말로 위안으로 삼았다. 발길을 돌리는 거기 길가에 벚나무의 버찌가 탐스럽게 열려 어떤 것들은 벌써 땅에 수북이 떨어져 퍼렇게 물들이고 있었다. 동굴에 들어가지 못하는 아쉬움을 달래려 내가 친구들을 불러들였다. 버찌 한 개씩을 따서 입에 넣어주었다. 얼굴에 한가득 웃음을 머금고 받아먹었다. 입을 벌리니 혓바닥이 잉크 물든 것처럼 쪽빛 하늘이어서 서로들 얼굴을 보고 무엇이 우스운지 낄낄거린다. 너도나도 버찌를 따서 입에 넣는다. 이런 버찌를 먹어본 지도 너무 오랜만일 거다.

돌아 나오다 동강가에 들어가 물에 손을 담가보기도 하고, 물수제비도 떠보다 심심했던지 서로에게 물을 뿌리고 야단이 아니다. 동심으로 돌아가 도시 생활의 헛헛함, 스트레스를 풀고 있는지 모르겠다. 또 동강 민물고기 생태관에 들러 어려서 보아왔던 우리의 친숙한 물고기를 구경하였다. 요즘은 잘 볼 수 없는 것들, 이렇게 장년의 어른들이 되어서 없어져 가는 물고기들을 보니 어린 시절로 돌아간 듯 추억에 젖어 보기도 하고, 다시 보는 물고기의 아름다움에 감탄사를 연발하였다.

점심을 먹고 오후에 들어와서 누구는 피곤한지 낮잠을 자고, 몇 명은 어제 말한 것처럼 산에 올라갔다. 한참을 기다리니 손에 한두 가지씩 들고 온 나물들, 약초(잔대, 도라지, 잔나비걸상버섯 같은), 그리고 기묘한 모양의 노박덩굴(내가 솟대를 만든다는 것을 알고 S가 가져다주었다. 솟대 받침대로 쓰라는 것이다. 나는 그것으로 S에게 되돌려 주려 작품을 만들어 두었다), 등속을 자랑스러운 듯이 들고 내려왔다. 집안이 다시 왁자지껄 잔칫집 같다. 저녁을 준비한다. 역시 이런 산골에서는 야외에서 불을 피워 고기를 굽고, 달빛을 술잔에 드리워 취해보는 것이야말로 제격이 아닌가!

나는 친구들이 놀러 오면 대접을 하긴 하나 무언가 한 가지 빠진 것 같은 아쉬움이 늘 있었다. 그게 무얼까 골똘히 생각해봤지만 떠오르지 않았다. 그러다 아랫집에 새로 이사 온 유명한 작곡가께서 차를 대접해주어 놀러 갔는데, 그는 작곡가이기 이전에 인테리어 전문가요, 유기농 요리 연구, 그리고 전통물건 수집가였다. 기기묘묘한 인테리어 작품들을 구경하면서 어떻게 이런 것들을 만들었냐고 부러운 듯 말했더니, 빙긋 웃으며 앱 사이트를 하나 가르쳐 주었다. Pinterest였다. 전 세계 사람들이 아이디어를 올려놓는 사이트였다. 나는 밤에 잠도 안 자고 그것을 들여다봤다. 인테리어 분야를 떠들어보다가 눈에 확, 들어오는 것이 있었다. 마당가에 모닥불을 피워 고기도 구워 먹고, 음식을 나눠 먹는 야외 피크닉 장소, Fire pit이었다. 바로 이거다! 이걸 만들어야겠다. 마당가에 이걸 만들어 놓고 친구들이 오면 이곳에서 불 피워 밤을 즐기면 금상첨화겠다는 생각이 들었다.

그리하여 밭에 돌을 골라내 방치해 놓은 곳에 가서(강원도 밭은 돌이 많아 농사짓기 전 봄에는 중장비를 동원해 돌을 골라 밭 가 언저리에 쌓아놓는다) 봄철 내내 튼튼이 쓸 만한 판석을 골라 날랐다. 판석을 주워다 파이어핏 주변을 돌로 깔아 판판하게 다듬어 놓고 중앙에 적벽돌을 쌓아 파이어핏을 만들었다. 이 파이어핏을 만들 때도 서울에서 예의 그 동생이 내려와 수고를 해주었다. 그러나 막상 그 동생은 여기서 고기를 구워 먹지도 못하고 서둘러 올라갔다. 차 시간이 임박해서 어쩔 수 없었다. 다음을 기약하자고 하면서. 그런데 오늘 다시 동료들을 데리고 내려와 제대로 파이어 핏을 사용하게 되었으니 더 좋은 일 아닌가?

참나무 장작을 가져다 불을 피웠다. 연기를 마셔가며 불을 피우는 재미도 또한 한 가지 묘미다. 장작에 불이 붙기 위해서는 밑불을 충분히 밀어 넣고 불을 붙여 바람을 불어넣어야 한다. 연기를 마셔가며 불을 붙이기 위해 입으로 바람을 불면 저절로 눈에 눈물이 흐른다. 불을 피우다 말고 상대편 얼굴을 쳐다본다. 네가 바람 좀 불어보라는 눈치다. 그러다 눈물 흘리는 것을 보고, 깔깔거리며 웃는다. 불은 붙이기 어려워도 참나무 장작에 일단 불이 붙으면 활활, 잘 탄다. 화력도 제법 세다.

땅거미가 내려앉으니 금세 어두워진다. 산골의 밤은 도시와 다르다. 밤이 빨리 온다. 사방이 칠흑 같고 피트(Pit)에 모닥불만 보이니 분위기가 오붓하다. 꼬치에 두툼한 돼지목살을 꿰어 불 위에 직화구이 한다. 그리고 어느 정도 익으면 돌판 위에 올려 먹기 좋게 잘라 올린다. 피트(Pit) 주위로 모두 둘러앉아 고기가 익어가는 것을 침 삼키며 쳐다보는 모습이 영락없는 개구쟁이 어린애들이다. 누가 먼저 먹을까 봐 눈치 보며 젓가락을 들고 노려본다. 참나무 숯 이글거리는 것을 멍하니 바라보다 누가 먼저랄 것 없이 허겁지겁 고기를 집어 입에 가져간다. 눈이 휘둥그레진다. 고기 맛이 왜 이렇게 좋으냐며 연신 입이 바쁘다. 그리고 술이 들어간다. 맛있다. 불에 취해, 어둠에 취해 먹는 고기 맛이란 정말 색다르다. 배고픔을 잊으려 허기진 배를 두드리고 나니 어느새 달이 떠 있었다. 반달을 훨씬 지나 배가 한창 불러가고 있다. 달빛이 반쪽의 음영처럼 사람의 얼굴을 비춘다. 내 옆에 앉은 S의 얼굴이 달빛에 어른거려 서러워 보인다.

모닥불이 사그라들어 숯에서 나오는 불빛이 이글이글 빨갛게 타고, 달빛이 술잔에 내려와 술 속에 달이 떠 있다. 모닥불 불빛에 혼령이 빨려 들어가듯 홀려서 그랬나? 아니면 술잔 속에 달이 떠서 황홀함에 몸을 떨어서 그랬나? 모르겠다. S가 왜 그런 용기를 냈는지를, S가 술잔을 들고는 나를 쳐다본다.

"저기, 우리 오늘부터 오빠 동생하기로 해요?"

나는 그 소리를 듣는 순간 갑자기 달을 쳐다봤다. 달빛이 내 눈에 환하게 들어왔다. 내 안에서 울컥, 하고 뜨거운 것이 솟아올랐다. 그러지 않아도 내가 하고 싶었던 말이다. 나는 미소로 답했다. 그 소리를 들은 다른 동생들은 '러브 샷, 해!'라고 이구동성 말 추념을 했다. 둘은 달빛을 마셨다. 가슴을 따뜻하게 데워줬다. 어둠 속의 상수리나무가 가만히 웃었다. 산골의 밤이 시나브로 더 깊어갔다. 불빛도 사그라들고, 달도 서쪽 하늘로 주춤주춤 사라져가고, 주위는 짐승 소리 하나 없이 조용하다. 하나둘 집 안으로 들어가 산골의 정취에 취하여 잠을 자기 시작한다.

마음을 나누면 친구가 아닌가?

나는 이런 꿈을 꾸고 이 산골에 내려온 것이다. 가끔 사람이 그리울 때 술 한 병 사 들고 찾아와 부담 없이 술잔을 들고, 적당히 봄밤에 취하여 잠들면 얼마나 좋겠는가! 산골 누옥을 찾는 친구들도 도시 생활에 지치면 이곳에 와서 내가 그들을 위로해주고, 그들은 또 나의 고적함을 달래주니 이들이야말로 바로 내 친구가 아니겠나?

오늘 봄밤을 그들과 함께 흠뻑 취하노니, 나도 이백의 흉내 하나쯤 내본 것이 아닌가! 내가 이백의 풍취를 다 가지진 못해도 오늘 나를 찾아온 친구들과 술을 나누고, 마음을 나눠 봄밤을 즐겼으니 이백의 시 한 편 읊어도 손색이 없으리라.

山中與幽人對酌(산중여유인대작)

兩人對酌山花開(양인대작산화개)
一杯一杯復一杯(일배일배부일배)
我醉欲眠君且去(아취욕면군차거)
明朝有意抱琴來(명조유의포금래)

둘이 마주 앉아 술 마시니 산꽃이 피고
한 잔 한 잔에 거듭되는 또 한 잔이라
나는 취해 졸리나니 그대는 우선 가게
내일 아침 생각나거든 거문고 안고 오시게나

후기〉 그렇게 인연을 맺은 나이 어린 친구들은 그 후에도 놀러와 계곡에 나가 천렵도 하고, 내 글 잔치에 찾아와 마음껏 축하도 해주고, S는 나에게 가끔 마음의 소식도 전해주고, 나도 도시에 그들을 찾아가 함께 술잔을 기울인다. 그렇게 인연은 계속된다. 이 또한 기쁨이다.

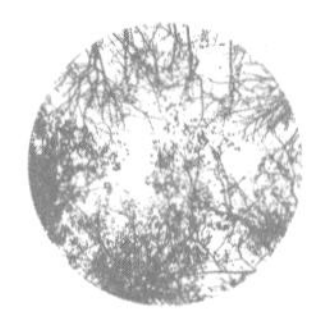

가래나무와 애벌레

우리 집 옆에는 커다란 가래나무가 몇 그루 있다.

가래나무 밑에서 하늘을 쳐다보면 하늘 높이 뻗어 있는 가래나무 가지와 푸른 하늘이 어우러져 마치 숲속 정글에 들어와 있는 듯한 감동을 불러일으킨다. 여기에 이사 왔을 때 가래가 땅바닥에 떨어져 뒹굴고 있어 주워 모았었는데, 알이 너무 작았다.

보통 가래 열매는 손바닥 지압용으로 많이 사용하는데 알이 굵어야 효용이 있다. 그런데 알이 너무 작았다. 이웃의 말을 들어보니, 봄에 애벌레가 창궐하여 가래나무 잎을 모두 갉아 먹어 그렇단다. 잎에서 영양분을 공급받아 열매가 충실해져야 알이 굵어지는데 그렇지 못하다는 것이다. 지난해 가뭄이 들어 나방의 유충이 대발생했다고 한다. 그 유충은 가물어서 비가 거의 오지 않을 때 대발생한단다.

그 말을 듣고도 까맣게 잊고 있었다. 그런데 해를 바꿔 봄이 지나가려는 6월 어느 날, 우연히 숲속을 보니 가래나무 둥치를 타고 오르내리는 푸른색을 띤 유충이 스멀스멀 기어 다니고 있지 않은가! 그것도 수백 마리는 되는 거 같았다. 몸길이는 5센티미터에서 큰 놈은 족히 7~8센티미터는 된다. 기십 마리면 어떻게 잡아보기라도 하겠지만 엄두를 낼 수 없을 정도로 많은 놈들이 기어 다녔다.

처음에는 어느 한 나무에서 집중적으로 나뭇잎을 갉아 먹기 시작하더니 바로 옆 나무, 다시 옆 나무로 옮겨붙기 시작했다. 우리 집 옆 가래나무 다섯 그루는 머지않아 벌거숭이가 되고 말았다. 너무 징그러워 막대기로 보이는 족족 잡아보고 우리 집 정자인 상수리나무에까지 기어오르는 것을 보고 안 되겠다 싶어 더욱 열심히 잡아 죽였다. 가래나무에 발생한 유충은 어쩔 수 없다 쳐도 다른 나무에까지 침투하는 것을 두고 볼 수만 없었기 때문이다.

그러나 이 애벌레들은 다행히 가래나무 잎만 갉아 먹고 다른 나뭇잎은 먹지 않는 거 같았다. 보통 나방 애벌레들은 특정 나뭇잎만 먹는다고 들어서 이놈들도 그런가 보다 했다. 실제로 이놈들은 가래나무 잎을 모두 갉아 먹고는 참나무나 아니면 주변에 아무 나무나, 심지어 꽃대가 오른 꽃나무에까지 기어올라 잎을 말아 고치를 만들고 있었다. 그나마 다행이다 싶었다. 여기저기 아무 나무나 올라가 피해를 준다면 심각해지기 때문이다.

나는 이놈들이 어떤 나방의 애벌레들인지 궁금했다. 가래나무 잎만 먹으니 가래나무에 꼬이는 나방을 검색했더니 큰제비푸른자나방이 가래나무 잎을 먹고 산다고 한다. 그러나 아무리 살펴봐도 유충의 모습이 그 모습이 아니다. 며칠을 뒤지고 뒤져 찾아낸 것이 밤나무산누에나방 유충과 너무 흡사했다. 밤나무산누에나방이 홍천이나 평창에 대발생하여 피해를 주었다는 기사가 몇 개 눈에 띄는 것으로 보아 그 나방의 애벌레임이 틀림없다고 생각했다.

이 애벌레들은 가뭄이 드는 해에 대발생한다고 한다. 이 유충은 주로 밤나무에 피해를 주며 상수리나무나 참나무 류 등 다른 나무에도 피해를 준다고 쓰여 있다. 그런데 우리 집 옆 가래나무에 발생한 애벌레들은 다른 나무에는 피해를 주지 않는 것으로 보아 밤나무산누에나방인지도 확실히는 모르겠다.

어쨌든 올해도 가래 열매는 저놈의 애벌레들 때문에 알 굵은 놈을 수확하기는 어려울 것 같다. 내년 봄에는 저 애벌레들이 발생하기 전에 파리끈끈이를 사다가 나무 둥치에 둘러 붙여볼까? 궁리도 한다. 기어오르는 애벌레들이 끈끈이에 붙어 죽을 것이므로 어느 정도는 방제할 수 있지 않을까?

그러다가 나방의 애벌레도 이 자연의 일부 생명인데 내가 인위적으로 생명을 저지해도 될까, 라는 저어하는 생각도 들지만 그래도 저렇게 무지막지하게 대발생하여 가래나무 잎을 모두 갉아 먹으면 또한 그들 스스로도 생명을 침해하는 것이 되지 않을까? 하긴 그 미물들이 가래나무 잎을 모두 갉아 먹어 가래나무가 죽어 없어져 자기들 먹이마저 모두 없어지리라고는 생각지도 않을 테지만…….

대 발생이 일어나지 않기 위해 가뭄이 들지 않기를 빌어야겠지만 저런 징그러운 모습을 덜 보기 위해서, 그리고 가래나무에서 나도 열매를 조금은 수확해보기 위해서 내년 봄에는 뭔가 조금은 조치를 취하고자 한다. 농약 방제를 하고자 한다는 것이 아니라 끈끈이라도 붙여 비정상적인 대 발생은 막아보아야겠다는 생각을 한다.

제비 날라 왔다

좋은 소식 물어다 주는 제비.

계촌리 소재지에 나갔다가 제비를 만났다.

봄에 날아와서는 흙집을 제일 먼저 지어 새끼를 까서 키우고, 여름내내 낮에는 논가를 날아다니며 먹이를 잡다가 저녁에는 전선에 줄줄이 앉아 쉬고, 여름이 종막으로 다다를 때쯤부터 저 멀리 강남 갈 준비를 하던 제비. 어김없이 계절을 잊지 않고 찾아왔건만 어느 해부터 보이지 않았다.

내 고향은 논이 대부분을 차지하는 평야 지대였지만 어느 때부턴가 제비집을 지을 수 없는 집들이 들어서고, 남아있는 논에는 농약을 뿌려대어 메뚜기 한 마리 살 수 없는 죽은 땅이 되었으니 제비인들 발길을 할 수 있었겠나!

툭, 하고 끊어진 오래된 영사 필름에 남겨진 추억의 그림처럼 아쉬워하면서도 너를 잊고 지내다가, 너를 그리워만 하다가 어찌 된 일인지 논도 하나 보이지 않는 계촌의 어느 집 처마 밑에서 제비 부부가 앉아 깃을 고르고 있다. 장마가 한창이라 비는 억수같이 오는데 너를 만난 기쁨으로 잠시 바라보았네. 고향 떠난 나그네가 너무도 오랜만에 타향에서 우연히 고향 친구 만난 것처럼 반가웠지.

좋은 소식 물어다 주는 제비.

계촌에 산다고 나를 위로해주러 날아왔

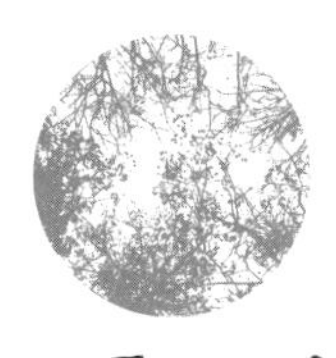

좁쌀정원

우리 집 옆에 작은 마당이 있었다.

이사 오니 풀만 수북하게 자라 그냥 내버려 두었었다. 온갖 잡풀이 자라 처음에는 여기에 잔디를 심을까? 아니면 토끼풀이나 질경이 같은 풀을 심어 이놈들로 하여금 우점종이 되게 하여 다른 잡풀들이 자라지 못하게 할까도 생각하였다. 그리하여 올봄 냇가 둔덕에 자라는 토끼풀 뗏장을 떠다가 여기저기 심기도 했다.

그러던 중 갑자기 마음이 바뀌었다. 이른 봄에 우리 마을 노인회 회장님이 빈 땅에 심으라며 꽃모종들을 조금씩 가져다주셨다. 그 모종들을 심고, 노인회장님 댁에 놀러 가봤다. 집 주변으로 꽃이 만발하였다. 온갖 야생화며 꽃나무 그리고 복사꽃, 사과 같은 유실수들이 꽃을 피우려 하고 있었다. 마치 초등학교 교과서에 나오는 키다리아저씨네 복사꽃 만발한 아름다운 집을 연상하게 하였다. 그 아름다움에 취해 잠시 동화 속에 있다 왔다.

집에 와서 생각해보니 저 마당을 풀들로 놓아둘 게 아니라 꽃밭을 만들어볼까 불현듯 생각이 들었다. 그러나 저 너른 마당을(내 신체 능력으로는) 어찌 파 엎어 꽃밭을 만들까? 엄두가 나지 않았다. 그리고 만든다고 해도 꽃을 심기에는 조금 늦었지 않나 생각되기도 하고. 그런 생각을 했을 때가 5월 초순이었으니 그렇다.

그런데 어디서 용기가 생겼는지 결심한 날 저녁 간단한 설계도를 그리고 다음 날 아침부터 괭이와 호미만을 가지고 땅을 파 엎기 시작했다. 땅을 파는 족족 돌이 부지기수로 나왔다. 강원도 땅은 감자만 많은 것이 아니라 돌이 더 많다. 그래서 생각난 것이 이 돌들을 이용하여 꽃밭의 테두리로 쓰면 되겠구나 싶었다. 그렇게 꽃밭을 일구는 작업이 시작되었다.

평생 노동을 해보지 않아 성치 않은 몸으로 다져진 땅을 파고, 돌을 골라내고, 꽃밭 테두리를 만들고 하는 일이 여간 힘들지 않으리란 건 미리 짐작한 일이었다. 하루에 몇 시간씩 쉬엄쉬엄하면 족히 한 달은 걸리리라 생각했다.

그런데 그게 아니었다. 막상 일을 벌여놓으니 이른 아침부터 오후 늦게까지 그 일에 매달렸다. 물론 온몸이 쑤시고, 아팠다. 그래도 다음날이면 일을 하고, 그러고 나면 아픈 몸도 괜찮아졌다. 밤에는 꽃밭을 만들어 그곳에 무엇을 심을까 인터넷을 검색하여 목록도 작성해보고 궁리했다.

처음에는 우리 야생화 동산을 만들어볼까 마음먹었으나 그게 쉽지 않다는 것을 알았다. 그래서 우선 제일 싸게 할 수 있는 방법, 꽃씨를 사서 싹을 틔워 모종을 옮겨심기로 했다. 땅을 파헤치고 있는 옆 한 구석에 트레이 모판을 설치하고 꽃씨를 파종했다. 꽃씨가 싹을 틔우는 동안 나는 더욱더 열심히 땅을 팠다. 그런데 나 자신 놀랍게도 마당을 파헤치기 시작한지 보름여 만에 꽃밭의 모양을 갖췄다. 내가 생각해도 모를 일이다. 한 달은 족히 걸릴 것으로 생각했는데.

거름기 하나 없는 생땅에 거름도 뿌리고, 싹 튼 꽃모종들을 키워 여기저기 꽃을 옮겨 심었다. 그러나 꽃씨들을 파종할 때부터 대개 시기가 늦어 이놈들이 제대로 커서 꽃을 피울까 걱정하면서도 잡풀만 무성하던 곳에 꽃밭을 만들어 꽃을 심고 보니 나 스스로에게 대견함이 느껴져 가슴 뿌듯했다.

매일 아침 나가 죽지 말라고 물을 주고, 잘 자라나 들여다보고, 풀도 뽑아주고, 소나기 올 때는 어린 모종들이 흙이 드러나 쓰러지면 흙을 파서 북을 돋아 일으켜 세워 주었다. 우려했던 것만큼 걱정하지 않아도 되었다.

7월이 지나 여름이 한가운데로 들어설 즈음 여기저기서 꽃을 피우기 시작했다. 다만 심는 시기가 늦어 대궁을 다 키우지 못하고 일찍 꽃을 피우기 시작했다. 그리고 워낙 거름기 없는 땅이라 크지 못하는 것도 있으리라. 그래도 만족한다. 첫술에 배부를 리 없지 않겠는가.

그런데 꽃밭을 바라보며 또 한 가지 욕심이 생겼다. 꽃밭 이름을 지어 작은 표석을 세워보고 싶었다. 표석을 할 만한 넓적한 돌을 이웃집에서 얻어다 세웠다. 무슨 이름이 적당할까 오래 생각했다.

내 아호를 따서 지을까? 아니면 아버님이 돌아가시기 얼마 전까지 고향 집을 꽃밭으로 가꾼 기억이 생생하여 그것을 추억하기 위하여 아버지 이름자 한 자와 내 이름자 한자를 붙여 이름을 지어볼까도 생각했다. 그러나 이 조그만 꽃밭에 아버지 이름자를 붙이는 것은 포기했다. 많은 유혹을 느꼈지만, 아버지 이름자를 붙이는 것은 내가 더 넓은 보금자리에 그럴듯한 정원을 만들고자 하는 욕심이 있어 혹시 그럴 일이 생기면 그때 고려해보자 생각했다.

그래서 생각난 것이 다산 선생과 그의 제자 황상의 얘기다. 황상은 다산이 강진 유배 당시 제자로 삼았던 아끼는 사람이었다. 시문에 아주 능했으나 신분이 미천하여 관계로 나갈 수 없었다. 그리하여 그는 고향에 조그만 산방을 마련하여 그곳에서 평생을 공부하며 살았다고 한다. 그 산방의 이름이 일속산방(一粟山房)이다. 다산 선생이 지어주었다고 한다. 일속은 좁쌀 한 알이라는 뜻이다. 좁쌀 한 알은 보잘것없는 작은 것이지만 그 좁쌀 한 알에 온 우주가 담겨있다며 깊은 뜻을 부여해 주었다.

여기에서 언뜻 생각이 났다. 나의 이 정원을 외람되게도 '좁쌀 정원'이라 이름 지으면 어떨까 말이다. 두고두고 곱씹어 보았다. 일속이라는 한자어보다는 그냥 좁쌀, 그리고 거기에 정원이라는 좀 거추장스러운 말을 붙여 '좁쌀정원'이라고 하고 몇 날 며칠을 되뇌어 보았다.

좀 신선해 보였다. 그래서 나의 조그만 정원을 '좁쌀정원'이라 이름 짓기로 했다. '작은' 정원이라는 뜻도 있지만, 좁쌀에 온 우주가 들어있듯이 이 작은 정원에 온 우주의 기운이 깃들기를 바라는 마음에서다. 여기서 얼마를 살다 나갈지, 아니면 남은 평생을 살다 여기서 죽을지 모르지만 잘 가꿔 혹여 나를 이어 들어와 살 사람이 나의 정성을 생각하며 좁쌀정원을 감상한다면 이 또한 기쁨이 아니겠는가!

상수리나무가 사람을 부르네

우리 집에 커다란 상수리나무가 있네.
집 지을 적에 옮겨다 심어 작년에는
상수리가 얼마 열리지 않았는데,
올해는 안정이 되었는지 주렁주렁 열렸네.

얼마 전 상수리 따 가시라고
이웃집 아주머니들에게 말씀드렸는데
아직 덜 여물었다며 발걸음 돌리셨었지.
오늘 아주머니들, 동네 형님서컨 줄줄이 마당으로 들어서는데
나는 반가워 얼른 밖으로 나가 맞았지.
"상수리 주우러 오셨어요?
어제 비바람에 많이 떨어졌는데 시간 맞춰 오시네요."

나는 반갑게 맞으며 같이 엎드려 상수리 주웠지.

장대로 상수리나무 두들겨 열매를 떨어뜨리기도 하고
나무둥치를 두드려 떨어뜨려 보기도 하고,
"아이 쿠쿠"
떨어지는 상수리에 머리를 맞아 엄살이 심한 형수님들,
"밤알이 떨어지는 거 같아!"
"하하하"
상수리 떽떼구르 굴러가듯 사람들의 웃음소리 굴러가네.
"이거 우리가 다 주워가면 안 되는 거 아냐?"
"왜요?"
"이거 다람쥐 식량이잖아. 여기저기 다람쥐들이 많은데 남겨둬야지."
"저거 봐. 우리가 전부 따가는 줄 알고 다람쥐가 놀란 눈 하고 달려오잖아!"
마침 다람쥐 한 마리가 볼따구니에 무언가를 잔뜩 넣어가지고
폴짝거리며 사람들 곁으로 다가오다 놀라서 다른 곳으로 도망친다.
우리 집 근처에서 서식하는 다람쥐가 틀림없다.
"그러네, 지금은 잣 먹느라고 도토리 거들떠보지도 않을 텐데,
아마도 겨울에는 도토리 모아뒀다가 먹을겨.
걱정 말아요, 저기 우듬지 위에 도토리 얼마나 많은데……."
두런두런 이런 얘기 저런 얘기 하는 사이 열매로 가득한 바구니 바라보며,
"내 이 도토리로 묵을 쑬 테니 나눠 먹읍시다."

"네, 그래요. 조금 나눠주세요. 하하"

상수리나무가 이웃 사람들을 불러들여
정도 주고, 재미도 불러일으키고,
시간도 보내며 이야기들 나누라고
사람도 못 하는 기특한 노릇을 한다.

상수리나무 밑에 도란도란 모여 있는 사람들 바라보며
나는 갑자기 상수리나무가 사람보다 나은 군자라고 감탄하네.
얼마나 우람하고 덕스럽고 인자하고 의젓한가!
여름엔 그늘을 만들어주니
뙤약볕 피해 나무 밑에 사람이 찾아오고
가을엔 열매를 나누어주니
그 열매 주우러 또 사람이 찾아오고
이 집 주인인 나보다 더 너그러우니
그 인자함이 하늘로 솟아 상수리나무 보러 사람이 찾아오네.
이렇듯 사람보다 나은 상수리나무가 내게 깨달음을 주는구나.
상수리나무처럼 사람도 모름지기 베풀줄 알아야
그 향기를 맡고 사람들이 찾아들지니
그 향기 가만히 있어도 천 리를 퍼져나갈 것이다.
아아, 나는 언제나 저 상수리나무의 덕을 따라갈 것인가!

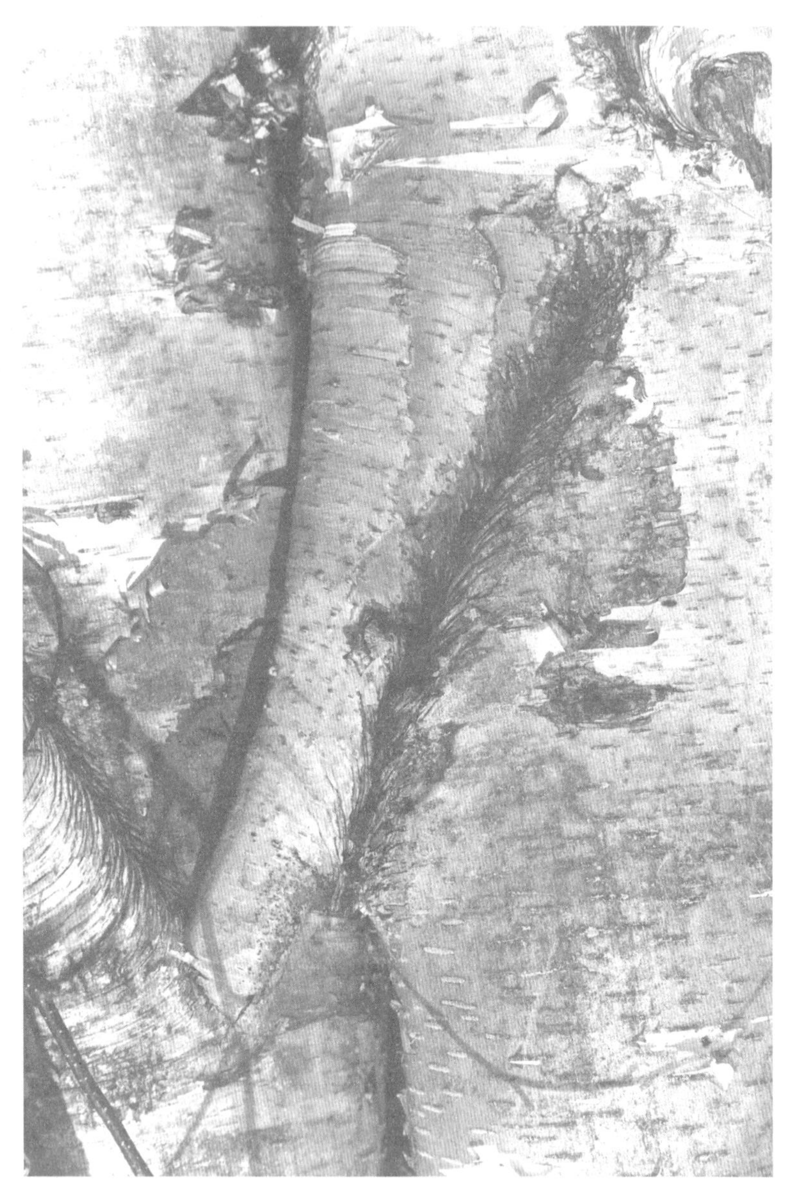

다람쥐와 상수리

나는 아침에 일어나면 운동을 나간다.

요즘 걷기운동을 매일 하기로 하고 우리 자작나무골 언덕길을 걸어서 오르내리는 운동을 시작했다. 운동의 효과가 금방 나타난 건지? 아니면 내가 이곳에 살면서 그동안 몸이 나아진 것을 모르고 있었는지 둘 중의 하나일 것이다. 1년 전쯤 이사 와서 이 언덕길을 걸어서 오른 적이 있었다. 사실 그때는 너무 숨이 차서 언덕길을 걸어다니는 것은 포기하고 데크 위나 마당 한구석을 서성이는 정도로 모든 면에서 허약해져 있었다.

그런데 얼마 전 우연히 언덕길을 걸어 올랐는데도 그렇게 숨이 차지 않았다. 무척 기뻤다. 운동을 하면 할수록 나도 이렇게 좋아지긴 하는구나! 이 기쁜 마음을 더욱더 유지하고 싶었다. 그래서 요즘 아침에 일어나면 언덕길을 걸어서 오르는 운동을 더 열심히 한다.

운동을 하고 마당에 들어서서 텃밭에 갔다. 그런데 땅바닥이며 풀숲에 상수리가 많이 떨어져서 뒹굴고 있었다. 우리 마당가에 커다란 상수리나무가 있기 때문이다. 얼마 전 동네 아주머니 여럿이 와서 한 번 털어갔지만, 아직도 상수리가 많이 달려있다. 족히 서너 말은 될 듯싶다. 나는 상수리며 도토리를 활용할 줄 몰라 다 따가라 했지만 한번 와서 주워가시더니 어쩐 일인지 움직임이 없다.

그러나 그것이 아니었다. 어제 점심 때쯤 상수리나무 근처에서 이웃 사람과 차를 마시고 있었다. 그런데 다람쥐 부부가 풀방구리에 쥐 드나들듯 상수리나무를 오르락내리락하며 볼따구니에 상수리를 가득 물고는 축대 어디쯤 바위틈 사이 자기 집이 있는 곳으로 식량을 연락부절 나르고 있었다. 그러다가는 배고픈지 동그마니 앉아서 이빨로 상수리 껍질을 까서 오물거리고 먹고 있는 모습이 여간 귀엽지 않았다. 오늘 아침에 일어나보니 두 놈이 까먹고 버린 껍질이 상수리나무 아래 여기저기 잔해처럼 흩어져 있었다.

나는 아무 의식도 없이 바닥에 쪼그리고 앉아 상수리를 줍기 시작했다. 먹지도, 먹을 방법도 모르면서 이슬을 맞으며 열매를 줍기 시작했다. 그냥 아까웠다. 땅바닥에 12형제 밤톨같이 뒹굴고 있는 놈들을 주울 때는 횡재라도 한 양 기분이 좋았고, 풀숲을 헤치다 서너 알씩 얌전히 웅크리고 있는 놈들을 발견했을 때는 마치 새집에 새알을 발견한 양 설레었다.

한참을 줍고 있자니 다람쥐가 생각났다. 어라, 다람쥐 놈들이 어제는 그렇게 설쳐대더니 오늘은 어디 갔지? 갑자기 궁금해졌다. 주변을 두리번두리번 살펴봤지만 없었다.

"아, 내가 너무 일찍 나와서 설쳐대었구나!"

아직 풀잎에 이슬이 마르지 않았으니 이놈들이 나오지 않은 것이다. 상수리를 줍다가 말고 일어났다. 그 사이에도 상수리는 툭, 툭, 하고 이따금 떨어진다. 저 상수리를 주워, 말아, 하며 또 잠시 망설인다. 비닐봉지에 담겨있는 상수리를 쳐다보았다. 꽤 많이 주웠다.

얼마 전 상수리나무 이야기를 블로그에 썼더니 이웃 블로거께서 간단하게 도토리 죽을 쒀 먹을 수 있는 레시피를 귀띔해주어 그렇게 해보기로 했다. 이쯤이면 충분하다 싶었다. 조금 있으면 다람쥐 부부가 또 행차할 것이다. 그들도 겨울준비를 단단히 해야 하기 때문이다. 이 부부는 우리 집 옆에서 사는 이웃이므로 친숙하다. 나는 내 필요한 만큼만 취하고 더 많은 상수리는 다람쥐에게 양보한다. 나와 같이 겨울을 나야 하니 다람쥐가 안심하고 가을걷이할 수 있도록 피해주었다.

꽃과 사마귀

우리 집 데크에 화분 몇 개,
가을 다 가고 있는데도 꽃이 만발하였다.
한때는 나비, 벌, 박각시나방이 찾아와 꿀을 찾더니
어느 날 사마귀란 놈을 발견했다.
이놈은 배가 남산만 해져서 알을 품고 있음이 틀림없다.
그러니 벌레를 잡아먹으려 숨어들었겠지?
나는 그놈 모습이 흉측하여 손으로 밀어 풀숲으로 쫓아냈으나
어느 날 보니 또 그 자리에 와 버티고 있었다.
내가 손을 내밀어 손가락이 제 몸에 다가가는 낌새라도 보이면
이놈은 도망가는 것이 아니라
오히려 고개를 돌려 나를 노려보며
갈퀴손을 쳐들고 위협한다.
어제도 그리고 오늘도, 며칠째 그곳에 버티고 있는지
아침이면 그놈이 거기에 잘 있는지 살피러 나간다.

늦가을 날씨가 제법 차가워져 밤에 이놈이 잘 버티고 있는지 걱정이 되어서다.

어느새 나는 임신한 사마귀를 걱정하는 친구가 되어 있었다.

데크에 있는 꽃에는 벌레도 별로 없고

이제는 벌, 나비도 뜸하여 잡아먹을 것이 없을 텐데,

걱정이다. 거기서 저리 버티고 있으니,

무엇이라도 얼른 잡아먹고 무사히 알을 까서

너는 이 자연에서 조용히 물러나야 할 텐데.

나는 사마귀가 자기의 본분을 충분히 누리고 가기를 바란다.

나와의 짧은 인연 소중했길 빌며

나도 언젠가는 너와 같이 자연으로 돌아갈 날 있겠지.

그러나 나는 아직 할 일이 남아 더 버티고 있다 갈란다.

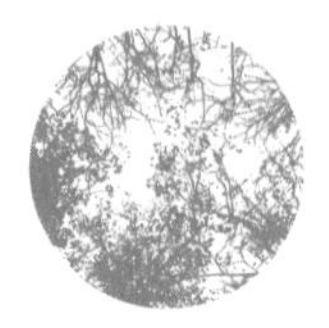

고라니 소리

겨울에 듣는 고라니 소리는 특별하다.

흉내를 낼 수 없는 괴이한 소리.

개가 짖는 소리도 아니고, 더군다나 늑대가 우는 소리와도 완전히 구별된다.

'컹컹' 대는 소리도 아니고,

'크억~ 크억~' 아마도 이런 소리 비슷하지 않을까?

아수라의 소리도 이렇진 않을 것이다.

눈 덮인 숲 속에서 '크억~ 크억~' 토해내듯 소리 지른다.

우리 마을 겨울 산이 고라니 소리에 깜짝 놀라 소스라치고,

얼었던 얼음이 갈라지는 것처럼

산촌의 겨울 공기가 찢어져 바람에 날려간다.

아마도 이 겨울에 고라니 수놈이 암컷을 불러 교미라도 하려는 달

콤한 의식일 테지만

그 괴기한 소리를 듣는 나는 마음이 괴롭다.

혼자라서 겨울이 더욱 외로운 이유이다.

추운 겨울에도 저 숲속이 잠들지 않고 깨어있음을 알려주는 고라니 소리,

그 소리의 의미에 다만 위안으로 삼으며 이 겨울을 견딜 수밖에.

크억~ 크억~ 고라니 소리가 가슴을 후벼 판다.

솟대를 만들어서

올겨울에 틈틈이 솟대를 만들었다.

작년부터 통나무를 자르고 도끼질을 하여 장작을 만들다가 자투리 나무들이 생겼을 때 그걸 어떻게 이용해볼까 생각했었다. 통나무를 잘라 받침대를 만들고, 주변에 있는 재료들을 이용하여 솟대를 만들면 좋겠다는 생각이 언뜻 들었다.

그때부터 베어진 굵은 자작나무나 가래나무로는 받침대를, 자작나무 가지에 검은 돌기가 솟아있는 부분이나 층층나무 가지로는 새의 몸체를 만들면 제격이다 싶었고, 죽은 다래 덩굴이나 쓰다 남은 대빗자루로는 다리나 뼈대를 만들기로 하였다. 그래서 받침대로 쓸 통나무 조각은 쪼개지지 않도록 겨우내 그늘에 말리고, 다른 부재료 될 만한 것들을 틈틈이 모아놓았다.

처음에는 인터넷에서 솟대 사진을 보고 모양을 흉내 내었으나 하나둘 만들다 보니 재료에 맞는 창의성이 발휘되기 시작했다. 만들어서 만든 것들을 거실 벽 가까이 하나둘 진열해놓으니 나도 이런 걸 만들 수 있구나, 하고 가슴 한구석 뿌듯해지는 마음 어쩔 수 없었다. 사실 솟대를 전문으로 만들어 작품으로 전시하는 사람이 있으니 그에 비교할 바는 아니라도 내 나름의 작품을 만들어 내 집 안에 전시해둔 모양이었다.

서울 광화문에서는 토요일마다 촛불이 활활 타오르는데 나는 산골 골방에 앉아 눈이 오면 눈 쌓이는 모습, 쌩하니 겨울바람 불면 그 바람도 구경한다. 그리고 여러 바람 소리 귀 기울이며 가슴속 한쪽이 텅, 비어감을 마음 아파하면서 지나는 구차한 시간들을 보내기 위하여 솟대를 만들었다.

TV에서 연일 떠들어대는 분노도 희망이었으니 그것 또한 올겨울의 위안거리여서 화면을 쳐다보며 겨울을 났다. 멀리 산 속에 있지만 얼마나 가슴 떨리는지 몰랐다. 그렇게 역동적인 역사의 시간을 구경하고 또 그렇게 솟대가 시간을 슬어가면서 만들어져 방안에 수가 늘어났다.

어느 날 동네 이웃들이 우리 집에 놀러 와서 만들어 놓은 솟대들을 보고 한껏 눈독을 들였다. "글 쓰는 재주만 있는 줄 알았더니 이런 재주도 있네!"

조롱인지 칭찬인지 모를 말을 던지면서 내가 정성 들인 작품(?) 솟대를 만지작거리는데, 그때 언뜻 엉뚱한 생각이 촛불처럼 떠올랐다.

"이걸 하나씩 사람들에게 나누어주자."

나는 이걸 만들면서 느꼈던 가슴 뿌듯함과 시간을 버리는 연습을 했으니 그들에게 또한 기쁨을 나누어주면 그것도 좋으리라는 생각 말이다.

그리하여 만드는 대로 이웃 사람과 우리 집을 방문하는 친구들, 친지들에게 하나씩 나누어 주었다. 나의 작은 뿌듯한 자부심을 나누어 주니 그들이 기뻐하고, 나 또한 이리 기쁘니 이것이 작은 행복 아니겠는가! 솟대를 나눠 주어 기쁨을 나누고 있으니 선뜻 봄이 오고 있었다.

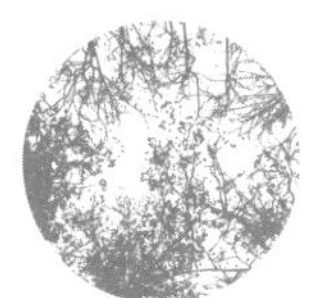

두더지의 죽음

두더지를 실제 본 사람은 많지 않을 것이다. 작년에도 그랬고 올해도 봄부터 두더지가 나를 괴롭혔다. 아니 괴롭혔다기보다 신경 쓰이게 만들었다는 편이 맞을 것이다. 두더지가 꽃밭을 쑤시고 다니고, 작물을 심은 밭을 들쑤셔 저놈의 두더지를 어떻게 해야 하나 고민을 했다.

인터넷을 뒤져 두더지 퇴치법을 찾아보니, 두더지가 진동에 민감해 페트병으로 바람개비를 만들어 돌리면 진동에 놀라 도망간다고 했다. 그러나 무슨 큰 농사를 짓는 것도 아니고 번거로워 포기하고 있다가 이놈이 비만 오면 땅을 쑤시고 다니는 통에 꽃모종이고 작물이고 간에 뿌리가 들떠 말라 죽는 것이었다. 할 수 없이 혹시나 평생 농사를 짓고 사신 어머니가 묘수를 알고 있으실까 하여 물었다. 두더지 퇴치를 위한 간단한 방법이 있을까 해서였다.

"그래? 그놈이 있으면 농사 다 망치는데……."

내가 무슨 농사를 짓는다고 농사 망친다는 소리에 피식 웃음이 삐

져나왔다.

"글쎄다. 네 아버진 두더지 다니는 길을 지키고 있다가 삽으로다 넙다 찍어냈던 거 같은디. 두더지는 뒤로 도망가지 못한다잖니? 그래서 두더지 도망가는 앞을 삽으로 찍으면 영락없이 잡을 수 있다던디……."

전화기 너머 들려오는 어머니 목소리는 안타까움이 배어 있었다. 그리고 잠시 침묵이 흐르다 어머니가 다시 말을 이었다.

"어쩌겄냐. 그거 지키고 서 있을 수도 없고…… 두더지 먹이, 맞어. 고구마를 구해서 농약을 묻혀설랑 두더지 굴에 묻어두면 되긴 한다는디……."

그러나 나는 농약을 사용해 그놈을 잡는다는 것이 영 마음 내키지 않았다.

"알았어요. 뭐 농작물 조금 덜 먹고 살지 뭐."

그렇게 얼버무리고 전화를 끊었다.

그리고 두더지가 밭을 쑤시고 다니든 말든 내버려 두었다. 아니 그놈이 구멍을 파 놓으면 흙이 들뜨는 것을 막기 위해 아침마다 나가 살폈다가 그곳을 발로 밟아 눌러주는 것으로 두더지에 대한 적개심을 눌러 버렸다.

그런데 며칠 전 아침에 나가보니 무슨 시커먼 물체가 밭가에 누워 있었다. 두더지가 나를 노려보고 있는 게 아닌가? 다가가도 도망가지 않았다.

"어, 이상하다. 왜 저놈이 저기 누워있지?"

그러나 그놈이 누워있는 게 아니라 죽어있던 것이다. 아무런 상처도 없는 온전한 두더지였다.

"왜, 죽었지?"

아무리 생각해도 알 수 없었다. 어떤 놈한테 공격을 당한 흔적도 보이지 않는데 죽어있다니. 가능한 추측을 할 수 없었다. 혹시 내가 자기가 파놓은 굴을 매일같이 밟아 눌러놓으니 스트레스받아 죽었나, 라고 상상하기도 했지만 그럴 리 없었다.

이태를 두더지와 신경전을 벌였는데 그렇게 싱겁게 주검을 맞닥뜨리니 오히려 내가 힘이 빠졌다. 여름 내내 꽃밭이며 텃밭을 쑤시고 다니면서 자연이 살아 있음을 증명이라도 할 줄 알았던 두더지였다. 온갖 동물과 곤충들을 보지만 두더지는 실체를 한 번도 보여주지 않았다. 보이지 않는 실체와 신경전을 벌인 것이다.

그런데 이렇게 주검으로 실체를 만나다니. 아쉬웠다. 이제는 아침마다 스트레스 돋는 신경전은 없어질지 모르지만, 한편으로는 그놈이 죽지 않고 내 주변에서 오래 살았으면 했다. 무슨 원인으로 죽었는지 모르지만, 두더지의 명복을 빈다. 두더지의 시신을 숲속으로 돌려보냈다.

제4부

홀딱벗고새를 아시나요?

자작나무골이 된 이유

내가 이사 온 마을 이름이 자작나무골이다.
나는 전부터 자작나무가 내 마음 한구석에 자리 잡아
내 시(詩)에도 시어로써 자주 등장하고
북구의 광활한 자작나무 벌판을 상상하며
얼마나 동경했는지 모른다.
그래서 언젠가 내가 시골에 내려가 집을 짓고 산다면
반드시 집 주변에 자작나무를 심어 벗하리라 생각해왔다.

얼마나 멋진 나무인가!
하얀 피부며, 쭉쭉 벋은 시원함이
훤칠한 키에 다리까지 시원스레 노출하고
게다가 피부까지 분을 바른 듯 하이얀
예쁜 아가씨 모습 같지 않은가!
나의 애인 같은 나무이다.

우연히 자작나무가 우거진 자작나무골에 이사 오게 되었다.
따라서 집주변에 자작나무를 심을 필요가 없어졌다.
옛날에 산지 주인이 자작나무를 조림했다고 한다.
내가 굳이 자작나무를 심어야 하는 수고로움을 덜어주게 한
얼굴도 모르는 그분에게 감사할 따름이다.
원래 나무를 심으신 분이 돌아가시고 아들이 산을 팔아먹으니
도시 사람들이 이곳에 하나둘씩 들어와 집을 짓고
살게 된 것이 불과 4~5년이란다.

내가 걱정하는 것은 계속 사람들이 들어와
자작나무를 베어내고 그곳에 집을 짓는 바람에
조금씩 자작나무가 없어지고 있다는 점이다.
제발 그러지 않았으면 하는 것이 나의 바람이다.
자작나무가 없어지는 날 나는 이곳을 떠날지 모르니까.

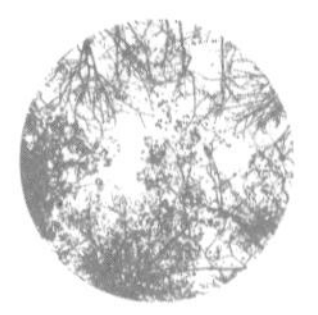

조선자작나무? 사스래나무? 거제수나무?

우리 집 오른편에 거목 하나, 즉 조선자작나무(?) 한 그루가 서 있다. 처음 이 집에 이사 올 때 피부가 하얗고(회색에 가까운), 껍질은 부스러기마냥 부풀어 올라 거칠고, 키는 멀대같이 커 파란 하늘을 등에 지고 사는 것 같은 큰 나무를 보고 무슨 나무인가 궁금했다.

우리 집 바로 옆 숲에는 자작나무가 군락을 이뤄 자라고 있어 그 나무와는 좀 다른 모습의 이 나무를 보고 이름이 궁금했던 것이다. 이웃집 남자 왈, 이 나무는 조선자작나무라고 한단다. 나는 조선자작나무라는 종이 있음을 알지 못하여 이 남자, 확신에 차서 말하기에 그렇게 믿었다.

사실 내가 가지고 있는 [우리나라 나무이야기]라는 책에도 조선자작나무라는 이름의 나무는 찾을 수 없었다. 그래도 그 책이 우리나라 나무를 모두 소개하는 것은 아니라서 그런 나무가 있겠지 생각했다.

그런데 얼마 전 횡성군 안흥면에 사는 C 시인을 만났다. 그는 내가 잠시 전교조 활동을 할 때 만났던 선생님이다. 서울 성북구 성북동에 거주했지만, 명예퇴직하여 아예 고향 집으로 내려와 산다고 했다. 이전에도 그분이 이곳에 산다는 것은 알고 있던지라 여기에 이사 오면서 꼭 찾아뵈어야지 하다가 오랜만에 만났다.

그 자리에서 또 한 사람을 만났다. 무척이나 만나고 싶었던 분이다. 옛날 전교조 교육문예창작회에서 잠시 모시고 일을 했던 시인이며, 소설가, 평론가였던 K 씨이다. 그는 벌써 10여 년 전에 여기서 가까운 영월군 무릉도원면에 농가를 사들여 거주하고 있었다. 일테면 그분의 집필실쯤으로 이용하는 집이다. 많이 가보고 싶었지만, 아직 가보지 못했다.

각설하고, 오랜만에 만나 C 선생님의 사모님이 차려준 거한 밥상에 K 선생님이 사 들고 온 쇠고기를 안주 삼아 즐거운 시간을 가졌다. 그러다가 이사 온 우리 집 얘기가 화제로 나와, 나는 나무 이야기를 꺼냈다. 자작나무가 마을 한가운데 숲을 이루고 있고, 그래서 자작나무골이라 하며, 우리 집 바로 옆에는 조선자작나무 큰놈이 하나 버티고 있다고 자랑스레 이야기했다. 자작나무는 옛날부터 내가 좋아했던 나무라는 점을 강조하면서,

그러나 그 얘기를 듣던 K 선생님이 의아하다는 표정으로,

"우리나라에 조선자작나무라는 게 있나? 아마도 그건 사스래나무일거야. 아님 거제수나무이던지…… 사실 우리나라에 자생하는 자작나무는 없어. 조림한 것이 아니면……."

나는 사스래나무라는 이름도 익숙하지 않고, 더군다나 거제수나무라는 이름은 처음 들어봤다. "그런 나무도 있어요?"라고 반문하고는 아무 말도 잇지 못했다. 내가 아는 것이 없어서다.

그래도 시골 출신이라서 웬만한 나무 이름은 꿰차고 있다고 믿었는데, 조선자작나무부터 사스래나무, 그리고 거제수나무라는 이름까지 거론되니 나의 지식의 한계를 드러내는지라 그다음부터는 입을 꾹, 다물었다. 그리고는 화제를 돌려, 우리 집에 언제 놀러 오시라 하니, 새집이니 지신 밟으러 꼭 가야지, 하고는 그 자리를 파하고 헤어졌다.

헤어지고 나서도 그 이야기 한 것을 며칠 동안 잊고 있었다. 그러다가 오늘 아침 햇볕이 좋아 밖에 나갔다가 오른편 멀대같이 큰 조선자작나무(?)를 보고, 며칠 전 설왕설래했던 이야기를 떠올렸다. 그래서 아! 저 나무가 무슨 나무인지 확실히 알아봐야겠다, 하고 맘먹고 검색을 해봤다. 조선자작나무도 해보고, 사스래나무도 해보고, 거제수나무도 해봤다. 역시 조선자작나무는 없었고, 사스래나무, 거제수나무가 검색됐다.

그래서 안 사실이 우리 집 오른편에 커다란 나무는 왕사스래나무라는 것을 알았다. 검색해보니 온통 가리왕산 왕사스래나무가 통째로 잘려나갔다는 기사가 도배를 했다. 수백 년 커온 고목이 한순간에 잘려나갔다는 안타까움이 뚝, 뚝, 묻어났다. 평창 동계올림픽을 한다며 원시림 같던 가리왕산 숲을 모조리 훼손했다는 기사다. 거기에 왕사스래나무가 등장한다.

왕사스래나무는 우리나라 특산종으로 백두산 개마고원, 북부지방, 그리고 남한의 높은 산기슭에 자생하는 자작나무과 일종이었다. 거제수나무도 자작나무과 일종이다. 이제 정확하게 알았다. 따지고 보면 조선자작나무라는 이름도 크게 틀리지는 않는 말이다. 본디 사스래나무라는 말이 있지만, 우리나라 특산의 자작나무라고 해도 크게 틀린 말은 아니기 때문이다. 그런 이름을 쓰지 않을 뿐이지.

우리 집 오른편을 왕사스래나무가 차고앉아 지금 파란 하늘을 이고 서 있다. 가끔 부는 바람에 푸른 잎이 동전을 짤랑거리듯 흔들리며 살랑거리고 있다. 어쨌든 조선자작나무를 왕사스래나무로 고쳐서 소개한다. 우리나라 특산종 왕사스래나무, 괜히 내 마음도 우쭐해진다.

왕사스래나무!

야광나무 열매에 눈독 들이는 사람들

야광나무 이야기 들어보셨나요?

우리 집 아래 도로 가에 커다란 야광나무 한 그루 크고 있지요. 빨갛고 아주 작은 열매가 주렁주렁 달려 탐스럽답니다. 봄에 꽃이 너무도 하얗게 피어, 마치 밤에 커다란 달처럼 하얗게 빛난다고 해서 야광나무라고 한답니다. 우리나라 나무나 풀의 이름은 생김새나 열매의 모양, 아니면 꽃 모양을 보고 지은 경우가 많으니까요. 이 나무 열매는 익어도 저절로 잘 떨어지지 않고 이듬해 겨울까지도 달려있어 새들의 겨울 먹이로 쓰임이 유용하다네요.

며칠 전 이웃집 남자가 야광나무 열매 한 송이를 따 들고 왔었어요.

버찌 모양으로 한 송이에 여러 개의 빨간 열매가 달려있는, 그러나 버찌보다는 좀 큰 열매였습니다. 하나를 따서 맛을 보았더니 약간 시면서 새콤했습니다. 이거 따서 발효액 담그면 좋겠다고 했더니 조금 더 익으면 따서 아래, 윗집이 나누어 조금씩 담그자고 했어요.

그런데 어제 낮인가?

사람들이 몇몇 서성거려 내려다보니 저 아래 노부부와 아랫집 남자, 윗집 남자 모여 야광나무 아래에서 햇볕을 피하고 있었습니다. 아직 한낮의 햇볕은 따가웠으니까요. 나는 아는 척을 하며 인사를 했죠. 나무 그늘 밑에서 무슨 이야기들을 저렇게 하고 있나 궁금했지만 내려가 보진 않았습니다. 딴전을 피우다 다시 그곳을 보니 인기척이 없어졌습니다. 차 한 잔씩 나눠 마시고 헤어졌나 봅니다.

한참 후 윗집 남자가 내 방에 차를 마시러 왔습니다.

"아이고, 저 아랫집 아줌마 있죠? 저 야광나무 있잖아요. 그 나무를 어찌 알고 나무 주인이 있느냐고 물어보잖아요."

그 야광나무 딱히 주인이 있다고는 말할 수 없어도 굳이 따지자면 윗집 남자 땅에서 자라고 있으니 윗집 남자 소유이겠지요.

"저 아줌마가 야광나무 열매 좀 따가겠다고 조르더라고요. 허참, 그거 좀 따서 선생님하고, 아랫집 이 선생하고 나눠서 효소 담글라 했더니만, 눈독 들이는 사람 자꾸 생기네요. 하하"

그는 내게 꼬박꼬박 선생님이라고 불러요. 난 여태껏 애들 한 명 가르친 적이 없는데도.

나는 속으로, 그 아줌마 욕심도 많다, 고 중얼거렸지요.

키도 작달막하고 몸집이 옆으로 불어 욕심 많게 생겼습니다. 괜히 내 물건 빼앗기는 것 같은 기분이 들었나 봅니다. 내 것도 아니면서요. 나도 그 야광나무 열매에 눈독 들인 것은 마찬가지이면서 남 보고 욕심 많다고 흉을 보다니,

괜히 내 마음을 들킨 거 같아 윗집 남자의 눈길을 피했습니다.

"에이, 조금씩 나눠 먹지요 뭐."

나는 그의 체념 섞인 말에 고개를 끄덕이고는 열매가 익어가고 있는 야광나무를 내려다봤습니다. 하늘이 파랗습니다. 야광나무 열매가 빨간 꽃처럼 피었습니다.

"여기저기서 저 야광나무 열매에 눈독 들여서 어쩌지요?"

나의 뜬금없는 물음에 윗집 남자 무슨 말인가 싶어 나를 쳐다봅니다.

"우리가 저 열매 다 따버리면 올겨울 새들이 먹을 게 없어지잖아요?"

"아! 그거요. 조금씩만 따지요. 남겨두면 되잖아요!"

우리는 빙긋이 웃으며 맞장구를 쳤습니다.

새들이 벌써 야광나무 가지 사이로 들락거립니다.

하늘의 구름이 천천히 흘러갑니다.

야광나무 열매와 새들의 만찬

우리 집 근처에 야광나무가 있다.

그 나무를 보고 팥배나무라 하여 SNS에 사진을 올렸으나 지인이 팥배나무가 아닌 것 같다 하여 다시 찾아보니 야광나무였다. 이웃 사람들은 그 나무가 팥배나무라고 철석같이 알고 있었다. 그리하여 나무 밑에 가서 빨갛고 탐스러운 열매가 무수히 열린 것을 보고 저마다 욕심을 부렸었다. 팥배 열매를 따다가 발효효소를 담근다느니, 약으로 쓴다느니…….

그런데 그 나무가 팥배나무가 아니라 이름도 생소한 야광나무라 하니 떨떠름한 표정들을 지었었다. 하지만 약초도감에 찾아보니 열매를 따서 다려 먹으면 당뇨, 심장병 등 대사질환에 좋다더라 하고 말하니 다들, 이 열매가 익으면 따서 술을 담그면 좋겠다, 또는 발효시켜 효소를 담그면 좋겠다고 벼르고들 있었다. 그렇게 빨간 야광나무 열매는 가을을 더 풍성하게 꾸며주고 겨울이 다가와 눈이 와도 빨간 열매가 수북이 달려 사람들의 눈을 즐겁게 해주었다.

눈이 내려 추운 어느 날 아침.

창문을 통해 바깥을 바라보다 야광나무에 눈길이 쏠렸다. 야광나무에 콩새인지 밥새인지, 어치인지 알 수 없지만 좀 몸집이 크고 배면이 회색인 맵시 좋은 새들이 떼로 몰려와 만찬을 즐기고 있었다.

그 순간 사람들은 그 야광나무 열매를 한 개도 따지 않았던 것을 알았다. 왜 저 열매들을 따지 않았을까? 약초도감에서 찾았다던 열매의 효능에 관한 내 말이 의심스러웠을까? 아니면 그 조그맣고 무수한 열매들을 따기가 귀찮아서였을까? 또 아니면 누구의 소유도 아닌 것이 길가에 서 있어 쉽사리 누군가 먼저 손을 대기가 면구스러웠을까? 문득 많은 생각이 들었다. 하긴 나도 그 열매의 존재를 까맣게 잊고 있었으니 이웃 사람들도 나와 같았으리라. 열매를 따다 무엇을 담근다느니 말은 많았지만, 실상은 아무도 실행에 옮기지 않았다.

어쨌든 야광나무 열매는 가을을 나고 겨울에 새들의 먹이가 되어 그들의 만찬에 기꺼이 상찬하는 꼴이 되었으니…….

나는 믿고 싶다.

이웃 사람들은 이렇게 누구의 소유도 아닌 자연의 산물을 자연에 돌려주어 새들의 먹이가 되는 것이 가장 자연스러울 것이라 여기고 따지 않았을 것이라 믿고 싶은 것이다.

야광나무는 그 열매들을 새에게 주어 더 풍성한 번식을 하고, 새들은 배불리 먹어 이 추운 겨울을 무사히 나고, 나를 비롯한 사람들은 가을 내내 그를 지켜보며 가을을 만끽하고, 또 겨울에 새들이 만찬을 즐기는 이색적인 풍경을 즐길 수 있으니 이보다 즐거운 것이 어디 있으랴! 새삼 이웃들의 그 너그러운 마음 씀에 감사를 드리고 싶다.

이웃집 개 순이

순이?

사람들은 이런 토속적인 이름을 들으면 어디 시골 마을의 시골 처녀 이름쯤으로 생각할까? 그러나 순이는 우리 이웃집의 할머니(?) 개 이름이다. 아마 13살, 아니면 14살쯤이라고 했다. 사람으로 치자면 7, 80은 족히 넘겼음 직한 할머니일 것이다.

박 선생 네 마리 개들은 모두 나이가 많다. 그 집 개 중 가장 어린 진돗개 진순이가 9살이라고 했다. 개를 식구로 들인 이후로는 같은 식구로 받아들여 죽을 때까지 같이 산다고 했다.

엇그제 아침이다. 산바람이 세차게 불어 나뭇가지들이 꺾어져 마당에 뒹굴고 있었다. 숲의 나무들은 이리저리 가지가 사정없이 흔들리고 새들이 한 마리도 날아다니지 않았다.

그런데 이웃집 남자가 갑자기 내 방문을 빼꼼히 열고는

"혹시 우리 집 강아지 못 보셨어요?"

나는 뜬금없는 질문에

"아니, 못 봤는데요? 강아지가 없어졌어요?"

"아침에 바람이 너무 강하게 불어 강아지 집 문이 꽈앙- 닫히면서 강아지가 놀래 뛰쳐나갔나 봐요."

그러면서 이웃집 남자는 사색이 되어 급히 아랫길로 서둘러 내려갔다.

할머니 강아지들은 예쁜 창고로 지은 집에 받들어 모시는 이웃집의 상전들이었다. 개이지만 그 집 식구들은 자기 가족처럼 돌보며 산다.

평상시 같으면 하루 중 몇 번이고 들러 차를 마시러 왔을 사람이 코빼기도 보이지 않았다. 그런데 밖이 어두컴컴해질 때 다시 찾아왔다. 밖은 벌써 영하로 떨어지고 있었다.

"혹시, 랜턴 가지고 있어요?"

나는 서랍에 있던 랜턴을 건네주며 걱정이 되어 물었다.

"강아지, 아직 찾지 못했어요?"

대답 대신 다시 한번 뒷산으로 올라가 봐야겠다고 말했다. 나는 랜턴을 들고 서둘러 나가는 그의 뒤를 향해 작은 소리로 말했다.

"날이 추워지는데…… 걱정이네요."

다음 날 점심을 먹고 편안히 쉬고 있는데 이웃집 남자가 빌려주었던 랜턴을 들고 돌아왔다. 얼굴에 여유와 웃음기가 흘러나왔다.

"찾았나 보네요?"

"예, 그놈 찾으면 혼내준다고 벼르고 별렀는데 불쌍하더라고요. 어젯밤 12시까지 저기 뒷산 정상까지 찾아다닌 거 생각하면……."

그러면서 개 찾아다니느라 고생한 이야기, 개를 찾게 된 이야기를 전했다.

어젯밤에 산에 올라갔는데 큰 바위 하나가 있는 곳에서 똥을 보았다고 했다. 고구마껍질이 똥에 있는 것으로 봐서 순이의 똥이라고 확신했다고 했다. 이놈이 산속을 헤매고 다녔나 본데 산짐승에게 해를 당하면 어쩌나 걱정을 했지만 찾지 못했다고 했다.

그날 밤은 찾는 것을 포기하고 다음 날 아침 일찍 일어나 대미산 기슭 윗마을 집까지 찾아가 찾던 중에 아들로부터 어떤 아저씨가 개를 찾아 데리고 왔다고 알려주었다고 했다. 부리나케 달려와 그분을 만나보니 산 아래 한구석에서 컨테이너 1동을 놓고 상주하지 않으면서 가끔 들리거나 하던 사람이 개를 안고 찾아왔다고 했다.

박 선생도 그 집에 들러 찾아보았으나 개를 찾을 수 없었는데 그분 집에서 발견된 것이다. 그 사람이 자초지종 전하는 말은 이러했다. 그는 겨울이라 그 집에 여간해서는 거의 들리지 않는데 무엇에 이끌렸는지 아침에 들르고 싶었다고 했단다. 그런데 마침 그 날 아침에 우연히 순이를 발견한 것이다. 전날 그 집에 왔다가 본가에서 자고 다음 날 아침에 다시 들러 음악을 듣기 위해 차량의 라디오를 틀었는데 어디선가 개가 컹컹, 짖는 소리가 들렸다고 한다. 그래서 가보니 바로 순이였던 것이다. 평소 강아지 집에 개를 위해 음악을 틀어놓는 습관이 있었는데 마침 그 음악 소리에 자기 집인 줄 알고 반응을 보였던 것이다.

그렇게 해서 우리 동네 개 가출 소동은 일단락되었다.

1박 2일 동안 개 주인은 물론이고 나를 비롯해 여기저기 흩어져 사는 이웃들이 개를 잃어버려 전전긍긍해 하는 박 선생 네 가족을 걱정하고 개가 아무 일 없이 무사히 돌아오기만을 기도했는데 우연치 않게 무사히 돌아온 것이다.

순이는 산속을 밤새 헤매고 다녔는지 온몸에 도깨비바늘투성이였다 한다. 우리는 그 가족이 얼마나 개를 사랑하고 사람 식구처럼 대하는지 잘 알고 있어서 마치 아픈 딸이 집을 나가 마음 아파하는 것처럼 여겨져 한결같이 걱정들을 했었다.

이웃집 남자와 그의 아내는 개집 앞을 한참 동안 서성거렸다.

나는 집 나갔던 개가 아픈가 하고 또 걱정했으나 조금 있다 보니 개집 앞에 크리스마스가 아직 멀었는데 트리 장식이 떡하니 서 있었다.

아, 개들도 크리스마스 축하해주나 보네!

참 못 말리는 이웃집이다. 울타리를 더 넓게 보강하고 아내의 성화에 못 이겨 솔가지를 베어와 크리스마스트리를 장식했다고 한다. 개들도 컹컹대며 짖고 있었다. 다시 우리 마을에 평화가 찾아왔다.

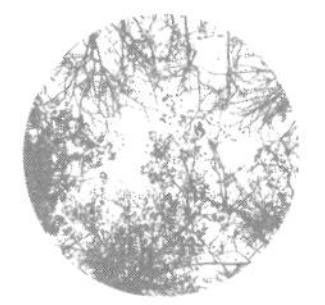

가래나무와 봄

여기 평창 계촌에 이사 와서 안 사실이다.

가래나무라는 나무가 있다는 것은 알았지만 가래나무 수액을 채취해서 먹을 수 있다는 사실은 여기 와서 알았다. 고로쇠나무나 자작나무 수액도 채취해서 먹는다. 여기에는 자작나무가 작은 숲을 이루고 있어 자작나무 수액을 많이 채취해서 먹을 줄 알았다. 그러나 자작나무 수액은 맛이 밍밍하고 쉽게 상하지만, 반면에 가래나무 수액은 약간 달큼하고 또한 쉽게 상하지 않는다며 가래나무 수액을 더 선호한다. 더군다나 가래나무 수액은 항암효과도 있다 하니 일거양득 아닌가!

날씨는 금방금방 변한다. 엊그제까지도 영하의 날씨라서 조금 더 풀리면 가래나무 수액을 채취해야지, 마음먹고 있었다. 그런데 아랫집 남자가 찾아와 차 한 잔을 마시다가, 가래나무 수액 채취 안 하느냐고 물었다. 아직 춥지 않으냐? 고 반문했다. 벌써 나무에 물이 오르고 있다고 한다. 나무에 잎눈 트이는 것도 기색이 없는 것 같은데 벌써 물이 오르나 의아해했지만, 그는 자기 집에 수액 채취 도구와 통이 있으니 설치해주겠다고 했다.

아, 얼마나 고마운 지!

설치하려면 채취 용기와 통, 통을 연결하는 호스, 나무 뚫는 드릴 등속을 사야 하는데 고맙게도 그는 얼른 달려가서 도구 일체를 가져왔다. 우리 집 옆에는 가래나무가 여러 그루 하늘을 바라보고 있다. 그중 한 나무 둥치에 드릴로 구멍을 뚫었다. 호스를 설치하자마자 투명 액체가 호스를 타고 내려온다. 신기했다.

봄은 나도 모르게 나무 수관을 타고 벌써 오고 있었다. 나무에 못할 짓이라는 생각은 들었지만 그래도 그런 죄스러운 마음을 뿌리치고라도 가래나무 수액을 채취해서 마셔보고 싶은 마음이 더 강했다. 이 물을 먹어서 얼마나 건강해지랴마는 그보다도 나무의 수액을 채취하면서 봄도 느끼고 생전 해보지 못하던 수액 채취를 해보는 호기심이 앞섰기 때문이다.

봄은 따뜻하게 다가온다.

그동안 계촌의 겨울이 너무 길게 느껴졌었다. 나무 수관을 타고 물이 오르면서 봄을 맞는다. 그보다도 이웃의 마음씨가 정말 고맙다. 자기 일처럼 용기 일체를 가져다 설치해주고 봄을 만끽하게 해주는 그 마음씨가 진정 봄의 향기다. 계촌의 봄은 이렇게 사람 마음속에서 먼저 다가온다.

다음 날 아침 수액 채취 용기를 확인하러 가보았다. 하얀 통에 가래나무 수액이 벌써 많이 차올랐다. 조금 맛을 보았다. 혀끝에 다가오는 달큼함이 감미롭다. 수액의 달큼한 맛처럼 봄도 무척이나 달콤하다.

홀딱벗고새를 아시나요?

싱그러운 5월,

신록도 꽃처럼 피고 공기도 살갗을 닿는 감촉이 여간 살가운 것이 아니다. 그런데 요즘 낮이나 밤이나 우는 새가 있다. 언뜻 들으면 못 알아먹는데 귀를 쫑긋 세우고 들으면 남우세스럽기 그지없다.

"홀딱벗고~ 홀딱벗고~"

계속 홀딱 벗으라고 우지진다. 어느 순간 저 앞산에서 홀딱 벗으라고 하더니, 조금 있으니 뒷산에서도 홀딱 벗으라고 한다. 여기저기서 홀딱 벗으라고 한다. 낮에도 그렇고 밤에도 홀딱 벗으라고 한다.

며칠 전 이웃 사람들에게 저 새가 무슨 새인지 알아요? 라고 물었다. 모른다고 한다. 내가 '홀딱벗고새' 라며 울음소리를 들어보라 하니, 듣고 나서는 박장대소다. 그러면서 살며시 부끄러워 어쩔 줄 모른다.

어제, 저녁에는 우리 자작나무골 제일 초입에 사는 분이 식사를 하러 내려오라 해서 내려갔는데, 사람들이 많이 모여 있었다. 부천시청에 근무하는 분인데 내년에 명예퇴직을 하고 아예 귀촌하신다는 분이다.

돼지고기도 굽고, 생선도 굽고, 진수성찬이었다. 그런데 내려오신 분들이 같은 직장의 기타동아리 분들이시란다. 기타동아리 이름이 '나무향기'라며 의미를 설명해주고 소개를 하는데 젊은 여자 회원분들이 다수였다. 술잔을 들며 기타치고 노래 부르는 분위기에 휩싸인 것이 너무도 오랜만이었고 유쾌했다.

노래도 부르고, 이야기도 나누다가 적막을 뚫고 또 홀딱벗고새 우는 소리가 들렸다. 나는 또 장난기가 동해 여자분들에게 물었다.

"저 새가 무슨 새인지 알아요?"

물론 몰랐다.

"잘 들어보세요. 뭐라고 하며 우는 지?"

내 말에 귀를 쫑긋 세우고 자연의 소리에 귀 기울인다.

"홀딱 벗고'라고 하는데요?"

"맞아요. 저 새가 바로 홀딱벗고새예요. '홀딱 벗고~ 홀딱 벗고~' 라고 울잖아요."

그 말을 듣고 모두 다 박장대소다. 여자분들이 더 크게 웃는다. 부끄러움도 없다. 그냥 유쾌했다. 조용하고 어두운 숲속이 웃음소리로 시끄러워졌다.

나는 이어 '19금 시(詩)'(?)를 아시느냐고 물었다.

좀 야한 시 한 편, 복효근 시인의 '검은등뻐꾸기의 전언'이라는 시를 아느냐고?

홀딱벗고새가 바로 검은등뻐꾸기이다. 시의 전편은 이렇다.

「5월 봄밤에 검은등뻐꾸기가 웁니다

그 놈은 어쩌자고 울음소리가 홀딱벗고, 홀딱벗고 그렇습니다

다투고는 며칠 말도 않고 지내다가

반쯤은 미안하기도 하고

반쯤은 의무감에서 남편의 위상이나 찾겠다고

처지기 시작하는 아내의 가슴께는 건드려보지도 않고

윗도리는 벗지도 않은 채 마악 아내에게 다가가려니

집 뒤 대숲에서 검은등뻐꾸기 웁니다

나무라듯 웁니다

하려거든 하는 것처럼 하라는 듯

온몸으로 맨몸으로 첫날밤 그러했듯이

처음으로, 마지막일 것처럼 그렇게 하라는 듯

홀딱벗고 홀딱벗고

막 여물기 시작하는 초록빛깔로 울어댑니다」

- 검은등뻐꾸기의 전언 / 복효근

내가 이 시 이야기를 꺼낸 것은 순전히 19금 야한 농담 삼아 재미있으라고 말한 것인데, 기타 선생님이라는 분이 대뜸 이런 말을 했다.

"그건 아마 무슨 일을 하든 홀딱 벗고 최선을 다하라는 말일 겁니다."

나는 그 말을 듣는 순간 머릿속이 환해지는 느낌을 받았다. 아! 그

렇게 해석될 수 있겠구나 하고,

"맞아요. 섹스를 하든, 다른 무슨 일을 하든 최선을 다해서 하라는……."

어떤 여자분이 맞장구를 쳤다.

모두들 봄밤에 바람이 불어가듯 깔깔거리고 웃었다. 의미 깊은 말에 다들 머리를 끄덕이면서도 오늘 밤에는 그저 '홀딱 벗고' 최선을 다해서 섹스 하라는 의미로만 받아들였다. 그래서 모두들 한편으로는 부끄러운 듯이 검은등뻐꾸기 새소리를 들으며, 다른 한편으로는 유쾌한 봄밤을 마음껏 즐기라고 홀떡벗고새가 주야장천 "홀딱벗고~ 홀딱벗고~" 라고 울어준다고 생각했다.

처음 만나는 사람들과 봄밤에 홀딱벗고새 소리를 들으며 유쾌하고 즐거운 저녁 시간을 가졌다. 모처럼 자작나무골에 이사 와서 마음이 가벼워지는 순간이었다.

싸리꽃집

우리 마을에는 한 모씨라는 분이 사신다. 그분은 나와 그리고 마을 분 몇 명이 모여 다석 유영모 선생에 대하여 공부하는 회원이다. 그분은 형수님을 끔찍이도 아껴 '우리 이쁜이'라는 말을 입에 달고 사는데, 그러는 양을 보고 우리 마을 노인회 회장님은 팔불출이라고 노상 놀려대지만, 아랑곳하지 않고 항상 '우리 이쁜이'라고 부른다. 그분 역시 2년 전에 이곳으로 귀촌하여 사는 분이다. 나보다 1년 일찍 들어오셨다.

신새벽부터 소나기가 내리더니 잠시 비가 그쳤을 때 노인회장님이 유기농 채소라며 배추 한 포기를 들고 오셨다. 그분도 역시 12년 차 귀촌인이신데 손수 농사지은 거라며 수시로 양배추며, 양파, 감자 등을 가져다주시고, 형수님이 담갔다는 겉절이, 무생채 등을 가져다주어 맛있게 받아먹었다. 회장님 덕에 이 마을에 이사 와서 적적하지도 않고, 이웃의 고마움을 느끼며 살게 되었다.

"저 아래 한OO이 꽃잔디 가져다 심으라 하던데……."

“꽃잔디요? 그래요? 그럼 얼른 가지러 가야겠네요.”

나는 따라나섰고, 우연히 우리 ‘대미학당’ 학생(?)들이 모였다. 대미학당은 우리가 지은 다석 선생 공부 모임의 이름이다. 한OO 형님의 집은 마을로 가는 큰길에서 갈라지는 샛길로 들어가 겉에서는 잘 보이지 않는 숨겨져 있는 집이다.

집의 앞과 뒤는 숲이 둘러싸고 있고, 앞에는 작은 도랑이 있다. 그 도랑 너머 숲에는 싸리나무가 울창해 안온함을 더해준다. 싸리꽃이 막 피려 할 때쯤이라 꽃봉오리가 흐드러졌다. 집 바로 위 계곡에 사방댐이 있는데 사방댐을 건설할 때 계곡 옆 경사면이 무너지지 말라고 싸리나무를 이렇게 많이 심어놓은 거란다.

그리고 텃밭이라고 하기에는 너무 큰 밭에는 한OO 형님의 성격을 보여주듯 농작물들이 모범생 책상 정리하듯 구획하여 정갈하게 자라고 있다. 오이며 고추, 곰취, 비트, 토마토, 파, 야콘 등 종류를 셀 수 없다. 또한 집 주위 여기저기에는 달리아, 금계국, 원추리, 백일홍, 프록스 등등, 이루 헤아릴 수 없는 꽃들이 피어 초여름 분위기를 돋운다.

우리가 한OO 형님의 집에 간 것은 솎아놓은 꽃잔디를 분양받으러 간 것이지만 꽃잔디는 마당 한구석에 놓아두고, 목련 나무 아래 테이블에 둘러앉아 이야기를 나누다 목이 말라 맥주나 한잔 마시자 한 것이 사단이 됐다.

마당 앞 냇가에서는 비가 온 후라 물소리가 어린애 재잘거리듯 요란스럽고 마침 부슬비가 처녀 마음 적시듯 가만가만 내리고 있었다. 우리는 잎 우거진 목련 나무를 우산 받쳐 쓰듯 비를 피하며 옹기종기 모여 앉아 형님네 아랫집 대연 씨 얘기도 하고, 그 사람과 얽힌 또 다른 그 이웃집 사람 얘기도 하는 사이사이 불쌍하다느니, 괘씸하다느니, 고리짝 옛날이야기 듣는 어린아이들처럼 추임새를 넣어가며 침을 꼴깍 삼키면서 이야기를 들었다.

이야기가 장독에 묻어둔 묵은 김치처럼 무르익어 갈 때 비가 미친년 머리카락 풀어 헤치듯이 제법 굵어져 목련 나무 아래에서 비를 피하는 것이 어려워졌다. 우리는 집 안으로 들어가 정식으로 술상을 차렸다. 이왕 이렇게 된 거 형수님 눈치 볼 거 없이 앉아보기로 한 것이다.

마침 두 형수님(회장님과 한OO 형님의)들이 같이 계신지라 이야기 나누는 중간중간에 샐러드도 나오고, 빈대떡도 부쳐 나오고, 밖에는 여전히 비가 주룩주룩 내리고, 싸리꽃은 바람에 흔들리며 흥을 돋운다.

분위기에 취해 흥을 못 이기겠는지 한OO 형님이 기타를 들고 나와 노래하기 시작했다. 배운지 오래 지 않아 서툰 솜씨지만 오랜만에 기타반주로 노래하기 시작했다. 젊어서 느껴보던 청춘의 맛이 살아나기 시작했다. 이렇게 은퇴하여 산골에 찾아든 나이 지긋한 사람들이 주거니 받거니 70년대, 80년대를 거슬러 올라가며 노래를 주고받는다. 노랫소리가 빗속을 가로지르고 비 맞는 숲속의 나무 이파리가 장단을 치매 우리는 흥에 겨워 박인수의 '봄비'부터 시작한다. 그리고 정태춘의 '촛불', 박인희의 '모닥불', 김정호의 '작은 새'에 이르기까지.

그러다 잠시 침묵이 흘렀다. 얼핏 생각나는 노래가 없어서다. 이윽고 회장님이 비장의 카드를 꺼내 든다. 마을 사람들 결혼식장 갈 때

차 안에서 부르기 위해 만들었다는 아주 조그만 수첩에 깨알같이 적어놓은 노래가사집이다. 뽕짝을 맛깔스럽게 부르고 또 이어졌다. 그렇게 흥이 돋아지니 형수님들도 합세했다. 회장님 형수님이 '천년 바위'를 신청한다. 한OO 형님이 형수님에게 바친다며 구성지게 불렀다. 형수님들도 너무 오랜만에 소녀 같은 감성에 빠진다. 마지막으로 김민기의 '아침이슬'이 나왔다. 다 지나가 버린 청춘의 뜨거움이 새삼 살아나왔다. 아쉬움에 다시 또 불렀다. 목울대를 때리는 뜨거움이 있었다.

아! 아직도 가슴 울렁이는 감정이 남아있다니…….

나이가 70대부터 내가 제일 어린 50대까지 세대 차이가 나도 이렇게 공감하는 감성들이 살아있으니 예기치 않은 보물을 우연히 발견한 것처럼 기뻤다. 감격스럽기까지 했다. 그만큼 한동안 정서가 메말라 있었는지 모른다.

밖에는 아직도 여름비가 추적거리고, 산 그림자 따라 뭉게뭉게 피어오르는 안개가 스멀스멀 기어 올 때 여태껏 비바람에 흔들리며 장단을 맞추던 싸리꽃 군무가 내 눈에 들어왔다. 인상적이었다.

"여기 옥호를 '싸리꽃집'이라 하면 어때요?"

즉흥적이었다.

"싸리꽃집? 좋은데, 정말 좋아!"

한OO 형수님이 한껏 좋아하시며 내 어깨를 툭, 친다.

"멋있는 이름이에요!"

"그럼 다음부터 이 집은 싸리꽃집이에요!"

"하하하"

모두들 오래간만에 가슴 후련하게 풀어헤친 해바라기 웃음이었다. 오랜 형제자매들이 흉금을 터놓고 만난 듯 싸리꽃집에서 맛보았던 흥겨운 만남은 마치 초여름 비가 먼지 날리는 마당에 쏟아질 때 풍기는 흙냄새처럼 상큼했다.

인생은 그래서 살아볼 맛이 있다. 아직도 표현할 수 있는 감성이 살아 있으니…….

칡 캐는 사람들

낯선 곳에서 새로운 사람들을 알고, 사귀는 재미는 무엇보다 즐겁고 행복하다.

자작나무골에 나보다 한두 달 앞서거나 뒤서서 들어온 사람들이 있다. 한 사람은 구○○라는 사람으로 경기도 어느 시청에 근무하며, 내년 9월이면 명예퇴직하여 아예 내려온다고 한다. 또 한 사람은 조○○라는 사람으로 40대 초반이지만 이미 산 또는 자연을 벗 삼아 살려고 일찌감치 여기에 터전을 마련하였다.

전자는 스포츠나 레저 활동에 관심이 남달라 다양한 경험과 실력을 갖추고 있는 사람이다. 예컨대 스킨스쿠버, 등산, 마라톤, 자전거 라이딩, 빙벽 등반, 걷기 여행 등 이렇게 다양한 스포츠 분야의 활동에 전문가급 수준이며, 앞으로는 패러글라이딩에도 도전한다고 그칠 줄 모르는 포부를 밝히는 사람이다.

그뿐 만이 아니다. 직장에서 기타 동호회를 이끌며 기타 연주 수준이 공연을 할 정도의 빼어난 실력이다. 그래서 나를 비롯해 동네 사람 몇몇이 부탁해 그로부터 기타를 배운다. 기타를 배우며, 혹시 우리 연주할 수준으로 발전하면 마을 밴드를 결성할까? 라고 농담도 해보지만 어쨌든 그로 인하여 요즘 자작나무골 생활은 생기가 돈다. 그는 정말로 에너지 넘치는 활동가다. 나는 그래서 그를 '에너자이저'라 부른다.

후자는 젊다고 했는데, 그 젊은 나이에 이런 산골로 집을 마련한 이유가 있다. 앞으로 여건만 되면 산에 약초를 키우면서 자연을 벗 삼아 살고 싶다는 소망을 가지고 있는 사람이다. 나는 농담 삼아 40대에 이런 산골로 들어온 사람은 아마 돌연변이 일 거라고 했지만, 그는 약초 전문가다. 여기에 이주해온 사람들은 대부분 도시 사람들로 은퇴하여 온 사람이 많은데, 이 사람들로부터 약초에 대해서 모르는 게 없는 그는 부러움의 대상이다. 그의 손을 거쳐 채취되어온 식물은 우리가 알지 못하는 것들도 꽤 있다. 채취해온 것을 토종닭 백숙에 넣어 끓이면 약이 된다며 자랑스러운 듯 싱글벙글 웃는다. 그것들은 뽀얀 국물로 변하여 정말로 보약이 되었다. 국물만 보약이 되는 것이 아니라 닭고기의 육질은 더욱 쫄깃해졌다. 우리는 그의 솜씨로 보약 백숙을 끓여 여러 번 나누어 먹은 적이 있다.

언젠가부터 예의 약초전문가가 노래를 부르다시피 눈이 녹고 땅이 풀리면 하자는 것이 있었다. 아마도 올 초부터였을 것이다. 우리 자작나무골 들어오는 입구 길옆 산에는 대형 칡이 커다란 뽕나무를 휘감아 일부 가지는 벌써 죽어가고 있었다. 그걸 보고 그 칡뿌리를 캐서 뿌리는 약으로 쓰고, 칡넝쿨을 잘라주어야 나무가 산다고, 같이 작업을 하자고 누누이 얘기했다. 그러나 누구 하나 쉽사리 나서는 사람이 없었다.

그것은 그렇게 큰 칡에 일단 손을 대면 보통의 힘 가지고는 쉽사리 캐낼 수 있을까 싶어 선불리 나서기가 어려운 점이 한 이유이고, 또 한 가지는 칡의 크기도 크기려니와 그렇게 오래 묵은 칡을 캐내면 혹여 여기 대미산 산신령의 노여움이라도 사면 어떻게 하나 하는 일말의 두려움도 있지 않았을까? 나 혼자 이런 엉뚱한 생각도 해보았다. 그런 이유에도 불구하고 우리는 마침내 칡을 캐기 위해 나서기로 했다.

엊그제 우리 집에서 모여 술 한 잔을 하다가 약초전문가 조○○가 그 얘기를 또 꺼냈다. 우리 마을 입구에 있는 칡뿌리를 캐자고 제안을 했다. 그런데 술기운을 빌어서인지, 아니면 에너지 넘치는 천성 때문인지는 몰라도 구○○가 그 말에 쉽게 동의했다.

그렇게 해서 술을 잔뜩 마신 다음 날 아침, 칡을 캐기로 했다. 나는 느지막이 일어나 칡을 캐자고 말했던 장소로 내려가 봤다. 실제로 캐고 있는지 확인하기 위해서다. 그런데 둘은 칡은 안 캐고 구○○의 집 앞 데크에 널브러져 기운을 못 차리고 있는 게 아닌가? 나는 어제 먹은 술에 숙취가 과하여 저러고 있나 생각하며,

"아니, 왜 칡은 캐지 않고 누워 있는가?"라고 물었다.

"안 캐긴요? 아침 7시부터 캐기 시작했는데, 그게 보통 뿌리가 아녀요. 지금 쉬고 있는 거예요. 뿌리가 여러 갈래로 뻗어서 이거 보통 문제가 아녀요. 오늘 종일 캐도 안 될 것 같은디……."

그렇게 에너지 넘치는 구○○도 머리를 절레절레 흔들며 말했다.

"그래도 이왕 칼을 뽑은 거 다시 덤벼봐야지."

나는 짐짓 놀리는 말투로 부추겼다.

"아, 당연히 캐야죠. 그런데 다행히 그 땅에 돌이 하나도 없어요. 완전 마사토예요."

역시 약초에 욕심이 있는 조○○가 나섰다.

그렇게 다시 칡을 캐기 시작해서 점심때까지 파고 또 팠지만, 그 뿌리의 끝을 알 수 없다고 했다. 결국 중간에 뿌리를 끊고 그 자리를 다시 흙으로 덮었다. 땅을 파면서 이런저런 얘기도 나누고, 칡을 찢어 맛을 보면서 나는 과거의 기억으로 여행을 갔다.

나도 초등학교 때까지는 곧잘 동네 친구들과 칡을 캐러 갔었다. 우리 어려서는 먹을 것이 변변치 않은지라 칡뿌리며 온갖 산에 나는 열매 등속들을 군것질로 삼았었다. 칡뿌리는 이른 봄의 맛있는 군것질거리였다. 이른 봄 땅이 풀릴 때쯤 곡괭이를 들고 산으로 갔다. 그때는 칡뿌리에 알이 박혀 씹을수록 달고 고소해졌다. 칡뿌리를 캐다 어른들에게 보이면 칭찬도 받고, 그것을 토막 내 이빨로 찢어 입안에서 씹으면 씁쓰레하면서도 달짝지근한 맛이 일품이었다. 입안에 칡 물이 들어 거무튀튀해지도록 씹었다. 이른 봄 배고픔을 달래주는 훌륭한 먹을거리였다. 그러한 기억들을 여기 있는 세 사람이 모두 공유하고 있었다. 그 맛을 다시 기억하게 해주는 이웃 사람들로 만났다.

우리는 그 엄청나게 큰 칡을 캐서 전리품(?)처럼 세워놓고 자랑스레 사진도 찍었다. 이렇게 큰 칡은 나로서는 처음 보는 대물이었다. 칡을 적당한 길이로 잘라 풀어놓고 동네 사람들을 불렀다. 칡은 식물성 에스트로겐 성분이 풍부해서 여자들한테 좋다며 한 토막씩 가져다가 와이프들, 형수님들 끓여 드시라고 했더니, 모두들 입이 함박만 해지면서 한 덩이씩 들고 가셨다. 마치 명절날 동네에서 돼지를 잡아

집집마다 다리 하나씩 들고 가는 격이었다.

이웃의 구○○, 조○○의 노력 덕분에 자작나무골에 웃음이 돌고 앞으로 집집마다 칡차 끓이는 향이 그윽하게 온 동네에 퍼질 것이다. 앞으로는 매일같이 동네에서 칡차만 얻어 마시는 것은 아닌지 모르겠다. 어쨌든 이렇게 자작나무골에 소소한 재밋거리를 만들어주는 이웃이 있어서 기쁘다. 앞으로도 이들과 함께 이런저런 즐거움을 만들어 갈 수 있을 것 같다. 그래서 자작나무골의 생활은 새롭고 행복하다.

가을밤 노랫소리에 소녀 감성 뚝뚝 떨어지네

지난주 토요일 밤 자작나무골에서 작은 음악회를 가졌다.

음악회라기보다는 기타에 관심 있는 마을 사람들이 모여 기타 치고 노래 부르며 즐거운 시간을 가졌다는 편이 맞을 것이다. 자작나무골에 이사 온 기타에 조예가 깊은 동생을 선생님으로 모시고 기타동아리를 만들었는데, 우리 동아리와 부천시청의 기타동아리 '나무향기'와 함께 작은 음악회를 연 것이다(아, 우리 동아리도 이름을 지어야겠다).

이번이 두 번째 밤이다.

지난봄 오월 우연히 모여 '나무향기' 동아리 회원들과 함께 기타치고 노래 부르며 봄밤을 즐겼던 기억이 새롭다. 홀딱벗고새의 야릇하고 구성진 울음소리를 들으며 봄밤을 노래했던 그 얼굴들이 다시 모인 것이다. 그러나 그때와 다른 것은 우리도 기타동아리를 만들었고, 더군다나 우리 마을 아주머니들이 같이 기타를 배우자는 요구가 있어 회원이 늘어 그것을 기념도 하고, '나무향기'의 정기모임과 겹쳐

뜻깊은 자리를 함께한 것이다.

우리 동아리가 처음 배운 곡 '가을 우체국 앞에서'를 시작으로 '청춘', '10월의 어느 멋진 날에' 등 멋진 곡들을 불렀다. 아주머니들과 같이 모여 노래 부른 것이 처음인데도 멋지게 화음이 맞아 들어갔다. 노래를 부르면서도 서로들 놀랐는지 노래가 끝날 때마다 눈이 동그래지면서 박수를 쳤고, 가슴 속이 뿌듯해져 옴을 뿌리칠 수 없었다. 서로의 가슴 속에 가을밤의 정취가 스르르 스며들어 갔다. 멋진 화음이었다.

이에 마음이 격해졌는지 '나무향기'의 김00 선생님이 자청해서 김광석의 '너무 아픈 사랑은 사랑이 아니었음을'을 멋들어지게 불러 젖혔다. 박수가 터져 나왔다. 어떤 분은 눈물을 글썽이기까지 했다. 간간이 기타를 어떻게 배워야 하고, 마음가짐을 단단히 가지고 배우라는 당부의 말, 그리고 처음부터 너무 겁주면 다 포기할지 모른다며 겁주지 말라고 애교 섞인 푸념까지 나오는 아름다운 밤이었다. 이어지는 '나무향기'의 분위기 흠뻑 빠져들게 하는 "엘에스디~~" 하며 부르는 노래(노래 제목이 생각이 안 난다), 그리고 김00 선생님과 우리 동아리 선생님 구00의 '님에게' 협연은 우리 음악회의 절정을 장식했다. 박수가 저절로 터져 나오고, 한숨 같은 탄식을 토해내는 사람도 있었다. 눈물 흘리면서까지 감동하는 관객의 반응을 보고 김00 선생님은 "자기가 기타 친지 십수 년에 이렇게 감동하며 기타를 친 경험은 두 번째"라고 하며 연주자도 감격해 마지않았다. 그 첫 번째 감동은 언제였는지 말은 했으나 생략하고, 어쨌든 간간이 차려 놓은 음식과 술로 목을 축이면서 가을밤을 맘껏 즐겼다 조그만 방 안의 분위기는 깊어가는 가을밤을 떨어지는 낙엽으로 수놓듯 우리의 노랫소리와 웃음으로, 그리고 오랜만의 소녀 감성 같은 분위기에 취한 형수님들의 탄식과 눈물이 자작나무골 첫 번째 작은 음악회를 수놓았다.

여기 모인 대부분의 사람들이 도시에 살다 이사 와서 살게 된 연유는 제각각 사연이 다르지만, 산골에 들어와서 사는 동안 외롭고, 또한 문화생활에 목말랐는지 모른다. 왜 아니겠는가? 막상 산골에 들어와 살겠다고 들어왔지만 나도 사람이 그립고, 무작정 막막하고, 자연이 주는 풍요로움과 여유가 있음에도 무언가 허전한 마음이 가슴 한구석 자리 잡고 있던 것이 매일 이었다. 20대 소녀로 되돌아간 것 같다며 눈물 글썽이던 형수님도 아마 그런 느낌을 받았을 것이다.

가을밤이 자작나무골에서 또 아름답게 깊어갔다.

나는 즉흥적으로(나도 감격에 겨워 이 밤을 그냥 보내기 아쉬워) 제안했다. 우리 기타동아리가 열심히 연습해서 내년 여름밤에 '나무향기'와 합하여 여기 자작나무 숲속에서 작은 숲속 음악회를 해보면 어떻겠냐고? 여기 사는 친구, 가족을 불러 같이 즐기면 어떠냐고. 그러자 이구동성으로 '좋습니다.'라며 박수로 찬동했다. 나뭇잎 떨어지는 쓸쓸한 가을밤이지만 사람들의 온기와 피어나는 향기, 뭉클해지는 감동이 있어 외롭지 않은 가을밤이었다.

삼둥이

얼마 전 TV에서 삼둥이가 인기가 있었다. 그 삼둥이들은 지금은 TV에서 사라졌지만, 우리 동네 자작나무골에도 삼둥이가 있다. 구름이, 바람이, 달님이라는 이름을 가졌다. 사람이 아니다. 강아지다.

강아지 세 마리가 작년 연말쯤에 태어났다.

진돗개를 어미로 하여 태어난 영리하고 튼실해 보이는 놈들이다. 그 어미가 8살인가 9살인가 그렇다는 데, 이번이 두 배 째 새끼들이라고 한다. 이웃집 주인 曰, 일전에 새끼 한번 냈는데 새끼 떠나보내기 힘들어 여태껏 새끼를 낳지 못하게 막았다고, 한다.

나는 농담으로 개의 생명 본능을 사람의 욕심으로 막아서야 하겠느냐고 했는데, 웬걸 어느 날 다른 이웃집 개가 풀려 흘레붙어버렸다. 그 수캐는 꼬리가 없는 경주 개 동경이다. 그러나 순종이 아니라 잡종이란다. 그 수놈 동경이가 목줄이 풀려 들입다 암놈 진돗개에 달려들어 사랑을 나누었다. 주인의 허락도 없이 이웃 간에 사돈을 맺은 것이다. 진돗개 주인은 족보 없는 개와 흘레붙었다며 무척 서운해했지만, 그러나 어쩌랴! 그 개가 새끼 세 마리를 건강하게 순산했다. 그것도 수놈으로만.

막상 새끼들을 낳으니 예전에 서운해했던 마음은 금세 사라지고 어찌나 좋아하던지! 그놈들도 암놈 진돗개 피를 받아서인지 몰라도 영리하다며 침이 마를 날이 없었다. 강아지가 태어났을 때 그는 나에게도 개를 길러보라며 강아지를 분양할 듯이 이야기하더니만 언제 그런 말 했던가 싶게 세 마리 몽땅 기르기로 했단다. 개를 어미에게서 떼어내 분양하기가 어렵다고 했다. 그리고 그놈들 커가며 재롱떠는 것이 여간 귀엽지 않다며 마치 늦둥이라도 본 양 애지중지 키우는 것을 보고 강아지를 달라고 하기도 어려웠다.

삼둥이들이 무럭무럭 컸다. 처음에는 낯선 사람이 다가가면 집 앞에서 그래도 집 지키는 개라고 카랑카랑하게 낮은 톤으로 짓던 놈들인데 하루가 다르게 몸집이 커졌다. 몸집이 커지면서 자기들끼리는 서열 싸움하느라 형제끼리 죽기 살기로 싸우기도 여러 번이었다. 그렇게 하면서 날이 가는 것을 잊어먹을 정도로 어느새 사자의 발 같은 큼지막한 발자국을 눈밭에 찍으며 사방팔방 돌아다녔다.

그런데 내가 유심히 본 것은 이놈들이 처음에는 집 데크에서 놀다가, 조금 더 커서는 정원 언저리를 돌아다니고, 어느 순간에는 눈밭이나 숲속으로 들어가 조금씩 자기 영역들을 넓혀가는 것을 보았다. 어미는 목줄이 묶여서 새끼들이 집을 나가 돌아다니는 것을 보고 애가 타던지 컹컹, 짖어대 새끼들을 부른다. 그러면 쏜살같이 되돌아오지만, 그 순간도 잠시, 다시 숲속 여기저기를 삼둥이들이 헤매고 다닌다.

그런 모양을 보고 사람이나 짐승이나 마찬가지구나 생각한다. 옛말에 망아지는 낳아서 제주도로 보내고 사람은 서울로 보내라는 말이 있듯이 강아지는 몸이 커지고 두려움을 벗겨내면서 그에 맞게 마당에서 정원으로, 그리고 숲속으로 자기 영역을 차츰차츰 넓혀가는 것을 보았다.

사람 사는 세상이나 짐승들이나 자연의 이치는 매한가지라는 생각이 든다. 사람도 나이를 먹어갈수록, 교육을 받을수록 더 큰 세상에 대해 목말라 하고, 부모님 곁의 작은 세상을 떠나고 싶어 하는 욕구가 있지 않은가?

나도 부모의 품을 떠나 공부하러 서울로 떠났다. 그리고 여태껏 부모의 품으로 돌아가지 않았다. 삼둥이들이 자기들의 영역을 차츰차츰 넓혀가듯 나의 활동무대도 넓힌 것이다. 그러나 후회가 많은 인생을 살았다. 그리고 이렇게 의지가지없는 먼 낯선 타향으로 흘러들어와 살게 되었다. 자연 속으로 돌아온 것이다. 삼둥이들이 우리에 갇혀있지 않고 자유롭게 숲속을 헤치고 돌아다니는 모습을 바라보면서 나의 젊은 시절을 회상해본다.

자작나무골 백일홍 꽃길 조성하기

어제 자작나무골 진입로와 골목길에 백일홍 꽃씨를 뿌렸다.

동네 사람들이 많이 나와 주었다. 일을 나갔거나 피치 못할 사정이 있는 사람을 제외하고는 대부분 나오신 것 같다. 형수님들, 형님들만이 아니라 부모님 또는 할머니 댁 다니러 온 며느리와 손자, 손녀들까지 나왔으니 자작나무골 백일홍 꽃길 조성 사업은 그런대로 성공적이었다.

작년 어느 때였다.

아랫집 동생 조OO와 구OO와는 자주 술자리를 갖는 편이다. 그때도 같이 술 한 잔 마시다가 누구의 제안인지 확실하지는 않지만, 우리 자작나무골 길옆에 꽃길을 조성하는 것이 어떻겠냐는 제안이 있었다.

자작나무숲이 있어서 마을을 보는 사람들은 모두가 감탄하지만, 길옆은 모두 풀로 덮여 있었기 때문에 꽃길을 조성하면 금상첨화다 싶었다. 누구 하나 싫어하는 기색 없이 박수로 동의한 기억이 새롭다.

그래서 나는 두 동생과 의기투합하고 평창 읍내 백일홍 축제가 있듯이 우리도 백일홍 꽃길을 조성하는 것이 좋겠다고 하여 바로 실천에 옮겼다. 우리는 마침 백일홍 꽃이 져 씨가 맺혀있을 때라 셋이 출동하여 대화면 쌈지공원에 가서 꽃씨를 훑다시피 거둬왔다. 커다란 비닐봉지에 가득 따왔다.

그렇게 우리는 꽃씨를 따다가 두었는데 깜박 그 존재를 잊고 있었다. 조OO 동생이 보관하기로 했었다. 겨울이 한가운데든 어느 날, 내가 꽃씨가 잘 보관되고 있는지 궁금하여 꽃씨 좀 보자 하니 그제야 생각난 듯 꽃씨 봉투를 들고 왔다.

그런데 봉투를 열어보니 꽃씨를 따다가 장기간 그대로 방치하여 부분적으로 부패한 흔적이 보였다. 나는 순간 화가 났지만 내가 챙기지 못한 점도 잘못이니 큰소리를 칠 수는 없었다. 하릴없이 한겨울에 꽃씨를 펼쳐놓고 말렸다. 불안했다. 꽃씨까지 따다가 전부 챙겨놓고 이웃 사람들에게 봄에 백일홍 꽃길을 조성하자고 제안한 마당에 꽃씨가 부패하여 싹을 틔우지 못하면 큰일이다 싶었기 때문이다. 조00 동생이 안절부절 신경이 쓰이는 모양이었다. 어쨌거나 꽃씨의 부패에 동생이 많은 책임이 있다고 느꼈을 것이다.

“형님, 이거 심기 전에 싹을 틔워 봐야 하지 않아요? 심었다가 싹이 안 트면 이거 망신이잖아요?”

“하하, 그래 걱정은 되나 보네? 그려, 미리 상자에 씨를 뿌려 실내에서 싹을 틔워보지 뭐.”

어쨌든 벌어진 일이니 잘 말려서 봄에 미리 싹이 트는지 시험해보기로 했다.

봄이 왔다.

밖은 아직 기온이 쌀쌀하지만, 꽃씨가 썩어서 죽었는지 살았는지 알아보기 위해 미리 싹을 틔워 봐야 했다. 그래서 상자에 흙을 담아 말려둔 꽃씨를 뿌려 실내에서 키워보기로 했다. 일주일 하고 이틀이 지나도 싹이 나지 않았다.

나는 은근 어깃장을 놓으며 조OO 동생에게 엄포를 놓았다.

"꽃씨가 싹이 안 나면 알아서 해."

"알았어요. 그러면 내 꽃씨를 사오던지 하지 뭐……."

그렇게 말은 하면서도 걱정이 되는지 꽃씨 뿌린 상자를 유심히 들여다보았다. 들여다보던 동생이 놀란 눈을 하며 나를 돌아보았다.

"형님, 여기 뭐가 작은놈이 나오고 있는데요."

"어디, 어디?"

나도 반가운 마음에 상기된 표정으로 얼굴을 들이밀었다. 그동안 싹이 나지 않아서 은근히 걱정하던 차여서 얼른 다가섰다. 진짜였다. 조그맣게 싹이 얼굴을 내밀었다. 다음 날에는 두 개가 더 보이고, 그 다음 날에는 또 두 개가 싹을 틔웠다. 발아율이 떨어지긴 해도 싹이 트고 있으니 씨가 다 죽은 건 아니었다. 안도의 숨을 쉬고 그 날 우리는 다시 술 한 잔을 했다. 싹 터준 백일홍 꽃씨에게 감사하고 우리가 그동안 노심초사했던 마음을 털어버리기 위해서였다.

그렇게 하여 어제 날을 잡아 꽃씨를 심자고 연락하였더니, 호미 하나씩 들고 햇볕에 그을릴까 모두들 커다란 모자를 눌러쓰고 나와 주었다. 꽃씨를 심으며 두런두런 이야기를 나눴다. 그러지 않아도 자작나무가 조금씩 알려져서 사진 찍으러 오는 사람이 있던데 백일홍 꽃길까지 만들어지면 더 유명해지겠다며 농담 아닌 농담을 주고받았다.

누군가 그 말을 받아,

"유명해지면 입구에다 게이트를 설치해서 입장료 받지요 뭐."

"그려, 하하하……."

모두들 즐거운 마음으로 웃었다.

우리 자작나무골은 모두가 도시에서 이주해온 타향살이들이다. 이렇게 서로 노력하고 공을 들이면 정이 들 것이고, 그러면 고향이 아니라도 고향 같은 마음이 들지 않을까? 그래야 조금이라도 여기 마을에 애착을 가지고 좀 더 오래 살지 않을까?

그러기를 바라면서 백일홍 꽃씨를 심었다. 꽃씨를 같이 채취하고 보관을 잘못해서 그렇지 누구보다 마음 써준 조ㅇㅇ 동생은 일을 나가는 바람에 같이 꽃씨를 심지 못했지만 모든 과정을 같이 했다.

올여름에는 자작나무골 들어오는 길옆에 주홍, 빨간색의 예쁜 백일홍이 필 것이다. 길을 들어서는 우리 마을 사람들뿐만이 아니라 우연히 우리 마을에 들어서는 모든 사람들이 줄줄이 늘어선 꽃을 보고 감탄을 하고, 또한 꽃과 같이 예쁘고 선한 마음을 갖기를 기원해 본다. 어서 여름이 기다려진다. 백일홍 꽃이 필까? 피어야 한다. 반년이나 되는 세월을 정성을 들였으니 피어야 한다.

* 후기 : 그런데 꽃씨를 심은 다음부터 근 한 달여간 가뭄이 들어 꽃씨가 발아하지 못한 것이 너무 많았다. 일부 발아하여 큰 것도 있었지만 드문드문 자라서 들인 노력에 비하면 형편이 없었다. 의욕은 충만했으나 하늘이 돕지 않았다. 아쉬웠다.

산벚꽃 휘날리는 봄날의 만찬, 그리고 음악회

4월 29일 저녁, 봄나물이 한창인 날에 자작나무골 작은 음악회를 열었다. 작년 5월 하순 홀딱벗고새가 밤새워 울던 날, 자작나무골 사람과 부천시청 기타동아리 '나무향기'가 처음 만났다. 그때 오래간만에 젊은 청춘들과 노래 부르며 봄밤을 만끽하면서 이런 모임이 계속되었으면 좋겠다고 하여 이어진 것이 벌써 두 번째이다. 작년 가을밤에 자작나무골 주민들과 함께하고 올해 또 만난 것이다.

벌써 한 달 전부터 예고를 했다. 우리 이웃들은 음악회 있기 이틀 전부터 '나무향기' 분들이 온다며, 숲에 들어가 나물을 뜯고, 캐고, 꺾어서 봄의 만찬을 준비했다. 여기 자작나무골 사람들은 다른 거 준비할 필요 없이 산과 들에서 나는 나물들로 한두 가지씩 반찬을 준비하시면 된다고 했으니 말이다. 모두들 봄을 맞는 기대와 손님을 기다리는 설렘으로 가득 찼다.

이런 작은 행사가 있기까지는 부천에서 내려오는 구OO 선생의 노력이 컸다. 나무향기의 일원이기도 하지만 그는 우리 자작나무골에 정착하기 위해 내려올 예정이다. 그리하여 우리는 그를 기타 선생으로 모시고, '자작자작'이라는 이름의 기타동아리를 자작나무골에서 결성하기에 이르렀다. 회원이 남녀 6명이나 된다. 처음에는 이웃 형수들이 더 참여하였으나 자신이 없다며 탈퇴하였지만, 우리의 강력한 후원자 그룹으로 계속하고 있다.

또한 그의 집 옆 숲속에 작은 모임 공간도 만들었다. 우리는 겨우내 거지반 5개월 동안 주말마다 모여 힘을 보탰다. 숲속의 작은 공간(그 옆에는 산벚나무 군락이 있어, 올해에는 벚꽃이 마음껏 흐드러졌다. 벚꽃이 바람에 흩날렸다)을 만든 것이다. 차를 마시며 이야기도 나누고, 연주공간도 될 수 있으며, 때로는 휴식공간도 될 수 있는 숲속의 쉼터이다. 이름을 "爐邊情談"이라 지었지만 잘 어울리는지 모르겠다.

따라서 이번 봄철 자작나무골 작은 음악회는 '나무향기'와 '자작자작'이 함께하는 것이며, 또한 로변정담의 준공 기념이기도 한 뜻깊은 자리이다. 저녁 시간에 나무향기 팀이 도착하였다. 그들은 미리 도착하여 벌써 온갖 해물 요리에 메밀전을 부치고, 다래순을 따다가 무치고, 소주와 음료를 준비하였다. 그렇게 왁자지껄하는 사이 자작나무골 이웃들이 손에, 머리에 음식을 들고, 이고 모였다.

민들레무침, 두릅나물, 다래순, 엄나무순, 홑잎나물, 고추나무잎, 그리고 쑥향이 어우러지는 봄의 향기 쑥개떡을 만들어 온 분, 형형색색의 봄나물 샐러드에서부터 매생이 전까지, 어느 분은 집에서 담근 포도주도 들고 오셨다. 여기서 가짓수를 다 열거하기가 어렵다.

가져온 음식들을 진열해 놓으니 잔치해도 되겠다고 이구동성으로 말한다. 이렇게 사람들이 자기들 잔치하듯이 십시일반 마음을 합하니 자작나무골의 봄이 찬란하게 빛난다. 신록이 솟아오르듯이 자작나무골 사람들의 가슴 속도 벅차오르며 감동을 더 한다. 나무향기 분들도 덩달아 기분 좋아지고 흥겹다.

못 치는 기타지만 나무향기의 리드로 음악회를 열었다. 김OO 선생의 간간이 이어지는 기타강습 강의도 있었고, 준비한 노래집의 노래를 다 함께 부르고, 기타도 치면서 흥을 돋웠다. 그리고 나무향기의 뽐내기 노래와 우리 '자작자작'의 에이스 회원이신 한OO 형님의 노래 '안동역에서'는 많은 박수를 끌어냈다. 모임을 끝내고 봄밤이 무르익기 전 이웃 사람들은 돌아갔다. 뭔가 아쉬운듯하지만, 다음을 기약하며 헤어졌다.

뒤풀이 자리에서 프로그램이 알차게 준비되지 못한 점과 나무향기와 자작자작 회원들 위주의 진행으로 주민들이 참여하고 즐기는 자리가 부족했던 점이 아쉬웠다고 지적되었다. 처음부터 나무향기와 자작자작의 정기 모임 위주로 조직되었던 것이 예상치 못하게 주민들이 함께 참여하는 음악회로 커진 것이 부담이었다는 말도 있었다.

어쨌든 이런 작은 모임이 우리와 주민들에게 이벤트가 되고 활력소가 된 것만은 확실하다. 대부분이 도시에서 이주해온 분들이지만 여기 생활은 도시와 다르게 문화생활을 전혀 누릴 수 없고, 어찌 보면 따분한 생활이 지속되는 측면도 있었다. 봄, 가을 두 번이지만 그래도 아마추어들이 모여 이런 작은 음악회를 함으로써 이웃과 친해지고, 문화적 동기도 불러일으키고, 조그만 생활의 활력소도 제공한다는 점에서 좋은 계획인 것 같다.

나무향기 여러분(아, 이번에는 새로운 얼굴 두 분이 더 참여하셨다)에게 우선 감사하고, 자작자작 회원분들은 더욱더 열심히 기타연습 하여야 하겠고(그래서 다음번에는 멋진 연주를 우리들이 들려주기를), 봄의 향기를 전해주기 위해 애쓰셨던 마을 형수님들에게도 특히 감사드린다. 올해는 너무 일러 홀딱벗고새 소리를 듣지 못했지만, 회원들의 기타와 노랫소리로 봄밤을 수놓았다.

이웃집 개 진순이

매일 우리 집에 드나들던 윗집 박 선생이 며칠 코빼기를 보여주지 않았다. 최소한 하루에 한 번씩은 찾아와 차를 마시면서 이야기를 나누는 것이 버릇처럼 되었는데 한 이틀 보이지 않으니 무슨 일이 있는가 싶었다. 봄이 한창이다가 금방 봄이 언젠가 싶게 초록이 짙어지고 있었다. 한낮에는 제법 햇볕이 따가워졌다.

한 사흘이 지나서였나?

땅이 꺼질 듯 근심스러운 얼굴을 하고 박 선생이 우리 집에 내려왔다.

"아니, 무슨 일 있었어요? 며칠 보이지도 않아서 걱정했는데……."

"아, 그게, 우리 집 진순이가 뱀에 물렸어요. 그래서……."

"아니, 어쩌다가……?"

"모르겠어요. 글쎄, 우리 집 뒷산으로 올라가는 길가 있잖아요? 아침에 일어나서 진순이가 안 보여서 찾다 보니까 거기에 쓰러져 있더라고요. 얼마나 용을 썼는지 주변 흙을 발로 파헤치고 그랬더라고요.

아마도 뱀하고 싸우면서 물린 거 같아요. 보니까 뱀이 옆에 죽어있더라고요. 독사는 아니고 화사 같던데…… 아무튼 정확히 무슨 뱀인지는 모르는데 그 뱀한테 물리고 쓰러져 있는 걸 발견한 거예요."

"저런, 개는 그럼 괜찮아요?"

"그게, 글쎄……."

그는 '글쎄'라는 말만 되풀이하며 근심 어린 얼굴이 펴지지 않았다.

진순이는 이웃집 개 동경이와 흘레붙어서 삼둥이를 낳은 진돗개이다. 개가 영리하고 점잖아서 많은 사랑을 받는다. 나이가 벌써 열 살에 가까우니 그 나이에도 새끼를 낳아 잘 키웠다. 삼둥이들이 숲속으로, 산속으로 뛰어다니는 모습을 지켜보는 진순이의 의젓함이 역시 개는 진돗개구나, 라는 감탄을 불러일으키는 존재였다. 바로 그 개가 뱀에 물려 사경을 헤맨다고 했다.

뱀에 물린 개를 면 소재지 보건소에 데려가 해독제 주사를 맞혔단다. 의사가 며칠 지나면 괜찮을 거라고 해서 기다려 보았지만, 차도가 없어서, 정선에 개를 잘 본다는 수의사가 있다 하여 거기까지 데려가 치료했단다. 지금은 지켜보는 단계라면서 큰 걱정을 했다.

"괜찮을 거예요. 개는 뱀에 물려도 한 일주일 지나면 털고 일어나던데……."

나는 정확하지 않은 지식을 동원하면서 그를 위로하려 했지만, 근심은 풀리지 않았다.

그와 가족들은 진순이를 사람 가족처럼 사랑하고 있다는 것을 잘 안다. 진순이는 그가 양평에 살 때 이웃집에 살던 개였는데, 그 집에서 개를 너무 못살게 굴어서 인지는 몰라도 매일같이 진순이가 자기 집에 와서 살다시피 했다고 한다. 찾아오면 먹을 것도 주고 사랑을 주니 그럴 만도 했을 것이다. 개는 새로운 주인에게 마음을 빼앗겼다. 개 주인이 심통이 났나 보다. 개를 팔아버리겠다고 해서 비싼 값을 치르고 가져온 놈이 바로 진순이라는 것이다. 여기 처음 이사 온 내게 진순이를 얼마나 자랑하던지, 개가 영리하면 얼마나 영리하다고 저럴까, 라고 시샘을 했지만 사실 주인이 자부심을 가질 만큼 영리했다.

벌써 보름이 지났는데도 못 일어나고 있다고 한다.

"이상하네. 보통 치료하고 일주일이면 일어나던데…… 어떻게 물렸기에 그렇게 오래가지?"

"요새 잠도 못 자고 죽겠어요. 이놈이 밤에는 오줌 마렵다고 낑낑, 대는데 밤중에도 몇 번씩 안고 나가서 오줌을 뉘고 하니 오죽하겠어요."

그는 피곤함에 절은 듯 퀭한 눈으로 말했다.

"그런데, 이상해요. 이제 정신을 차려서 걸어 다닐 만도 한데 다리를 전혀 못 써요. 질질 끌면서 일어나질 못해요. 어떻게 해야지?"

그는 혼잣말처럼 걱정하며 말했다.

"조금 더 기다려 보세요. 해독이 되려면 더 있어야 하니, 그러면 차차 나아지겠지요."

나는 위로랍시고 해주는 말이 기다리라는 말뿐이었었다.

그런데 한 달이 지나도 다리 마비증세는 풀릴 기미가 없었다. 뒷다리는 어느 정도 힘이 돌아왔는데 앞다리는 힘이 없어서 일어나지 못한다고 했다. 개를 그동안 실내에서 간호하고 있었는데 오줌이 마려우면 질질 기어서 현관으로 가 자기 스스로 오줌을 지린다고 한다. 그나마 그 정도가 나아져서 그런 것이지 처음에는 누운 자리에서 오줌 마려우면 낑낑, 대고 울다가 그냥 앉은 자리에 오줌을 싸고는 한없이 미안해하는 것 같은 표정을 짓더란다.

어느 날 박 선생이 내려와 내게 상의를 했다.

"저기 이런 거 어떻게 생각하세요?"

"뭐를요?"

"우리 와이프가 인터넷에서 여기저기 검색하더니 서울 광진구에 뱀에 물려 마비된 개를 잘 고친다는 의사가 있다는데…… 거기를 데리고 가서 치료해보자네요."

그의 아내는 그보다 더하면 더했지 개를 끔찍이도 사랑했다. 그녀는 집에 키우는 개라 해도 사람과 똑같이 대하는 것 같았다. 돈이 얼마가 들어도 개를 데리고 가 치료해주는 사람이었다. 그러니 진순이는 말해 무엇을 할까? 그래도 그는 걱정이 되는가 보았다. 개를 치료하는데 기백 만 원이 들뿐만 아니라 그렇게 돈을 많이 들여서 치료하더라도 깨끗이 나으면 괜찮은데 치료 효과가 없으면 돈만 없애는 게 아니냐는 말이다. 보통사람들 같으면 개가 아파도 돈이 아까워 개 정도는 방치하다 죽거나 버리는 경우가 허다한데 달라도 너무 달랐다.

"좀 더 기다려보세요. 그렇게 침으로 치료하는 거 효과가 있을는지 의심이 드는데요. 마비된 거는 시간이 지나면 풀리던데……."

나는 어려서 소아마비에 걸려 부모님이 마비된 다리를 고친다고 용하다는 침쟁이는 멀다 않고 찾아다녔다. 침 맞는 거는 정말 진저리가 날 정도였다. 그리고 그렇게 침을 맞고 차도가 있었으면 괜찮았을 텐데 전혀 효과가 없었다. 그래서 나는 침으로 치료한다는 것에는 일종의 강한 불신을 갖고 있었다.

"그러게요. 그런데 와이프가 완강하네요. 치료해보지도 않고 여기서 그냥 포기할 거냐고……."

그는 역시 와이프의 강한 의지에 꺾여 일주일에 두어 번씩 그 먼 길을 개를 데리고 치료하러 다녔다. 몇 번을 다녀왔을 때였다. 조금은 밝은 표정이었다.

"정말 신기해요. 이놈이 침을 맞고 얼마 안 지났는데 조금씩 일어나서 걷기 시작해요."

나는 그래도 의심이 가시지 않아서

"차도가 좀 있어요? 제 생각에는 침을 맞아서라기보다 시간이 지나서 저절로 마비가 풀리는지도 몰라요."

내 심정은 솔직히 그랬다. 내 경험상 침으로 마비를 치료할 수 없을 것이라는 강한 의심이 마음속에 자리 잡고 있기 때문이었다. 그런 말에도 그는 개가 차도가 있다는 기쁨에 전혀 귀에 들리지 않는 모양이었다.

"어쨌든 차도가 있는 거 같으니 좀 더 다녀보려고요. 하하……."

그는 그 후에도 근 한 달여 치료를 하러 다녔다. 내 의심에도 불구하고 개는 많이 차도가 있었다. 거실에서 기어 다니던 개가 가끔 마당으로 나와 기우뚱기우뚱 걷기 시작했다. 먹이를 주면 안간힘으로 일어서서 개밥그릇을 비우곤 한단다. 그렇게 조금만 차도가 보일 때마다 박 선생은 내게 와서 보고를 했다. 자식이 치료를 받아 차츰차츰 건강해지는 모습을 이야기하는 것 같았다. 정말 별난 사람처럼 보였다. 개를 저렇게 애지중지 치료하고 돌보다니. 나로서는 이해가 되지 않았다. 나는 아직도 개는 개일 뿐이라는 사고방식에 젖어있기 때문이다. 그는 그리고 그의 가족은 정말 개를 사랑한다. 지금 말로 반려견을 키우고 있다. 그러니 아낌없이 사랑을 주겠지. 나도 많은 것을 그로부터 배우고 있다.

* 후기 : 진순이는 조금은 앞발이 완전하지는 않아도 많이 좋아져서 동구 밖을 나가기도 하고 숲속을 돌아다니기도 한다. 진순이 아빠는 가끔 개를 데리고 산책하러 다닌다. 진순이를 운동시키기 위해서다. 겨울이라 마음껏 돌아다니라고 놓아두지 봄이 되면 묶어두어야겠다고 버릇처럼 말한다. 또 뱀에 물리면 안 된다면서.

수달이 훔쳐 간 줄 모르고

"그물치고 왔어?"

나는 초저녁 주위가 캄캄해질 무렵 아랫집 동생에게 전화를 걸었다.

"예 형님, 어스름 저녁에 그물 쳐놓고 왔어요. 저녁밥 먹고 그물이 잘 있나 현식 아빠랑 또 한 번 갔다 오려고요. 형님도 같이 가실래요?"

"아냐, 난 좀 피곤해서 쉬어야겠어. 둘이 갔다 와. 글구 전화나 줘, 궁금하니까?"

아까 낮에 모여서 점심을 먹다가 물고기를 잡아서 매운탕도 끓이고, 많이 잡히면 도리뱅뱅이도 해서 막걸리 한잔하는 게 어떠냐고 이구동성 동의했다. 그물이 있으니 그물을 쳐놨다가 고기가 잡히면 거둬오면 된다고 했다. 계촌리 앞에는 계촌천이 흐르고 있어 사람들이 종종 나가서 물고기 천렵을 하여 매운탕을 끓여 먹곤 했다. 직장을 다니다 주말에만 내려오니 이왕 이렇게 다 모인 김에 물고기 잡아서 한잔하자고 의기투합하였다.

낮에 미리 가서 그물을 칠 만한 장소를 물색해두고 돌아왔다. 그물은 저녁에 쳐야 잘 잡힌다며 저녁에 그물을 치러 간다하기에 그물을 치고 왔나 확인하는 전화였다.

밤도 한참 깊었는데 아랫집 동생으로부터 전화가 왔다.

"형님, 그물 쳐 놓은 데 가보았는데, 고기가 엄청 많아요. 그물을 슬쩍 들춰보았는데 벌써 많이 걸렸더라고요. 그래서 두고 왔어요. 내일 새벽에 가서 거둬오면 물고기가 가득 잡힐 것 같아요. 내일 봅시다. 형님"

다음 날 아침, 궁금증이 동하여 자리에 누워 있을 수가 없었다. 사실 우리는 여기 이사 온 지 꽤 지났어도 말로만 그랬지 물고기를 잡아다가 매운탕을 끓여 먹어 본 적이 없었다. 아랫집 동생네로 얼른 내려갔다. 혹시 그물을 걷으러 가지 않았으면 같이 갈까도 생각했다. 그런데 둘은 데크에 있는 테이블에 앉아 망연자실하고 있었다.

"그물 걷어왔어?"라고 물으며 수돗가를 살펴보았다. 아무것도 없었다. 거둬왔으면 대야에 물고기가 가득 있었을 텐데 빈 대야였다. 어제 분명히 물고기가 많이 들었다고 흥분된 말을 전해 들었지 않은가?

"에구 참, 별일도 다 있어요. 현식 아빠랑 새벽같이 일어나서 그물을 걷으러 갔죠. 그런데……."

말을 잇지 못하는 구00 동생을 지켜보다 현식 아빠가 말을 이었다.

"손 탔어요. 가 봤더니 그물이 천지 사방 찢어져서 물에 떠내려가고, 물고기는 한 마리도 남아 있지 않더라고요."

"그래? 아니 거기에다 그물을 쳐놓은 걸, 아는 사람이 있었나? 손을 타게…….”

“거기가 다리 위에서 뻔히 보이는 곳이잖아요.”

“혹시, 어제 그 옆에 차가 와 있던데, 그 차 주인이 도둑 아녀?”

“아, 맞다. 어제저녁에 그물 보러 갔을 때 승용차가 세워져 있던데 혹시 그 놈이…….”

둘은 증거도 없지만, 그물 쳐놓은 길옆에 차가 세워져 있었다고, 그러니 아마도 그 차 주인이 물고기를 밤새 빼갔을 거라고 철석같이 의심했다. 아니면 누가 그것을 알겠느냐고. 그리고 그물까지 다 찢어놓은 것을 보니 사람 짓이 분명하다고 분개했다.

그렇게 우리의 매운탕과 도리뱅뱅이 술추렴 건은 허무하게 끝나버렸다.

그러나 그 사건에 대한 실마리는 한 참 후에 추정할 수 있었다.

8월 염천에 서울 마포구 우체국에 다니는 친구들이 피서를 왔다. 차를 타고 이동 중에 전에 그물을 쳐놓았다가 허탕 친 장소를 지나고 있었다. 그래서 그 얘기를 했다. 그물을 쳐놓았는데, 어떤 놈이 그물을 다 찢어놓고 물고기를 훔쳐갔다고…… 그 장소가 저 장소라고.

그 얘기를 듣던 류00가 하하, 웃으면서 그게 아닐 거라고 했다. 그 동생은 경북 봉화 출신인데 어려서 강에서 물고기를 엄청나게 잡아먹었다고 경험을 늘어놓던 친구다.

“그건 사람이 아니고 아마 수달이 그랬을 거예요. 사람이 그랬으면 그냥 그물째 들고 가지 그물을 찢어놓고 물고기만 가져갔겠어요? 수달이니까 물고기를 빼 먹으려고 그물을 그렇게 찢어놓았겠죠.”

듣고 보니까 그렇겠다 싶었다. 경험 많은 친구가 그렇게 말을 하니 믿음성이 갔다.

“그럼 이곳에 수달이 산단 말이야?”

나는 놀라움에 되물었다.

“이 정도 깊은 산속이면 수달이 충분히 살만하죠. 분명히 수달일 거예요.”

일리가 있다고 생각했다.

이 역시 물증은 없지만(수달이 있다는 것을 확인한 것은 아니었으니까) 이 얘기를 물고기를 도둑맞았던 동생들에게 전해주었다.

“아, 그럴 수 있겠네요. 그런데 우린 애꿎은 사람만 의심하고 욕했으니…….”

“여기에 수달이 사는지 확인해봐야 하는 거 아니에요?”

현식 아빠가 여전히 의심된다는 말투로 말했다.

“하하하”

여전히 이 사건은 미궁이지만 그래도 유력한 추리의 단서를 찾았으니 다행이었다. 나는 이곳에 수달이 살았으면 좋겠다고 생각했다. 수달이 살고 있다는 것은 다행히 이곳 생태계가 살아 있다는 증거니까. 우리는 엄한 사람만 의심했으니 그 어떤 사람에게 미안하다고 생각한다.